beck'sche reihe

Wenn wir wissenschaftlich arbeiten wollen, brauchen wir eine Grundorientierung darüber, wie wir unsere Begriffe so exakt wie möglich bilden können, um unsere Gedanken optimal zu ordnen und aufzubauen. Leicht verständlich und doch wissenschaftlich fundiert behandelt Band 1 dieser bereits bewährten dreibändigen Einführung in die Wissenschaftstheorie zunächst die Logische Propädeutik (als Grundlegung der gedanklichen Ordnung in Lebenspraxis und Wissenschaft), die Zeichentheorie sowie die Methoden der Deduktion (in der Mathematik) und der Induktion (in den Natur- und Sozialwissenschaften). Jeder Gedankengang wird an Beispielen entwickelt und durchsichtig gemacht. Da Seiffert den Fachjargon meidet und unnötige Hürden aus dem Wege räumt, behält der Leser den Kopf frei für das Verstehen der sachlich wichtigen Gedankengänge und Operationen.

Der Band 2 (BsR 61) behandelt die Phänomenologie, Hermeneutik und historische Methode sowie die Dialektik, der Band 3 (BsR 270) die Handlungstheorie, Modallogik, Ethik und Systemtheorie. Band 3 enthält ferner ein die beiden anderen Bände ergänzendes, umfassendes und übersichtlich dargebotenes Literaturverzeichnis zur gesamten Wissenschaftstheorie, unentbehrlich für die Weiterarbeit.

Helmut Seiffert, 1927–2000, war Professor für Grundlagen der Wissenschaftstheorie an der Gesamthochschule Kassel und Autor zahlreicher einschlägiger Werke.

Helmut Seiffert

Einführung in die Wissenschaftstheorie

Erster Band

Sprachanalyse – Deduktion – Induktion in Natur- und Sozialwissenschaften

Verlag C.H.Beck

1. Auflage. 1969
2. Auflage. 1970
3. Auflage. 1971
4. Auflage. 1971
5., unveränderte Auflage. 1972
6., unveränderte Auflage. 1973
7., unveränderte Auflage. 1974
8., unveränderte Auflage. 1975
9., unveränderte Auflage. 1980
10., überarbeitete und erweiterte Auflage. 1983
11. Auflage. 1991
12., durchgesehene Auflage. 1996

13., unveränderte Auflage. 2003

Originalausgabe
Umschlagentwurf: + malsy, Bremen

Satz: Appl, Wemding
Druck und Bindung: Druckerei C. H. Beck, Nördlingen
Printed in Germany
ISBN 3 406 51063 9

www.beck.de

MEINER FRAU

INHALTSVERZEICHNIS

ZWEITER TEIL. DIE DEDUKTION

DRITTER TEIL. DIE INDUKTION

VORWORT ZUR NEUBEARBEITUNG

Die Erstausgabe dieses Bandes von 1969 enthielt kein Vorwort. Der Abschnitt „Zur Einführung" vereinigte die Funktionen von Vorwort und Einleitung. Die auf den Inhalt bezogenen Teile dieser Einführung sind nunmehr in die „Einleitung" der vorliegenden Neubearbeitung eingegangen. Die Einleitung skizziert das, was 1980 noch ebenso gilt wie 1970. Aufgabe dieses Vorwortes ist es, anzudeuten, was sich seit 1970 geändert hat, und einige technische Hinweise zu geben.

Die Weiterentwicklung der wissenschaftstheoretischen Diskussion im letzten Jahrzehnt legte, wenn ich es richtig beurteile, den Akzent weniger auf die „rein erkennenden" Bereiche, wie sie in unserem Band durch die Abschnitte Logische Propädeutik, Zeichentheorie, Deduktion und Induktion vertreten sind. Die weitere Entwicklung scheint vielmehr bestimmt durch eine immer stärkere Hinwendung zur „Praxis", das heißt zu Fragen etwa der Logik von Sätzen, die keine Aussagen über Sachverhalte sind (der sogenannten „Modallogik"), der linguistischen „Pragmatik", der Handlungstheorie, der Ethik.

Kennzeichnend für diese Entwicklung sind etwa der Titel des von Manfred Riedel herausgegebenen zweibändigen Sammelwerkes „Rehabilitierung der praktischen Philosophie" (1972 und 1974) sowie die Hinwendung der konstruktivistischen Schule Paul Lorenzens zu Fragen der Handlungstheorie und Ethik.

Dieser Entwicklung möchte ich dadurch Rechnung tragen, daß ich die vorliegende Neubearbeitung der bisherigen beiden Bände der Einführung in die Wissenschaftstheorie durch einen dritten Band ergänzen werde, der in die Handlungstheorie, die Modallogik, die Ethik und die Systemtheorie einführen soll.

Jedoch vertrete ich entschieden die Meinung, daß nach wie vor die Lehre von den Aussagen über Sachverhalte oder – ungenauer, aber griffiger gesagt – von der „reinen Erkenntnis" das Fundament von Wissenschaft und Philosophie überhaupt ist.

Das Erkennen- und Wissenwollen der Sachverhalte um seiner selbst willen ist eine eigenständige Beschäftigung des menschlichen Geistes, die nicht in Praxis und Handeln als angeblich eigentlichen *Zweck* der Wissenschaft aufgelöst werden kann (was wiederum nicht ausschließt, daß umgekehrt die Lebenspraxis als *Mittel* zur Fundierung der Theorie eingesetzt wird, wie das in der Logischen Propädeutik geschieht).

Das im ersten Band Abgehandelte bleibt daher nach wie vor unentbehrliche Grundlage. Der gesamte Text ist sorgfältig revidiert worden. Das Kapitel über Logische Propädeutik habe ich weitgehend neu formuliert – ich hoffe, es hat hierdurch an Klarheit noch gewonnen.

Die Anmerkungen enthalten die Titel häufiger zitierter Werke in abgekürzter Form. Die gekürzten Angaben werden im Titelverzeichnis aufgeschlüsselt, das nach dem Verfasseralphabet geordnet ist. Dieses Titelverzeichnis stellt gleichzeitig eine vorläufige Bibliographie der wichtigsten Schriften zu den Themen des Bandes dar.

Der dritte Band des Gesamtwerkes enthält ein Literaturverzeichnis zum Gesamtbereich der Wissenschaftstheorie.

Buckenhof, im Juli 1982 *Helmut Seiffert*

AUS DER EINFÜHRUNG ZUR ERSTAUSGABE (1969)

Zahlreiche Anregungen zu diesem Text verdanke ich dem ständigen Gespräch mit Erlanger Freunden. Insbesondere bin ich Rüdiger Inhetveen für seine sorgfältige Kritik des Deduktionsteiles sehr verpflichtet.

Das Buch ist meiner Frau gewidmet. Ohne sie – in jedem erdenklichen Sinne – hätte ich es nicht schreiben können.

EINLEITUNG

Wer es heute unternimmt, eine Einführung in die Wissenschaftstheorie zu versuchen, sieht sich in eine wissenschaftsgeschichtliche Situation hineinversetzt, wie sie komplizierter nicht zu denken ist.

Bis in die fünfziger Jahre unseres Jahrhunderts liefen Geistes- und Naturwissenschaften so gut wie beziehungslos nebeneinander her. In den ersten sechziger Jahren schickten sich die zunächst im Bannkreis der Naturwissenschaften erwachsenen „analytischen" Methoden an, auch solche Gebiete zu erobern, die bis dahin, zumindest in Deutschland, eindeutig Domäne der Geisteswissenschaften gewesen waren: so vor allem die Sozialwissenschaften, zum Teil aber auch bereits solche „Kulturwissenschaften", die wir stets als historisch gerichtete Geisteswissenschaften zu betrachten gewohnt waren. Die „analytische" Sichtweise machte sich anheischig, auch in ehemals geisteswissenschaftlichen Provinzen die Alleinherrschaft zu übernehmen.

Erst in allerletzter Zeit scheint dieser Siegeslauf durch eine Renaissance der nicht-analytischen Sichtweisen gehemmt zu werden. Es lassen sich hier drei Tendenzen voneinander trennen und doch in einen Gesamtzusammenhang einordnen: Die Phänomenologie zeigt, daß man in den Sozialwissenschaften mit der Analyse schematisierter, „operationalisierbarer" Sachverhalte nicht viel weiterkommt, weil sie das eigentlich Interessante, die Feinheiten „subjektiven Vermeinens" nämlich, aus der Soziologie und den anderen Sozialwissenschaften heraustheoretisiert; die Sprachkritik in Gestalt der „logischen Propädeutik" weist nach, daß die wissenschaftliche Begriffsbildung im Alltagsleben, ja, noch mehr: im alltäglichen Handeln des Menschen verankert ist und daher nicht nur logisch, sondern auch hermeneutisch begründet werden muß; und last not least hat die Studentenbewegung der sechziger Jahre ihre Zeitgenossen drastisch darüber belehrt, daß das von Hegel und

Marx begründete dialektische Denken nicht bloß Angelegenheit esoterischer wissenschaftlicher Sekten ist, sondern unüberhörbare Ansprüche an die kritische Selbstreflexion jedweden wissenschaftlichen Denkens überhaupt stellt.

Das selbstgenügsame Nebeneinander von Natur- und Geisteswissenschaften, von „nomothetischen" und „idiographischen" Disziplinen ist ohnehin vorbei. Aber auch die Spanne, während derer viele glaubten, es sei eine analytisch akzentuierte Einheitswissenschaft möglich, gehört bereits der Vergangenheit an. Wir finden uns in einer Situation, da wir „analytische" und „nichtanalytische" Wissenschaftsauffassungen miteinander zu konfrontieren haben.

I

Nach diesem kurzen historischen Abriß, der die Verwendungsweise bestimmter Wörter notgedrungen als bekannt voraussetzte, müssen nun einige Begriffsklärungen nachgeholt werden, damit unsere Fragestellung verständlicher wird.

„*Wissenschaftstheorie*" verstehen wir hier ganz naiv als „Theorie von der Wissenschaft überhaupt". Das ist nicht selbstverständlich, da man das Wort „Wissenschaftstheorie" heute oft benutzt, wenn man lediglich die Theorie der „analytischen" Wissenschaften meint. Diese Einschränkung ist zwar üblich, aber nicht notwendig; sofern „geisteswissenschaftliche" Vorgehensweisen wie Phänomenologie, Hermeneutik oder Dialektik auch als „Wissenschaft" bezeichnet werden können, dürfen wir das Nachdenken über sie natürlich auch „Wissenschaftstheorie" nennen. In diesem weiten Sinne also verstehen wir hier „Wissenschaftstheorie".

Auch das Wort „*analytisch*" wollen wir ganz naiv in seiner Grundbedeutung „in Bestandteile auflösend" verwenden, also nicht in einem philosophisch vorbelasteten terminologischen Sinn. Eine „analytische" Vorgehensweise ist hiernach eine solche, die ihren Gegenstand in einzelne Bestandteile auflöst und die Beziehungen dieser Bestandteile untereinander betrachtet. In diesem Sinne „analytisch" arbeiten zum Beispiel die Mathematiker, die formalen

Logiker, die Sprach„analytiker", die Naturwissenschaftler, diejenigen Sozialwissenschaftler, für die ihre Wissenschaft analytischen Charakter trägt, und so fort.

Demgegenüber ist die „nichtanalytische" Vorgehensweise dadurch bestimmt, daß sie ihren Gegenstand als *Ganzheit* faßt und interpretiert; so arbeiten etwa die Phänomenologen, die Hermeneutiker und die Dialektiker.

An einem Beispiel sei dieser – unseres Erachtens fundamentale – Unterschied der wissenschaftlichen Betrachtungsweise dargelegt.

Von seiten der Linken wird man heute immer wieder Äußerungen des Sinnes finden, „Ordnung" sei ein Lieblingsbegriff des kapitalistischen und überhaupt eines autoritären Gesellschaftssystems – ein Inbegriff für Zwang, Unfreiheit, Bevormundung und Manipulation.

Hierbei geht man von einer „ganzheitlichen", das heißt: „phänomenologisch-hermeneutisch-dialektischen" Interpretation des Wortes „Ordnung" aus. Man hält sich etwa an Äußerungen wie: „Es wird Zeit, daß die Polizei wieder Ordnung schafft", und liest aus solch einem Satz ein ganzes „Syndrom" autoritärer Einstellungen heraus, wie es eben für das Klima, den Stil, die Atmosphäre der bourgeoisen Gesellschaft typisch sei. Das Wort „Ordnung" steht hier also stellvertretend für einen nur hermeneutisch erschließbaren Zusammenhang.

Ganz anders der Analytiker. Er wird bei dem Wort „Ordnung" vorerst gar keine ganzheitlich-atmosphärischen Vorstellungen haben, sondern konstatieren, daß „Ordnung" zunächst nichts weiter bedeutet als „die Regelung der Beziehungen von Gegenständen untereinander", wobei diese Gegenstände sowohl zum Beispiel Zahlen als auch zum Beispiel Personen sein können.

Bezogen auf Personen, würde Ordnung demnach soviel heißen wie: „Regelung eines Verhaltens von Personen untereinander." Eine solche Regelung würde zum Beispiel schon dann vorliegen, wenn zwei Linke vereinbaren, sich zu einer bestimmten Zeit an einem bestimmten Ort zu treffen. Es ist nun nicht ganz vorstellbar, daß sich ein oder beide Verabredungspartner einfach nicht zur richtigen Zeit an den richtigen Ort begeben und das damit begründen, in einer sozialistischen Gesellschaft könne es so autoritäre Dinge wie die Bindung von Personen an bestimmte zeitliche und räumliche Punkte nicht geben.

Hieraus wird sichtbar: die Charakterisierung des Wortes „Ordnung" als einem autoritären System angehörig hat nur solange Sinn, wie wir auf der Ebene ganzheitlicher hermeneutischer Interpretation stehen bleiben, die einen Satz wie „Es wird Zeit, daß die Polizei wieder Ordnung schafft" als „seinem Stil nach" autoritär charakterisiert, ohne danach zu fragen, was „Ordnung" denn nun *im einzelnen* alles bedeuten kann. Im Ernst wird auch der revolutionärste Sozialist nicht auf „Ordnung" im Sinne des geregelten Verhaltens von Personen untereinander verzichten können. Denn auch eine erträumte sozialistische Gesellschaft würde aus lauter konkreten Einzelsituationen bestehen, für die ein Verhalten durch Absprache geregelt sein muß. Insofern beschleichen uns leise Zweifel, ob mit einem pauschalen Satz wie „Ordnung ist der Lieblingsbegriff des Kapitalismus" überhaupt etwas Sinnvolles ausgesagt werden kann.

Unser vielleicht etwas burlesk anmutendes Beispiel sollte nicht vergessen lassen, daß wir hiermit eins der wenigen grundlegenden Probleme der Wissenschaftstheorie überhaupt aufgegriffen haben: wie weit ist es berechtigt, „ganzheitlich" zu denken – und wie weit müssen wir „analytisch" vorgehen? Unser Beispiel zeigt ja, daß beide Denkweisen in ihrer Art angebracht und notwendig sind. Es ist ja doch völlig zutreffend, daß in dem Satz „die Polizei muß Ordnung schaffen" ein Ton aufklingt, der uns in der Tat besorgt machen muß, und der wirklich eines kritischen Nachdenkens bedarf. Aber es ist ebenso richtig, daß die Charakterisierung des Begriffes „Ordnung" schlechthin als „bourgeois" insofern ideologisch ist, als in umschreibbaren Situationen selbst der Sozialist nicht auf das verzichten kann, was wir legitimerweise eben *auch* „Ordnung" nennen dürfen.

II

Ein anderes grundlegendes Problem der Wissenschaftstheorie ist die Frage nach dem Verhältnis vom Allgemeinen zum Besonderen. Was soll die Wissenschaft eigentlich? Ist es ihr Ziel, allgemeine Sätze aufzustellen („Jeder Mensch tut das, wovon er sich die größte Belohnung verspricht") – oder soll sie einzelne, einmalige, individuelle Tatsachen erforschen („X hat sein Werk A nicht erst 1740, sondern schon 1732 geschrieben") – oder soll sie beides nebeneinander tun? Und wenn ja, in welchem Verhältnis?

Die „analytische" Wissenschaftsauffassung ist eindeutig auf „Allsätze" aus. Komplizierter liegt die Situation in den „nichtanalytischen" Wissenschaften: einesteils hat man sich hier entschieden dem Einzelnen, Individuellen verschrieben, andernteils will man aber natürlich auch aus dem Individuellen wieder verallgemeinernde Schlüsse ziehen. So will man zum Beispiel aus den objektivierbaren Äußerungen eines Zeitalters oder einer Nation auf verschiedenen Lebensgebieten einen „Zeitgeist" abstrahieren, oder man will zum Beispiel die geistesgeschichtliche Entwicklung Deutschlands von 1800 bis 1950 in wenigen Sätzen schildern (und damit interpretieren), was wieder nur aufgrund von Verallgemeinerungen und Abstraktionen möglich ist – ja man will sogar, in geringerem oder größerem Ausmaße, Regelmäßigkeiten und „typische" Sachverhalte in der Geschichte auffinden, etwa Parallelen zwischen der Spätantike und der Gegenwart als „alexandrinischen" Zeitaltern ziehen und so fort.

Wenn wir nun unsere beiden Gegensatzpaare „auflösend-ganzheitlich" und „allgemein-individuell" miteinander verknüpfen, so ergibt sich der auf den ersten Blick paradoxe Tatbestand, daß die analytische Auffassung gleichzeitig auflösend und verallgemeinernd, die nichtanalytische gleichzeitig ganzheitlich und individualisierend vorgeht. Diese scheinbare Paradoxie erklärt sich folgendermaßen:

Das Individuelle wird als Individuelles erst in der ganzheitlichen Betrachtung sichtbar, weil es durch verschiedene Anordnung „an sich" gleicher Elemente entsteht – während umgekehrt Allsätze erst dadurch möglich werden, daß komplexe Ganzheiten in ihre Elemente aufgelöst und über diese Elemente dann allgemeine Aussagen gemacht werden.

Ein simples Beispiel: Sämtliche Dichtwerke zumindest des lateinischen Kulturkreises bestehen aus den gleichen Buchstaben, und dennoch sind sie als Individualleistungen interpretierbar: Goethe schreibt eben „anders" Gedichte als Heißenbüttel. Für den Hermeneutiker ist Goethes Werk ein einmaliger Gegenstand; der Analytiker könnte es etwa in eine Skala von Buchstaben- oder Worthäufigkeitsverhältnissen einreihen.

Ebenso verhält es sich mit unserem Beispiel „Ordnung". Für den ganzheitlich interpretierenden Dialektiker ist „Ordnung" ein assoziationsgeladenes Schlüsselwort für den historischen Begriff „Kapitalismus" – der Analytiker wird alles als „Ordnung" bezeichnen, was etwa die Eigenschaft „Anzahl von Gegenständen mit geregelten Beziehungen" aufweist. (Dabei wird man „Kapitalismus" als einen historischen Begriff ziemlich hohen Abstraktionsgrades charakterisieren müssen.)

III

Als drittes zentrales Problem der Wissenschaftstheorie werden wir das Wertproblem anzusprechen haben.

Die analytische Richtung hat den Versuch gemacht, das Problem der moralischen, sozialen oder politischen Wertung von Sachverhalten völlig aus der Wissenschaft herauszuwerfen, indem man Wertfragen zu einer außerwissenschaftlichen, rein praktischen Angelegenheit erklärte.

Also zum Beispiel: Man kann zwar das Problem des „Todes" biologisch erforschen – aber die Frage, wie der Mensch mit seinem eigenen und seiner Mitmenschen Tod fertig werden soll, gehört nicht mehr in die Wissenschaft. Entsprechendes gilt für Begriffe wie „Freiheit", „Demokratie", „Menschenwürde" und sonstige politische Fundamentalbegriffe.

Hier sind wir offenbar auf eine äußerst schwache Stelle der analytischen Wissenschaftsauffassung gestoßen; denn ersichtlich kommt es – unter anderem – gerade darauf an, die *praktischen* Fragen *als solche* zum Gegenstand der Wissenschaft zu machen – nicht *nur*, aber *auch* um den Menschen so zu helfen, besser mit ihnen fertig zu werden, als das angesichts einer Wissenschaft ohne Praxis und einer Praxis ohne Wissenschaft möglich wäre.

Auf diesem Gebiet nun ist die nichtanalytische Theorie eindeutig überlegen: denn sie bezieht ausdrücklich gerade die *Lebenspraxis* als ihren Gegenstand in ihr Nachdenken mit ein. Die Lebensprobleme des Menschen und die Fragen seines praktischen Handels in der Welt sind gerade die Themen, die sie beschäftigen; nicht zufällig ist die Hermeneutik in Gestalt der betont so genannten „Lebensphilosophie" und „Existenzphilosophie" aufgetreten, und auch die Phänomenologie und erst recht die Dialektik sind eindeutig auf das „gelebte Leben" selber bezogen.

Nach analytischer Vorstellung sieht das Verhältnis zwischen Wissenschaft und Praxis (Leben, Gesellschaft, Politik) so aus:

Der Wissenschaftler stellt nur die *Mittel* des praktischen Handelns bereit, indem er sagt: „*Wenn* Ihr A wollt, dann müßt Ihr a tun; und *wenn* Ihr B wollt, dann müßt Ihr b tun. Aber *ob* Ihr A oder B wollt, das müßt Ihr selbst wissen – das geht mich als Wissenschaftler nichts an!" Die Entscheidung über das *Ziel* – A oder B – überläßt er also den Nichtwissenschaftlern.

Der nichtanalytische Wissenschaftler dagegen sieht es gerade als die Aufgabe der Wissenschaft an, festzustellen, ob das Ziel A oder B besser ist. So erhebt zum Beispiel die Wissenschaftsströmung, die wir abgekürzt als marxistische Dialektik bezeichnet haben, den Anspruch, durch wissenschaftliche Reflexion erhärten zu können, daß der Sozialismus die einzige wissenschaftlich gerechtfertigte Weise darstellt, das Leben und die Gesellschaft zu gestalten.

Ich bin – mit der nichtanalytischen Wissenschaft – der Überzeugung, daß die Wissenschaft in der Tat nicht nur die Mittel, sondern auch die Ziele der Lebenspraxis zu bestimmen hat. Aber ich meine andererseits nicht, daß diese Ziele nun inhaltlich unbedingt im Sinne eines utopischen Sozialismus bestimmt werden müssen.

IV

Aus unseren Vorüberlegungen ergibt sich folgender Aufbau der Darstellung.

Der erste Band wird sich mit den analytischen, der zweite Band mit den nichtanalytischen wissenschaftlichen Vorgehensweisen beschäftigen.

Bei allem Vorbehalt gegen eine einseitig analytische Ausrichtung der Wissenschaft müssen wir uns doch mit einigem Nachdruck dessen versichern, daß eine saubere analytische Entwicklung der Grundbegriffe das Fundament aller Wissenschaften ist. Es bedeutet ein unauslöschbares Verdienst der analytischen Richtung, daß sie in den letzten Jahrzehnten ein für alle zukünftige wissenschaftliche Arbeit unentbehrliches Fundament exakter Begriffsbildung gelegt hat. So berechtigt der lebenspraktische Ansatz der nichtanalytischen Wissenschaften gewesen ist – so verhängnisvoll war es, daß er die denkenden und redenden Menschen zu leerem Getön und zu nachlässiger Sprechdisziplin verleitet hat.

Wir stehen daher vor folgender Paradoxie: gerade dasjenige wissenschaftliche Denken, das stets einen Praxisbezug betont hat, war infolge seiner dem Durchschnittsmenschen unverständlichen Wortmystik der Praxis am allerfernsten – von Hegel über Marx bis Habermas –; und umgekehrt kann ein Denken, das sich theoretisch als vom Leben abgeschieden versteht, schon auf zwölfjährige Schüler eine unwiderstehliche Faszination ausüben, wie das an der Logik, der Mathematik und den Naturwissenschaften zu beobachten ist.

Die nichtanalytischen Lebenswissenschaften wollen zwar aufklären, reden aber so unverständlich, daß sie faktisch niemanden aufklären. Damit heben sie den angestrebten Effekt selber wieder auf und erreichen praktisch nicht mehr als die Wissenschaften, die ihren Anspruch gar nicht erst teilten. Was nützt ein gesellschaftlich noch so angemessenes Wissenschaftsverständnis, wenn seine Manifestationen demjenigen, den sie überzeugen sollen, als Phraseologie erscheinen?

Daher wird unsere Darstellung versuchen, zunächst das sprachanalytische Fundament zu legen, wobei sie sich der – selbst bereits hermeneutisch rückbezogenen – „Logischen Propädeutik" von *Kamlah* und *Lorenzen* bedient, die man als eine Pionierleistung für den Aufbau einer Erziehung „zum vernünftigen Reden" ansehen muß.

Wir beschäftigen uns sodann mit den Problemen der Deduktion, wobei – in Gestalt des „konstruktiven Denkens" – wiederum hermeneutische Elemente sichtbar werden, und betrachten hiernach die Methode der „Induktion"; zunächst in ihrer „reinen" Form in den Naturwissenschaften, und darauf in ihrer Anwendung auf die Sozialwissenschaften. Hier werden dann allerdings die Zweifel daran, ob der soziale Bereich überhaupt analytisch behandelt werden kann, unüberhörbar.

ERSTER TEIL

SPRACHTHEORIE

1. KAPITEL

LOGISCHE PROPÄDEUTIK

Einleitung

Wir alle durchleben unser Leben in seinen vielfältigen Situationen.

Einige von uns betreiben auch irgend eine Wissenschaft, vielleicht in mehreren sogenannten „Fächern".

Sowohl für unser praktisches Leben als auch für die Wissenschaft, die wir betreiben, brauchen wir eine *Grundorientierung.* Das bedeutet: wir wollen wissen, „wie die Dinge zusammenhängen" – und unter Umständen auch, worauf sie „beruhen", was ihr Anfang ist: wo und wie man also beginnen muß, wenn man sie verstehen will.

Diese Grundorientierung bietet von jeher die Philosophie. Schon seit langer Zeit gibt es eine „Seinslehre" und eine „Erkenntnislehre", die uns zeigen wollen, was und wie die Dinge der Welt „sind" und wie man sie „erkennt".

In unserem Jahrhundert hat sich nun eine ganz besondere Weise herausgebildet, uns eine philosophische Grundorientierung zu vermitteln. Das ist die „Logische Propädeutik", was so viel heißt wie: Vorschule des richtigen Redens oder Denkens.

Die Logische Propädeutik will uns zeigen, wie wir – im Alltag und in der Wissenschaft – zu ersten Grundbegriffen kommen, und wie wir aus diesen Grundbegriffen in stetigem Weiterarbeiten zum Verständnis der Welt und unseres Wissenschaftsgebietes kommen.

Die Logische Propädeutik macht uns bewußt, daß wir uns der Welt und aller ihrer Gegenstände durch unsere *Sprache* bemächtigen.

Ein *Gegenstand* in der Welt ist etwas, das wir mit einem *Wort* unserer Sprache bezeichnen – das ist der Grundsatz der Logischen Propädeutik.

Wer in sich von selbst das starke Bedürfnis spürt, sich über das Leben und die Welt „klar zu werden", und hierfür eine geordnete Anleitung sucht, der wird ohne Zögern zu einer „Logischen Propädeutik" greifen, weil er sich hier wenigstens den Versuch einer Klärung seiner Fragen erhofft.

Wer dieses unmittelbare Bedürfnis nicht hat, wird vom Nutzen der Logischen Propädeutik nicht von vornherein überzeugt sein. Daher wird er eingeladen, sich zunächst darüber informieren zu lassen, worum es bei der Logischen Propädeutik geht, und dann weiter zu sehen.

A. Das Wort

I. Die allgemeine Prädikation

1. Prädikatoren

a. Was ist ein Prädikator?

„Heute abend ist Stadtratssitzung." – „Was steht denn auf der Tagesordnung?" – „Die finanzielle Lage der Stadt, der Ausbau des neuen Rathausplatzes, der Bebauungsplan des A-Viertels, die Erweiterung des Busnetzes im B-Viertel." – „Auch die Eingemeindung von C?" – „Nein, sie ist nicht *Gegenstand* der heutigen Sitzung – da gab es noch einige Komplikationen."

„Vorige Woche habe ich mit der Materialsammlung für meine Examensarbeit begonnen." – „Was ist denn ihr *Gegenstand?*" – „Die Gleichschaltung der Tagespresse im Dritten Reich."

In den beiden hier als beliebiges Beispiel geschilderten Gesprächen kommt das Wort *Gegenstand* vor. *Gegenstand* erscheint in beiden Fällen als Bezeichnung für das, wovon jeweils *die Rede ist:* in der Stadtratssitzung, in der Examensarbeit.[1]

Unsere Beispiele sollten andeuten, daß schon in der Alltagssprache das Wort *Gegenstand* keineswegs nur so gebraucht wird, wie wir bei oberflächlicher Betrachtung anzunehmen geneigt sind: als eine Bezeichnung für bestimmte „körperliche Dinge", für „gegenständliche" Gegenstände, wie etwa in dem Dialog: „Was ist denn das da für ein Gegenstand?" – „Ein Entsafter." oder in dem Satz: „Das Zimmer sah aus, als ob Einbrecher dagewesen seien; alle Gegenstände lagen durcheinander."

Ein Gegenstand ist also nicht einfach etwas, was eine begrenzte körperliche Ausdehnung im Raum hat, also das, was wir eindeutiger als „Gerät" bezeichnen könnten. Natürlich – ein „Gegenstand" kann *auch* ein solches Gerät sein. Wenn von einem Gerät die Rede ist, können wir mit gutem Recht dieses Gerät auch als Gegenstand bezeichnen. Aber: wir bezeichnen eben nicht *nur* Geräte als Gegenstände. Sondern ein Gegenstand kann alles das sein, wovon wir überhaupt reden, also auch das, was wir mit einem anderen Wort als „Thema" bezeichnen. Wenn wir vom „Thema" einer Sitzung oder einer Unterhaltung sprechen, wissen wir genau, was hier mit dem Wort „Thema" gemeint ist – und ebenso, wenn ein Student von dem „Thema" seiner Examensarbeit spricht.

Ein Gegenstand ist also alles das, worüber wir gerade sprechen. Wenn wir von dem Buch oder von dem Locher sprechen, das oder der vor uns auf dem Schreibtisch liegt, ist das eine eindeutige Sache; ebenso, wenn wir von dem Baum oder dem Hund sprechen, die wir, durch unser Wohnzimmerfenster blickend, sehen. Buch, Locher, Baum und Hund sind „Gegenstände", die sich „von selbst" von ihrer Umgebung abheben, die deutlich abgesetzt sind und deren Gegenstandscharakter daher für uns auf der Hand liegt.

Sehr viel schwieriger ist diese Ablösung offenbar dann, wenn unser Gegenstand etwas ist, was wir auch als „Thema" bezeichnen können. Schon der Schüler, der einen Schulaufsatz schreiben soll, muß sein „Thema" unter Umständen aus einem verfilzten Geflecht von „Gegenständen" zunächst erst einmal herauslösen – ganz zu schweigen von einem Studenten, der in der Fülle möglicher Gegenstände überhaupt erst einmal eine „Fragestellung" ausfindig machen muß, unter der er sein Material sammeln, die Literatur lesen soll. In diesem Falle bietet sich die Abgrenzung eines „Gegenstandes" keineswegs an, sondern muß mühevoll gesucht und gefunden werden.

Zwischen diesen Extrembereichen des unmittelbar ins Auge springenden „Dinges" und des erst durch komplizierte Arbeitsprozesse zu ermittelnden „Themas" gibt es einen breiten Zwischenbereich von Gegenständen, die einerseits relativ leicht auszumachen sind, andererseits ihrer Abgrenzung als Gegenstand aber auch Schwierigkeiten bereiten. Man denke nur an Gegenstände wie *Bach, Fluß* und *Strom, junger* oder *alter* Mensch, *kaltes, warmes* und *heißes* Wasser, *kleiner* und *großer* Stein, *naher* und *weiter* Ort, *Vordergrund* und *Hintergrund.* In allen diesen Fällen haben wir es mit auf den ersten Blick „unbestimmten" Gegenständen zu tun – und doch wissen wir im praktischen Leben meist genau, ob wir einen bestimmten Menschen als jung oder alt, ob wir einen Stein als klein oder groß, ob wir es im Zimmer oder draußen als warm oder kalt bezeichnen sollen.[2]

Ein Gegenstand ist also alles das, wovon jeweils gerade die Rede ist. Wir können also auch sagen: ein Gegenstand ist immer das, was wir mit einem Wort unserer Sprache bezeichnen können.

Solche Wörter sind nicht nur *Buch* oder *Locher,* nicht nur *Hund* oder *Baum, rot* oder *grün,* sondern auch *jung* oder *alt, groß* oder *klein, Vordergrund* oder *Hintergrund, die Eingemeindung von C, die Gleichschaltung der Presse im Dritten Reich,* und auch *die Mathematik, die Mechanik, die Ethik, die Relativitätstheorie, die Mikrobiologie, die Soziologie, die Evolution, das Vakuumproblem, „Anlage oder Umwelt?", die Parteienfinanzierung, die Mitbestimmung, die Verkehrsplanung* und so fort.[3]

Damit haben wir bereits eine Vorstellung von dem Grundprinzip dessen, was man heute *„Sprachanalyse"* nennt. Die sprachanalytische Philosophie sagt: Es gibt nicht einfach eindeutige Gegenstände „an sich". Vielmehr hängt es weitgehend von einer bestimmten menschlichen Sprache ab, was sie als Gegenstand aus der Welt ausgliedert. Die eine Sprache gliedert so, die andere so aus.

Da nun der Mensch nur durch die Sprache verständlich machen kann, welchen Gegenstand er meint, treten an die Stelle der Gegenstände „als solche" die *Wörter*, die die Sprache ihnen zuordnet.

Der Sprachanalytiker sagt daher einfach: *ein „Gegenstand" ist das, was ich mit einem Wort meiner Sprache bezeichne.*[4]

Durch diese geniale – und fast schon ein wenig unerlaubt wirkende – Wendung des Gegenstandsbegriffes schafft sich der Philosoph ganz erhebliche Probleme vom Halse.

Indem er einen „Gegenstand" als das definiert, was er mit einem Wort seiner Sprache bezeichnet, umgeht er nämlich die uferlosen Probleme, die sich seit nun bald dreitausend Jahren um Dinge wie „Sein" und „Erkenntnis" gelegt haben: fachterminologisch gesprochen also die gesamte „Ontologie" (Seinslehre) und „Erkenntnistheorie".

Der Sprachanalytiker braucht nämlich gar nicht mehr danach zu fragen, „was" ein Gegenstand „ist", oder „als was" man ihn „erkennt". Es genügt, daß man von ihm *spricht.*

Was ein Gegenstand „ist", davon handeln wir etwa, wenn wir sagen: ein Stein gehört dem anorganischen, ein Baum oder Pferd dem organischen, die Liebe dem seelischen und so etwas wie „Struktur" dem geistigen Bereich des Seins an.[5]

Über unsere „Erkenntnis" eines Gegenstandes denken wir nach, wenn wir uns überlegen, ob das Pferd, das wir wahrnehmen, wohl „an sich" existiert (das heißt: auch da ist, wenn wir gerade nicht hinsehen), oder ob es nur in unserem Kopfe vorhanden ist. Diese Seins- und Erkenntnisfragen, mit denen sich die Philosophen seit Jahrtausenden herumgeplagt haben, überspringen wir mit einem Male, wenn wir einfach sagen: Ein *Gegenstand* ist alles das, wofür wir in unserer *Sprache* ein *Wort* haben.

Es ist daher sicher nicht übertrieben, wenn man das Zeitalter der *Sprache* als das dritte Zeitalter der Philosophie nach den Zeitaltern des „Seins" (Antike und Mittelalter) und des „Bewußtseins" (Neuzeit bis zur Sprachanalyse) bezeichnet.[6]

Nun müssen wir uns jedoch eines von vornherein vor Augen halten: das Problem des „Gegenstandes an sich" ist mit der sprachanalytischen Wendung nicht gelöst, sondern nur beiseitegeschoben. Man *vermeidet* es einfach, sich damit zu beschäftigen, solange es geht – und das geht in der Tat ziemlich lange. Mit Hilfe der

Sprachanalyse lassen sich zahlreiche philosophische Probleme, die sonst unlösbar wären, in einem einheitlichen Gedankengang klären. Aber das letzte Wort der Philosophie kann die Sprachanalyse ganz sicher nicht sein. (Nur ist heute noch nicht abzusehen, unter welchem Zeichen die *vierte Epoche* der Philosophie stehen würde. Daß sie eines Tages kommt, ist unvermeidlich.)

Für unseren Zusammenhang jedoch können wir zunächst ganz getrost sagen: ein Gegenstand kann alles sein, für das ich ein Wort habe – also nicht nur ein Stein oder ein Baum oder ein Pferd, sondern auch ein Haus, eine Symphonie, ein Eiweißmolekül, eine Theorie oder eine Religion.[7]

Wenn wir also sagen: „In der ‚Welt' finden wir ‚Gegenstände' vor" – so haben wir damit über die Beschaffenheit der Welt und der Gegenstände in ihr noch gar nichts ausgesagt. „Welt" und „Gegenstand" – das sind nichts als ganz allgemeine, formale Ausgangsbegriffe. Irgendwo müssen wir ja anfangen, und wir haben eben mit diesen Begriffen angefangen.[8]

Ein Wort unserer Sprache nun, mit dem wir einen Gegenstand bezeichnen können, nennen wir einen *Prädikator.*

Statt *einen Gegenstand mit einem Wort bezeichnen* können wir daher auch sagen *einem Gegenstand einen Prädikator zusprechen.*

Im Normalfall vollziehen wir die Prädikation so, daß wir auf einen Gegenstand zeigen und sagen: *Dieser Gegenstand ist ein Buch, Dieser Gegenstand ist ein Baum* und so fort. Statt *Dieser Gegenstand* ... können wir auch einfach sagen: *Dies* ... – denn das Wort *Gegenstand* ist ja nichts als eine Umschreibung desjenigen, dem wir einen Prädikator zusprechen wollen.[9]

Wichtig ist nun noch, daß wir uns klar machen: ein Prädikator ist keineswegs nur das, was wir in der herkömmlichen Grammatik ein *Substantiv* nennen. Ebensogut kann ein Prädikator auch ein *Adjektiv* oder ein *Verbum* sein. Von *jungen* und *alten,* von *kalten* und *warmen,* von *großen* und *kleinen* Gegenständen haben wir schon gesprochen.

So wie wir *dies ist ein Stein* und so fort sagen können, können wir auch *dies ist klein* oder *dies ist jung* oder *dies ist rot* sagen. Und ebenso können wir von einem Gegenstand sagen, daß er fährt, klappert und so fort: *dies fährt, dies klappert.*

Die sprachliche Form des Prädikators spielt also überhaupt keine Rolle. Statt *dies klappert* könnten wir auch sagen *dies ist ein Klapperer, dies ist ein Klapperndes* oder ähnliches – und umgekehrt könnten wir auch ein Substantiv als Prädikator durch ein Adjektiv oder gar Verbum ausdrücken: statt *dies ist ein Baum* auch: *dies ist baumig* oder *dies baumt.*

Zwar werden die Wortarten „*Substantiv*", „*Adjektiv*" und „*Verbum*" weitgehend durch den Bereich der *Prädikatoren* abgedeckt. Das gilt auch für einen Teil der sogenannten *Adverbien,* wenigstens soweit man sie Adjektiven praktisch gleichsetzen kann, wie etwa in den Beispielen: „Der Löwe brüllt laut", „Der Schwan schwimmt schnell" und so fort. Hier können wir *laut* und *schnell* ohne Bedenken als Prädikatoren betrachten.

In der Praxis des Prädizierens ist nun nicht nur das Zusprechen, sondern ebenso das Absprechen eines Prädikators wichtig. Wir können nicht nur zu manchen Gegenständen sagen: „*dies* ist ein Buch" oder „*dies* ist ein Haus" sondern auch: „*dies* ist kein Buch" oder „*dies* ist kein Haus" – also etwa, wenn wir es mit einem Heft oder einer Zeitschrift zu tun haben oder mit einem Fabrikgebäude oder Stallanbau. Wir können also einem Prädikator jeweils die Gegenstände zuordnen, denen wir ihn zusprechen, und diejenigen, denen wir ihn absprechen. Auf diese Weise schaffen wir uns einen abgegrenzten Bereich von Gegenständen, denen wir den Prädikator mit Recht zusprechen können.[10]

Entscheidend wichtig ist nun folgende Feststellung: einen Prädikator können wir *nicht* nur *einem,* sondern *beliebig vielen* Gegenständen zusprechen. Von grundsätzlich beliebig vielen Gegenständen können wir sagen, sie seien ein Buch, sie seien rot, sie klapperten.[11]

Ob einem Gegenstand ein bestimmter Prädikator zugesprochen werden kann oder nicht, entscheidet sich in der Alltagssprache nicht theoretisch, sondern durch den *Gebrauch* im praktischen Leben selbst. Wenn wir eine bestimmte Sprache durch täglichen Umgang erlernen (das ist in der Regel also die Muttersprache), so wissen wir genau, welchen Gegenständen wir den Prädikator *Buch* zuschreiben sollen und welchen nicht. Mit großer Sicherheit können wir von jedem Gegenstand angeben: „Das ist ein Buch" oder „Das ist kein Buch".[12]

Das Prädizieren ist also keine geheimnisvolle Sache, sondern etwas, was innerhalb seiner Umgangssprache jeder Mensch kann und tut. Wir werden später sehen, daß diese Tatsache für die nähere Bestimmung des Begriffes der *Bedeutung* von großer Wichtigkeit ist.

b. Der Eigenname

Daß wir einen Prädikator beliebig vielen Gegenständen zusprechen können, hat auch einen Nachteil. Wenn wir einen bestimmten Gegenstand meinen, müssen wir auf ihn *zeigen* und sagen: *Dieses Buch, diese Person.*

Wenn uns dieser Gegenstand nun aber nicht zur Hand ist, oder wenn er zwar mir selbst zur Hand ist, nicht aber meinem Gesprächspartner, etwa weil ich mit ihm telefoniere oder ihm schreibe, dann brauche ich eine sprachliche Bezeichnung des Gegenstandes, die vom Hinzeigen unabhängig ist. Eine solche Bezeichnung ist der *Name,* genauer: der *Eigenname,* mit dem wir einen bestimmten Gegenstand benennen können.[13]

Der Name ist uns besonders bei Personen geläufig. Statt: „diese Person" sagen wir einfach „Peter". Wenn wir also telefonieren oder schreiben, brauchen wir nicht zu sagen: „Der Mensch, der neben mir steht, läßt schön grüßen", sondern einfach: „*Peter* läßt schön grüßen."

Nun gibt es freilich viele Männer, die *Peter* heißen. Deshalb ist *Peter* aber kein Prädikator. Denn: einen bestimmten Mann, der *Peter* heißt, bezeichnen wir ja nur dann einfach als *Peter,* wenn das keine Verwechslung geben kann, daß heißt: wenn im gegebenen Zusammenhang kein anderer *Peter* in Betracht kommt. Habe ich hingegen zwei Freunde namens *Peter,* so sage ich eben, je nachdem, welchen *Peter* ich meine, *Peter Meyer* oder *Peter Müller.* Heißen sie beide *Peter Müller,* so füge ich einen weiteren Vornamen, eine Nummer *(Rechtsanwalt Müller II)* oder den Wohnort *(Abgeordneter Müller-Neustadt)* hinzu.

In jedem Fall also bezeichnet ein Eigenname eindeutig einen bestimmten Gegenstand.

Diese eindeutige Bestimmung eines Gegenstandes ist aber nicht der einzige Vorteil, den die Eigennamen gegenüber den Prädikatoren haben. Dazu kommt ein noch viel erstaunlicherer: ich brauche einem von mir vorgefundenen Gegenstand *überhaupt keinen Prädikator zuzusprechen* und kann ihn doch mit einem Eigennamen benennen. So könnte ich einen mir völlig rätselhaften Gegenstand, von dem ich nicht weiß, ob ich ihm den Prädikator *Tier, Pflanze, Stein, Gerät* oder sonst etwas zusprechen soll, einfach *Emil* nennen.

Es haben also keineswegs nur Personen Eigennamen. Auch Länder, Städte, Flüsse, ja sogar Sterne werden herkömmlicherweise mit ihnen benannt, wie etwa *Frankreich, London, der Rhein, die Sonne.*[14]

Es ist demnach durchaus nicht so, daß wir nur bestimmten Arten von Gegenständen Eigennamen geben könnten. Grundsätzlich können wir jedem einzelnen Gegenstand, den wir in der Welt vorfinden, einen Namen geben. Daß Haustieren – genau wie Menschen – Namen gegeben werden, ist bekannt. Auch könnte natürlich ein Kind nicht nur seinem Teddybären, sondern auch seinem Ball einen Namen geben – und das kommt praktisch sogar sehr oft vor. Bei Karl May geben die Westmänner auch ihrem Gewehr gelegentlich einen Namen.

In der Praxis werden wir allerdings dazu neigen, Gegenständen, von denen wir annehmen, daß sie häufig auftreten könnten, von vornherein einen Prädikator zuzusprechen. So werden wir einem unbekannten Gegenstand gegenüber etwa von einem *Dingsda,* einem *Apparat* sprechen. Auch ein Kind wird zunächst zu jedem Hund *Wauwau* sagen und erst später einzelne Hunde mit ihrem Namen nennen.[15] Aber das ändert nichts daran, daß der Eigenname von der Prädikation völlig unabhängig ist. Wir könnten jeden einzelnen Gegenstand mit einem eigenen Namen benennen und tun das bei den meisten Gegenständen nur deswegen nicht, weil sie zu „massenhaft" auftreten.

Will man einen bestimmten Gegenstand bezeichnen, so genügt

oft der ihm zuzusprechende Prädikator in Verbindung mit einem Zeigewort: dieser Tisch.

c. Definition, Begriff, Bedeutung

(1) *Die Definition.* Eine Definition, so können wir „definieren", ist die Gleichsetzung eines bisher noch unbekannten Wortes mit einer Kombination mindestens zweier bereits bekannter Wörter.

Hieran wird schon sichtbar, daß man *niemals* mit einer Definition *beginnen* kann. Denn eine Definition setzt immer voraus, daß *schon bekannte Wörter da sind,* mit deren Hilfe wir dann noch unbekannte definieren können.

Wir kommen also nicht darum herum, irgendwo bei Null anfangen zu müssen. Da zu einer Definition mindestens zwei schon bekannte Wörter gehören, müssen wir ja zumindest diese beiden Wörter ohne Definition, das heißt: exemplarisch, durch Beispiele, einführen.

Was „Einführen durch Beispiele" bedeutet, haben wir bereits oben gesehen, als wir das Wort „Prädikator" kennen lernten.[16] Wenn wir auf ein Buch zeigen und sagen: „Dies ist ein Buch", so haben wir damit den Prädikator „Buch" durch ein Beispiel eingeführt. Wir „definieren" das Wort „Buch" also nicht etwa, indem wir es durch vielleicht schon eingeführte Wörter wie „Papierblatt", „Pappdeckel", „Druckerschwärze", „Leim" und so fort (die offensichtlich ihrerseits wieder durch noch elementarere Wörter definiert werden müßten) erklärten, sondern wir zeigen einfach ein fertiges Buch vor – und stellen es hierdurch gleich in einen Lebenszusammenhang, weil der Lernende nunmehr unmittelbar erfahren kann, was man mit einem Buch macht: es kann unterhalten, informieren, Einsichten vermitteln und so fort.

Schon dieses Beispiel vermag uns zu zeigen, daß in der Praxis des Alltages sehr viel mehr Wörter direkt, durch Vorzeigen, durch Beispiel eingeführt werden, als dies, streng genommen, nötig wäre.

Dies erklärt sich ganz einfach dadurch, daß wir die Dinge im Laufe unseres Lebens ja ganz unsystematisch kennen lernen: so wie sie uns gerade begegnen. So lernt das Kind zum Beispiel vielfach nicht erst einen Baumstamm als Rolle, dann eine Schiebkarre, dann einen Handwagen, dann einen Pferdewagen, dann eine archaische Benzinkutsche und schließlich ein modernes Auto kennen, sondern gleich das Auto des Vaters vor dem Haus und bei Fahrten. Wir kennen also die Gegenstände längst aus der Praxis des Lebens, in ihrem Gebrauchszusammenhang, ehe wir lernen, sie aus ihren Elementen heraus zu verstehen.

Wir werden also mit Gegenstandskenntnissen gleichsam überflutet, indem wir für viele Gegenstände nebeneinander sowohl ihre Bestandteile, als auch sie selbst im ganzen kennen lernen.

Das einfachste Beispiel hierfür ist das klassische Exempel für die Definition, wie wir es gleich behandeln werden: In der Praxis des Lebens lernen wir ja einen „Schimmel" nicht durch Definition kennen, etwa indem die Mutter sagt: „Du weißt, was *weiß* ist, und du weißt, was ein *Pferd* ist. Ein *weißes Pferd* nennt man nun einen *Schimmel.*" Sondern in Wirklichkeit wird die Mutter auf ein weißes Pferd zeigen und sagen: „Das ist ein Schimmel." Unsere Information ist also „redundant". Wir kennen einerseits die Gegenstände „weiß" und „Pferd" und könnten uns daher den Gegenstand „Schimmel" durch Definition zusammensetzen. Wir lernen aber andererseits den Gegenstand „Schimmel" auch direkt kennen, erfahren also auf zweierlei Weise gleichzeitig, was ein Schimmel ist. In dieser Weise geht es natürlich auch mit komplexen, vielfach zusammengesetzten Gegenständen. Zweifellos ist es gerade diese „Redundanz", dieser Überfluß an Information über die Gegenstände, die uns das Zurechtfinden in der Welt erleichtert. Wir erwerben uns allmählich den Bestand an Gegenstandskenntnissen nicht nur auf doppelte, sondern auch drei-, vier-, vielfache Weise.

Aber wenden wir uns nun systematisch dem Problem der Definition zu.

Beginnen wir mit folgendem klassischem Beispiel: Ein *Schimmel* wird herkömmlicherweise „definiert" als weißes Pferd.

Hierbei nehmen wir an: man weiß schon, was ein *Pferd* ist, und man weiß auch schon, was *weiß* ist. Dagegen weiß man noch *nicht,* was ein *Schimmel* ist. Vielmehr soll dieses Wort durch die Definition erst neu eingeführt werden.

Strenggenommen müssen wir uns den Vorgang also so vorstellen: wir kennen die Prädikatoren *Pferd* und *weiß*. Aber es ist uns zu umständlich, immer *weißes Pferd* zu sagen; daher erfinden wir das neue Wort *Schimmel* und definieren es durch die bereits bekannten Prädikatoren *Pferd* und *weiß*.

Eine Definition hat also – genau wie eine Gleichung in der Mathematik – zwei Seiten, eine linke und eine rechte.

Auf der linken Seite steht das *Definiendum*, also das zu Definierende, und auf der rechten Seite das *Definiens*, also das Definierende.

Schimmel	weißes Pferd
Definiend*u*m	Definiens
das z*u* Definierende	das Definierende
k*u*rz	lang
ne*u*	alt
*u*nbekannt	bekannt
*u*nverständlich	verständlich

(Die Wörter, die die beiden Seiten der Definition erläutern, kann man sich mnemotechnisch sehr leicht daran merken, daß alle Wörter auf der linken Seite ein ‚*u*' haben, die Wörter auf der rechten Seite dagegen nicht!)

In der klassischen Schullogik sagte man nun, die rechte Seite der Definitions-„Gleichung", also das Definiens, enthalte immer zwei Glieder: „genus proximum" (die nächsthöhere Gattung) und „differentia specifica" (der besondere Unterschied, das unterscheidende Merkmal). Hiernach wäre also *Pferd*, die nächsthöhere Gattung zu *Schimmel*, und *weiß* das den Schimmel von anderen Pferden unterscheidende Merkmal.[17]

Diese Beschreibung der Definition durch „genus proximum" und „differentia specifica" ist nicht nur unnötig, sondern auch irreführend. Wenn wir nämlich einen bisher unbekannten Terminus durch zwei bereits bekannte Termini definieren wollen, dann ist es durchaus gleichgültig, wie wir das Verhältnis dieser Termini untereinander näher bestimmen. Wichtig ist allein, daß wir sie kennen und ihre Kombination zum Definiens als solche verstehen.

Zudem werden durch die Rede von „genus proximum" und „differentia specifica" völlig unnötige Klassifikationsprobleme heraufbeschworen. Wer sagt denn, daß *Pferd* die „Gattung" und *weiß* das „Unterscheidende" ist? Das Verhältnis läßt sich auch umdrehen: wir können einen Schimmel ebenso gut als etwas *pferdeförmiges Weißes* bezeichnen; dann ist *weiß* das genus proximum und *Pferd* die differentia specifica. Es ist daher viel sinnvoller und neutraler, zu sagen:

Der Prädikator *Schimmel* steht im Schnittpunkt der gleichberechtigten „Prädikatoren-Koordinaten" *Pferd* und *weiß*.

	....	....	**Pferd**	....	....	....
....						
....						
weiß			**Schimmel**			
....						
....						

(2) *Der Begriff.* Im Zusammenhang mit der Definition können wir nun auch den „Begriff" behandeln.

Unter dem Begriff *Begriff* kann man sich gewöhnlich nichts Genaues vorstellen. Die einen meinen, ein Begriff sei ein „‚gedankliches Gebilde', das der Verlautbarung im Wort vorausginge",[18] also etwas, was vor der Sprache läge und daher mit der Sprache eigentlich gar nichts zu tun hätte: hiernach wäre etwa der *Begriff* des Dreiecks die vorsprachliche Vorstellung von einem Dreieck, im Gegensatz zu dem Wort, das ein Dreieck bezeichnet. – Andere wiederum gebrauchen umgekehrt *Begriff* genau so wie *Wort* und sagen: „der Begriff *Hypotenuse*", wenn sie das Wort *Hypotenuse* meinen.

Man kann sich nun auf folgende Bedeutung des Wortes *Begriff* einigen: *Begriff* ist „zunächst nichts anderes als ein [Wort]".[19] Der Begriff *Begriff* (wie wir hier leider „quadrierend" sagen müssen) gehört also in den Bereich der *Sprache;* er bezeichnet demgemäß nichts Vorsprachliches.

Andererseits jedoch müssen wir die Wörter *Wort* und *Begriff* natürlich gegeneinander abgrenzen. Aber wie?

Wir hatten gesehen: in einer Definition werden zwei sprachliche Ausdrücke in der Weise gleichgesetzt, daß sie füreinander eintreten können, ohne daß sich an der „Bedeutung" des Ausgesagten etwas ändert. Wir können also statt *weißes Pferd* auch *Schimmel* sagen oder umgekehrt.

Wie nennen wir nun aber das, was gleichbleibt, wenn wir *weißes Pferd* durch *Schimmel* ersetzen? Es ist, wie wir vorläufig gesagt haben, die „Bedeutung" des Ausgesagten. Wir können jetzt genauer sagen: *weißes Pferd* und *Schimmel* stellen den gleichen *Begriff* dar.

Der Begriff ist also das, was gleich bleibt, wenn die verwendeten Wörter sich ändern.

Ein Begriff wird zwar durch ein Wort (oder durch einen sprachlichen Ausdruck aus mehreren Wörtern) wiedergegeben, aber *nicht* durch ein *bestimmtes* Wort.

Nun brauchen wir jedoch nicht, wie das bei einer Definition der Fall ist, auf der einen Seite *ein* Wort und auf der anderen Seite *mehrere* Wörter zu haben. Vielmehr können wir auch *ein* Wort durch *ein* anderes „der gleichen Bedeutung" ersetzen.

Der einfachste Fall dieser Ersetzung eines Wortes durch ein anderes liegt dann vor, wenn ich in eine andere Sprache *übersetze.* Wir sagen dann: *equus, cavallo, cheval, horse* usw. sind Wörter, die alle den gleichen Begriff *Pferd* darstellen.

Etwas Ähnliches gibt es aber auch innerhalb einer einzigen Sprache. Auch hier treffen wir manchmal auf Wörter, die den gleichen Begriff darstellen, wie etwa *Schlips = Krawatte; Kraftwagen = Auto; Sonnabend = Samstag; Schornstein = Schlot = Kamin*[20]*; gebrauchen = verwenden; Harke = Rechen*[21] und andere.

Solche gleichbedeutenden Wörter nennen wir *Synonyma.*

Wir können nun sagen: alle Synonyma stellen den gleichen „*Begriff*" dar. Ein *Begriff* ist also das, was alle jeweils füreinander stehenden Synonyma darstellen. *Schornstein* und *Schlot* sind zwei Wörter, die denselben Begriff wiedergeben, weil sie sprachlich füreinander stehen können, also gleichbedeutend oder synonym sind.

Wir können also sagen: Alle Wörter und Wortgruppen (sprachlichen Ausdrücke), die füreinander stehen können, stellen den gleichen *Begriff* dar, oder: Ein *Begriff* ist das, was alle sprachlichen Ausdrücke darstellen, die füreinander stehen können.

Füreinander stehen können:

1. *„Synonyma": Kraftwagen = Auto*

2. *„Übersetzungen": Pferd = horse*

3. Die beiden Seiten einer *Definition: Schimmel = weißes Pferd*

Das Paradoxe ist also: ein *Begriff* ist zwar kein vorsprachliches gedankliches Gebilde, sondern immer an ein Wort gebunden. Aber dieses Wort braucht kein bestimmtes Wort zu sein. Vielmehr kann ein Begriff durch jedes Wort und jede Wortgruppe aus einer Menge von Wörtern und Wortgruppen wiedergegeben werden, die sich gegenseitig vertreten können.

Ein Begriff ist kein bestimmtes Wort – und doch immer ein sprachlicher Ausdruck, denn er kann nur in Gestalt eines Wortes oder einer Wortgruppe auftreten. Wir können also einen Begriff nur dadurch vergegenwärtigen, daß wir irgendeines der ihm zugeordneten füreinander einsetzbaren Wörter verwenden.

Wir können also auch sagen: ein Begriff ist das, was übrig bleibt, wenn wir bei einem Wort von der Lautgestalt *absehen* und einen beliebigen anderen sprachlichen Ausdruck einsetzen.[22]

Dieses Absehen von der Lautgestalt können wir nun auch *Abstraktion* nennen.[23] Durch diese Abstraktion wird jedoch ein Wort nicht in etwas „Andersartiges" überführt. Vielmehr ist auch ein „Begriff" – als Ergebnis einer Abstraktion von der Lautgestalt eines Wortes – ein sprachliches Gebilde. Die Abstraktion ist hier also etwas, was sich im Bereich der Sprache selbst vollzieht.

Beispiele für den Vorgang der Abstraktion sind im Alltagsleben leicht zu finden. So ist zum Beispiel der Ausdruck *„fünf Mark"* das Ergebnis einer Abstraktion. Denn „fünf Mark" – das kann eine beliebige Kombination von Münzen sein, und ebenso eine Eintragung auf einem Beleg des bargeldlosen Zahlungsverkehrs (Scheck oder Überweisung). „Fünf Mark“ – das ist auf jeden Fall immer *Geld.* Aber die Gestalt, in der dieser Geldbetrag auftritt, kann ganz verschieden sein.

Ebenso ist zum Beispiel eine *Melodie* das Ergebnis einer Abstraktion. Eine Melodie kann auf die verschiedenste Weise realisiert werden: Laut oder leise, langsam oder schnell, hoch oder tief, in zwölf verschiedenen Tonarten, gesungen, gesummt, gepfiffen oder auf einem beliebigen der zahlreichen möglichen Musikinstrumente gespielt. Das, was in allen diesen so denkbar verschiedenen Realisationen gleichbleibt, das ist eben die „Melodie“. Die Melodie muß in einer bestimmten Realisation erscheinen, aber welche dies ist, ist gleichgültig. Erst dann, wenn ich einzelne Töne in der Höhen- oder Längen*relation* zu den anderen *verändere,* wird die Melodie eine andere, während Tonhöhe und Tempo gleichgültig sind, solange nur alle Töne in der gegebenen Frequenz- und Zeitdauer-Relation zueinander stehen.

Stellen wir nun zum Schluß noch einmal die Wörter *Begriff* und *Definition* einander gegenüber, so erkennen wir, daß man nicht sagen kann: „einen Begriff definieren“. Denn man kann nur ein *Wort definieren.*

Da nämlich alle füreinander stehenden Wörter und alle durch ein Definitionszeichen verknüpften Wörter und Wortverbindungen den gleichen Begriff darstellen, können wir durch eine Definition nicht einen Begriff durch einen anderen darstellen. Vom Begriff des „Begriffes“ aus gesehen, ist jede Definition tautologisch, da sie zwangsläufig immer im Rahmen des gleichen Begriffs bleibt und nicht über ihn hinausführt.

Wenn ich also sage: „Ein Schimmel ist ein weißes Pferd“, so habe ich damit nicht den „Begriff“ *Schimmel* durch einen anderen „Begriff“ *weißes Pferd* definiert, denn beide Ausdrücke stellen ja den gleichen Begriff ‚equus albus‘ dar.

(3) *Die Bedeutung.* Wenn wir gesagt hatten, ein Begriff sei das, was übrig bleibt, wenn wir bei einem Wort von der Lautgestalt absehen, oder: ein Begriff sei das, was alle sprachlichen Ausdrücke darstellen, die füreinander stehen können, dann liegt es natürlich nahe, für dieses „Übrigbleiben“ und für dieses „Darstellen“ eine eigene

Bezeichnung zu gebrauchen; es liegt, rundheraus gesagt, nahe, einfach zu sagen: Ein „Begriff" ist die „*Bedeutung* eines Wortes".[24]

Das wahrhaft „bedeutungs"schwere Wort *Bedeutung* ist an sich sehr mit Vorsicht zu genießen.[25] Aber wir haben uns durch unsere bisherigen Ableitungen nunmehr so abgesichert, daß wir dieses gefährliche und doch für Logik und Sprachwissenschaft so grundlegende Wort ziemlich exakt bestimmen können.

Wir hatten gesehen: Jeder Mensch lernt den Gegenständen in der Welt bestimmte Prädikatoren zuzusprechen oder abzusprechen, und zwar zunächst einfach durch den *praktischen Gebrauch* der Prädikatoren. So weiß er genau, was ein Baum ist und was kein Baum ist; was ein Haus ist und was kein Haus ist; was ein Buch ist und was kein Buch ist; ja sogar, wann man *Verehrung*, wann *Zuneigung*, wann *Liebe* sagt,[26] was *sich beherrschen* und was *geizig* ist.[27]

Wir können also sagen: *einfach durch den Gebrauch* lernen wir, was die Prädikatoren „bedeuten". Die Bedeutung eines Prädikators ist das, was er uns im täglichen Gebrauch „*zu verstehen gibt*".[28]

Oder knapper: Die Bedeutung eines Wortes ist der Begriff, den das Wort zu verstehen gibt.

Bei den Prädikatoren des täglichen Lebens gibt uns der Gebrauch die Bedeutung zu verstehen, bei den Termini der Wissenschaft die ausdrückliche Vereinbarung.

d. Prädikatorenregeln

Die Prädikatorenregeln dienen der Verknüpfung der Prädikatoren untereinander.

Beispiele für Prädikatorenregeln wären etwa:[29]

„Wer *Spaten* sagt, darf [für den selben Gegenstand] auch *Gerät* sagen".

„Wer *Hase* sagt, darf [für den selben Gegenstand] auch *Säugetier* sagen".

„Wer *Hase* sagt, darf [für den selben Gegenstand] nicht *Reh* sagen".

Solche Beispiele zeigen uns: Die Prädikatorenregeln sollen festlegen, in welches Verhältnis wir die Prädikatoren zueinander setzen sollen.

Prädikatorenregeln haben es also zum Beispiel mit der Über- und der Unterordnung von Prädikatoren zu tun.

So sind zum Beispiel Hunde, Katzen, Hasen und Rehe Säugetiere. Säugetiere, Vögel, Fische ... sind Wirbeltiere.

Wenn ich einem Gegenstand also den Prädikator *Hund* zuspreche, darf ich ihm auch den Prädikator *Säugetier* zusprechen und ebenso den Prädikator *Wirbeltier* – und weiter die Prädikatoren *Tier* und *Lebewesen.*

Dagegen darf ich einem Hund nicht den Prädikator *Katze* zusprechen, und ebenso nicht den Prädikator *Vogel.* Auch nicht die Prädikatoren *wirbelloses Tier* oder *Pflanze.*

Nun ist allerdings der Ausdruck *Regel* etwas irreführend. Unter einer Regel verstehen wir nämlich eine Anweisung, die gar nicht inhaltlich begründet werden kann, sondern *willkürlich festgesetzt* wird und lediglich dem Zweck dient, *ein Verhalten zu ordnen.* Eine typische „Regel" ist zum Beispiel: *Auf öffentlichen Straßen haben alle Fahrzeuge die rechte Straßenseite zu benutzen.*

Diese Regel ist offenbar willkürlich. Denn es ist völlig gleichgültig, ob die Benutzung der rechten oder der linken Straßenseite für verbindlich erklärt wird. Bekanntlich gab und gibt es noch Länder, in denen links gefahren wird, und selbst in manchen Ländern, in denen für den Straßenverkehr die Rechts-Regel gilt, fahren die Eisenbahnen auf zweigleisigen Strecken links (so etwa in der Schweiz). Die Rechtsfahrregel dient also lediglich dem Zweck, ein Verkehrschaos zu verhindern; sie hat keinerlei inhaltlichen Grund, wie die Existenz der Linksfahrländer beweist.

Andere Regeln dieser Art sind, daß man eine Person, der man Höflichkeit bezeigen möchte, rechts gehen läßt; man könnte sie auch links gehen lassen, wenn die Regel so lautete.

Auf solche Weise willkürlich festgesetzte Regeln nennen wir auch *Konventionen.*

Nun ist aber bei näherem Hinsehen nicht zu verkennen, daß Prädikatorenregeln gar keine Regeln im Sinne von Konventionen sind – jedenfalls im normalen Falle nicht.

Zwar bleibt es uns überlassen, welchen Prädikator wir einem

Gegenstand zusprechen. So können wir einen Hasen auch *lepus* oder *hare* nennen, einen Hund auch *canis* oder *dog*.

Und auch Bezeichnungen wie *Säugetier* oder *Dobermann* können wir durch beliebige andere ersetzen. Wenn wir jedoch bestimmten Gegenständen bestimmte Wörter wie *Säugetier* oder *Dobermann* einmal zugesprochen haben, dann gilt:

Ob wir einen Hund auch als *Säugetier* bezeichnen dürfen oder nicht, ob wir einen Dobermann auch *Hund* nennen dürfen und einen Hund auch *Reh* – das liegt offenbar nicht mehr in unserem Belieben, da es sich hier um Beziehungen und Gliederungen handelt, die uns die Welt bereits vorgibt. Wir können zwar die *Bezeichnungen* für bestimmte Gegenstände frei wählen, nicht aber die *Beziehungen* zwischen diesen Gegenständen. Also: nur die Bezeichnungen, nicht die Beziehungen, unterliegen der Konvention. Und das gilt sogar auch für solche Gegenstandsbereiche, angesichts derer der Mensch in der Prädikation relativ frei ist, wie wir das etwa an der Reihe *Verehrung, Zuneigung, Liebe* gesehen haben. Natürlich: auch hier ist es gleichgültig, ob wir *Liebe, love, amour, amor* und so fort sagen. Aber in der Abgrenzung des so benannten Phänomens von anderen, ähnlichen Erscheinungen sind wir nicht frei. Vielmehr können wir statt *Verehrung* nicht unbedingt auch *Zuneigung* oder statt *Zuneigung* nicht immer *Liebe* sagen. Zwar bietet hier die Außenwelt nicht unmittelbar eine eindeutige Gliederung an – jedoch führt die Interpretation unserer Lebenswelt zu eindeutigen Zuordnungen und Abgrenzungen von Prädikatoren.

Hieraus folgt, daß wir – zumindest im Bereich der Alltagssprache – gar nicht sinnvoll von Prädikatoren*regeln* sprechen können. Vielmehr ergibt sich das, was in der *Logischen Propädeutik* so genannt wird, genau wie die einzelnen Prädikatoren selbst aus der Erfahrung und Interpretation der Welt, in der wir leben. Wir wissen nicht nur, ob wir einen und welchen Prädikator wir einem bestimmten Gegenstand zusprechen können, sondern auch, wie sich die verschiedenen Prädikatoren voneinander abgrenzen.

Statt von „Prädikatorenregeln“ sollten wir daher von der „Feststellung von Prädikatorenverknüpfungen“ oder ähnlichem sprechen.

2. *Indikatoren und Kennzeichnungen*

a. *Indikatoren*

Nicht alle Wörter sind Prädikatoren oder Eigennamen. Eine wichtige Rolle spielen auch die *Indikatoren.*[30]

Die Indikatoren sind neben den Prädikatoren und Eigennamen eine für die Logik zentral wichtige Wortklasse, durch mannigfache Beziehungen mit ihnen verknüpft. Wie wir es schon bei den Prädikatoren gesehen haben, fassen wir auch unter den Indikatoren Wörter aus verschiedenen Wortarten im Sinne der Grammatik zusammen.

Indikatoren sind „relative" Wörter, das heißt solche Wörter, die nur in ihrer Beziehung auf eine bestimmte Situation verständlich werden.

Einen solchen Indikator haben wir schon kennengelernt. Es ist das hinweisende Pronomen *dieser.* Der Ausdruck *dies ist ein Tisch* ist nur verständlich, wenn der Sprechende gleichzeitig auf den Gegenstand zeigt, den er meint, und der Angesprochene zugegen ist, um zu sehen, auf welchen Gegenstand der Sprecher zeigt. Ein Indikator ist also *situationsabhängig.* Um ihn auch außerhalb einer bestimmten Situation verständlich zu machen, muß man ihn durch einen Eigennamen ersetzen. Wenn wir telefonieren, sagen wir zum Beispiel nicht: „Dieser läßt schön grüßen", verbunden mit einem Zeigen, sondern wir sagen: „Peter läßt schön grüßen".

Grammatisch gesehen, sind Indikatoren vor allem

1. Pronomina, und zwar
   a) Personalpronomina, wie *ich, du, wir, sie;*
   b) Demonstrativpronomina, wie *dieser* und *jener.*
2. Adverbien, und zwar
   a) des Ortes, wie *hier, dort, hinten, oben, links;*
   b) der Zeit, wie *heute, morgen, vorhin, sofort.*

Die *Relativität solcher Wörter ist augenfällig: ich* bezeichnet die jeweils sprechende Person, ohne daß man damit stets gleich weiß, wer das nun eigentlich ist; so, wenn sich jemand am Telefon oder an der Türsprechanlage mit den Worten meldet: „Ich bin hier!"

Ebenso sind *hier* oder *gestern* immer auf den Ort und den Tag bezogen, an dem sie gesprochen werden. Daß *gestern* der 2. September 1982 sein soll, weiß ich nur, wenn ich weiß, daß heute der 3. September 1982 ist.

Indikatoren müssen also mit Hilfe von *Eigennamen* in „absolute", das heißt von der jeweiligen Situation losgelöste Angaben umgewandelt werden. „Eigennamen" in der Dimension der Zeit nennen wir *„Daten"*.

Den Satz: „Wir sind heute hier" könnte man also mit Hilfe von Eigennamen so entschlüsseln: „Hans und Grete sind am 10. Januar 1983 in Hamburg".

b. Kennzeichnungen

Nachdem wir Prädikatoren, Eigennamen und Indikatoren kennengelernt haben, können wir auch leicht verstehen, was *Kennzeichnungen* sind.[31]

Kennzeichnungen sind nämlich gleichsam Eigennamen, die zunächst aus Indikatoren und Prädikatoren gebildet werden, indem ein Prädikator durch einen Indikator auf einen bestimmten Gegenstand festgelegt wird.

Denn Prädikatoren haben ja, wie wir sahen, die Eigenart, daß sie jeweils beliebig vielen Gegenständen zukommen können. Es gibt unbestimmbar viele Steine, Bäume, Bücher und so fort. Wenn wir einen bestimmten Gegenstand kennzeichnen wollen, so können wir ihm, wie wir wissen, einen Eigennamen geben. Wir kommen aber auch ohne Eigennamen aus, wenn wir eine Kennzeichnung verwenden.

Der Prädikator *Tisch* kommt jedem Tisch zu. Wenn wir hingegen einen bestimmten Tisch kennzeichnen wollen, dann zeigen wir auf diesen Tisch und sagen: *„Dieser* Tisch".

Eine Kennzeichnung legt also einen Prädikator auf einen bestimmten unter den Gegenständen fest, denen er mit Recht zugesprochen werden kann.

Diese Festlegung kann durch ein Zeigewort wie *dieser,* also durch einen Indikator, erfolgen. Jedoch teilt die Kennzeichnung mit Hilfe eines Indikators die Schwäche des Indikators selbst: eine

Indikator-Kennzeichnung ist genau so situationsabhängig wie der Indikator selbst, mit Hilfe dessen sie gebildet wird. Wenn wir am Telefon sagen: *Dieser Tisch,* so können wir unserem Gesprächspartner nicht verständlich machen, welchen Tisch wir meinen.

Aus diesem Grunde können wir auch innerhalb einer Kennzeichnung (die ja immer ein zusammengesetzter Ausdruck ist) einen Indikator durch einen Eigennamen ersetzen.

So sagen wir statt „*dieses* Auto" einfach „*Peters* Auto". Der Vorgang ist klar: wir kennzeichnen ein bestimmtes Auto dadurch, daß wir ihm den Eigennamen seines Eigentümers zuordnen. Damit wird die Kennzeichnung gewissermaßen selbst zum Eigennamen, denn sie bestimmt eindeutig einen Gegenstand (hat Peter mehrere Autos, so werden wir eben sagen: „Peters großer Wagen" oder „Peters Citroen").

Natürlich könnten wir nun auch noch einen Schritt weitergehen und den Gegenstand selbst mit einem Eigennamen belegen. Wenn etwa Peter sein Auto *Emil* nennt, so können wir das Auto auch unmittelbar durch den Eigennamen *Emil* kennzeichnen. In der Praxis ist es jedoch weder möglich noch notwendig, daß jeder Gegenstand – sofern er nicht gerade ein Mensch, ein Ort, ein Fluß, ein Berg, ein Haustier oder ein Teddybär ist – einen Eigennamen erhält, aber dafür können wir zahlreiche Gegenstände gleichsam in den Bereich eines Eigennamens bringen und so kennzeichnen.

Weitere Beispiele für Kennzeichnungen wären etwa: *die Innenstadt von Göttingen, die Mündung der Elbe, der Gipfel der Zugspitze, Jockels Schlafplatz* (wenn Jockel unser Hund ist).

Übrigens gibt es auch Fälle, in denen eine Kennzeichnung gebraucht wird, obwohl der betreffende Gegenstand über einen eigenen Namen verfügt, so etwa: *Der Verfasser des „Faust"* (= Goethe), *das Erstlingswerk Schillers* (= „Die Räuber"), *der erste Präsident der Bundesrepublik Deutschland* (= Heuß).

3. Junktoren

In der Grammatik kennen wir *Konjunktionen* wie *und, oder, wenn, weil, aber, obwohl, daß* und so fort.

Diese Konjunktionen dienen der Verknüpfung von ganzen Sätzen oder von anderen Ausdrücken.

Beispiele:
„Es war sehr heiß, *und* die Straßen waren wie ausgestorben",
„*Weil* es regnete, wurde die Straße naß",
„Er war schon sehr müde, arbeitete *aber* weiter",
„Möchtest du Kaffee *oder* Tee?",
„Es stimmt, *daß* ich gestern in der Stadt war",
„Es ist nicht wahr, *daß* ich den Schirm mitgenommen habe",
„Der Mann war keineswegs klein, *sondern* recht stattlich".

So wie wir nun Substantive, Adjektive und Verben in der Logik als *Prädikatoren* und bestimmte Adverbien oder Demonstrativpronomina als *Indikatoren* wiederfanden, so finden wir in der Logik bestimmte Konjunktionen auch als *Junktoren* wieder, das heißt, als Wörter, die geeignet sind, Sätze oder andere Audrücke miteinander zu verknüpfen.[32]

Die wichtigsten dieser Junktoren sind *und, oder, entweder-oder, weder-noch* und noch einige ähnliche andere.

Hierbei müssen wir beachten, daß bestimmte Konjunktionen für die Zwecke der Logik durch andere wiedergegeben werden können.

So können wir statt: „Obwohl er schon sehr müde war, arbeitete er weiter" sagen: „Er war schon sehr müde *und* arbeitete weiter". Denn den Logiker interessiert in diesem Zusammenhang nicht der „Gegensatz"- oder „Konzessiv"-Charakter der beiden Sätze, sondern die Tatsache, daß *beides zugleich* möglich ist: das Müdesein und das Arbeiten. Handelte es sich hier nämlich wirklich um „Gegensätze" im streng logischen Sinne, so könnte niemals jemand zugleich müde sein und arbeiten.

Ähnlich verhält es sich mit dem Satz „Der Himmel ist bedeckt, *aber* es ist trocken." Auch hier bezeichnet das *aber* nur scheinbar einen Gegensatz. Denn in Wirklichkeit ist es ja ohne weiteres vereinbar, daß der Himmel bedeckt ist und es nicht regnet. Man vergleiche auch das Beispiel: „Er war klein, aber dick." Es liegt offensichtlich kein Widerspruch darin, daß ein Gegenstand in der einen Dimension stark ausgedehnt ist und in einer anderen nicht. Wir können daher *Aber*-Sätze einfach mit *und* wiedergeben: „Der Himmel ist bedeckt *und* es ist trocken". – „Er war klein *und* dick".

Etwas anderes liegen die Dinge bei der Konjunktion *sondern*. *Sondern* bezeichnet wirklich Gegensätze, die einander ausschließen. „Er war nicht klein, sondern groß". – „Der Himmel war nicht heiter, sondern bedeckt". Daß hier Gegensätze vorliegen, zeigt schon die Verwendung des Wortes *nicht*. Unter Berücksichtigung des *nicht* können wir Sondern-Sätze jedoch aus stets mit *und* ausdrücken: „Er war groß *und nicht* klein". – „Der Himmel war bedeckt *und nicht* heiter".

Einen Satz mit *weil* bezeichnen wir in der Grammatik als *Kausalsatz:* „Weil es regnete, wurde die Straße naß." Wir betrachten den Regen als die Ursache dafür, daß die Straße naß wird. Der Logiker läßt die Frage nach der „Ursache" außer acht und sagt stattdessen: „*Wenn* es regnet, wird die Straße naß." Er könnte auch einfach sagen: „Es regnet, *und* die Straße wird naß".

Logisch interessant ist auch die Konjunktion *daß*. In den Sätzen „Es stimmt, daß ich gestern in der Stadt war" und „Es ist nicht wahr (es trifft nicht zu), daß ich den Schirm mitgenommen habe", bezeichnet *daß* einen *ganzen Satz, über* den etwas ausgesagt wird. Man könnte auch so sagen: „Folgendes trifft zu: Ich war gestern in der Stadt" oder: „Folgendes trifft nicht zu: Ich habe den Schirm mitgenommen".

Andere Konjunktionen sind in ihrem logischen Gehalt so schwierig, daß wir sie in unserer elementaren Einführung ohnehin nicht berücksichtigen können. Das gilt etwa für eine Konjunktion wie *um – zu* (gleichbedeutend: *damit*): „Er kaufte Blumen, um ihr eine Freude zu machen (= damit sie sich freuen sollte)".

Hier handelt es sich um einen sogenannten Final- oder Zwecksatz, also einen Satz, der ein Ziel, eine Absicht ausdrückt. Da Absichten sich auf noch nicht vollendete (und vielleicht gar nicht vollendbare) Sachverhalte beziehen – man weiß ja nicht, ob der Besucher bei seiner Freundin überhaupt ankommt, und wenn ja, ob die Beschenkte sich über die Blumen auch wirklich freut –, lassen wir das Problem der Finalzusammenhänge hier ganz außer Acht.

Unsere Betrachtung der Konjunktionen zeigt uns, daß die Logik den Gebrauch der Umgangssprache nur sehr unter Vorbehalt übernimmt. Entweder formt sie Sätze der Umgangssprache so um, daß sie eine bestimmte „logische Normalform" bekommen – *und* statt *aber* oder *sondern*, *wenn* statt *weil* –, oder sie berücksichtigt sie in bestimmten Bereichen überhaupt nicht (wie Finalsätze).

4. Quantoren

Ähnliches wie für die logischen Junktoren gilt auch für die sogenannten *Quantoren* (eigentlich *Quantifikatoren* = ‚Größenanteils-Macher').[33]

So wie die logischen Junktoren aus einer Auswahl und Umstilisierung der grammatischen Konjunktionen entstehen, so entstehen die Quantoren aus einer Auswahl bestimmter *Pronomina,* und zwar solcher, die bestimmte Anteile einer Gesamtanzahl bezeichnen (wie wir das vorläufig ausdrücken wollen).

Wir unterscheiden vier solche Quantoren: *alle, nicht alle, mindestens ein, kein,* was zum Beispiel folgende Fälle ergibt:
Alle Schüler der Klasse können schwimmen bzw. *sind Schwimmer,*
Nicht alle Schüler der Klasse können schwimmen,
Mindestens ein Schüler der Klasse kann schwimmen,
Kein Schüler der Klasse kann schwimmen.

Sprachlich betrachtet, gibt es allerdings noch sehr viel mehr Quantoren. Denn als „Quantor" können wir jedes Pronomen betrachten, das irgend einen Anteil von einem Ganzen bezeichnet – einschließlich der Bezeichnungen für das „Ganze" selber und das „Nichts".

Quantoren sind daher zum Beispiel auch:

Manche, wenige, einige, mehrere, viele, fast alle und so fort; dazu die entsprechenden Verneinungen mit *nicht,* also etwa *manche nicht, nicht wenige, wenige nicht, einige nicht, mehrere nicht, viele nicht, nicht viele, fast alle nicht.*

Als Quantoren sind auch bestimmte Adverbien wie *nur, auch, immer* zu betrachten.

So bedeuten zum Beispiel:

In unserem Urlaub hat es nur geregnet: ‚Alle unsere Urlaubstage sind verregnet'. Aber: *In unserem Urlaub hat es an nur einem Tag geregnet:* ,*Nicht* alle unsere Urlaubstage sind verregnet'. Entscheidend ist, zu welchem Satzteil das *nur* gehört: zu *geregnet* oder zu *einem Tag. Schwäne können auch schwarz sein:* ,Nicht alle Schwäne sind nichtschwarz' bzw. ,weiß'.

Hunde sind immer Säugetiere: ,Alle Hunde sind Säugetiere'.

5. *Logische und grammatische Wortlehre*

Im letzten Abschnitt haben wir die aus der überlieferten Grammatik bekannten Wortarten unter logischem Blickwinkel betrachtet.

Hierbei machten wir die überraschende Feststellung, daß die Sy stematik der Wortarten unter logischen Aspekten nur sehr lose mit der Wortarten-Einteilung verknüpft ist, wie wir sie aus der Grammatik kennen.[34]

So können *Prädikatoren* sowohl Substantive wie Adjektive wie Verba sein – und selbst Adverbia können zum Teil als Prädikatoren auftreten.

Auch die *Indikatoren* können verschiedenen Wortarten angehören. So können sie etwa Pronomina (Personal- und Demonstrativpronomina) oder Adverbien (des Ortes und der Zeit) sein.

Nur bei den *Eigennamen* entsprechen der grammatische und der logische Begriff einander sehr stark.

Hieraus wird deutlich das *Doppelgesicht der sprachanalytischen Logik* sichtbar. Auf der einen Seite nimmt sie ihren Ausgang bei der Sprache – auf der anderen Seite geht sie jedoch mit der Sprache, wie wir sie in ihrer spezifischen Struktur aus der Grammatik kennen, sehr eigenwillig um. Beim Wortartensystem bleibt offensichtlich kein Stein auf dem anderen.

Selbst die uns doch in vieler Hinsicht grundlegend erscheinende Unterscheidung von Substantiv und Verbum wird in der Logik eingeebnet: beides sind einfach „Prädikatoren".

Erst recht gilt dies für die Wortarten Substantiv und Adjektiv. Gewöhnlich sagen wir: *Dies Papier ist weiß.* Aber nun stellen wir uns vor: wir gehen durch einen dämmrigen Wald und sehen auf dem Boden etwas *Weißes.* Zunächst können wir nicht genau erkennen, was es ist, stellen beim Näherkommen aber fest, daß es sich um ein *Stück Papier* handelt. In diesem Falle ist es ganz selbstverständlich, daß wir, aus der Situation heraus, sagen: *Dieses Weiße ist ein Papier.*

Weißes Papier steht also am Schnittpunkt der beiden Prädikatoren *weiß* und *Papier*, und es ist gleichgültig, von welcher Dimension aus wir „eingehen".

Diese Überlegung zeigt uns, wie problematisch es offenbar ist, bestimmten Wortarten bestimmte Inhalte zuzuordnen. Natürlich wäre es sehr schön, wenn wir sagen könnten: In dem Satz *das Papier ist weiß* repräsentiert das Substantiv eben die „Substanz", dasjenige also, was sachlich eigentlich wichtig ist, das Adjektiv dagegen nur eine Eigenschaft dieser Substanz, die weniger wichtig ist. Aber im dunklen Wald ist die Situation genau umgekehrt: das Wichtige ist hier der weiße Gegenstand, der mich vielleicht erschreckt – und ob er sich dann etwa als verlorenes Taschentuch oder als ein zusammengeknülltes Stück Schreibpapier herausstellt, ist für die Situation, in der wir uns befinden, nicht wichtig.

Wir können nur ganz allgemein sagen: Die Prädikatoren (und Indikatoren) beziehen sich auf den *Inhalt*, die Junktoren und Quantoren hingegen auf die *Form* des jeweilig Ausgedrückten.

II. Die wissenschaftliche Prädikation

Bisher haben wir nur von der *Alltagssprache* gesprochen.

Einem Gegenstand einen Prädikator zusprechen – das ist zunächst einmal ein Vorgang der Alltagssprache. Wenn wir einen Gegenstand als „Haus" bezeichnen, dann überlegen wir nicht lange, warum wir das tun oder welche Merkmale ein Gegenstand haben muß, damit wir ihn als Haus bezeichnen können, sondern dann tun wir das einfach deshalb, weil wir an tausend Beispielen gelernt haben, was man als Haus bezeichnet und was nicht. Wenn es uns dann passiert, daß wir einen Stallanbau oder ein Fabrikgebäude als „Haus" bezeichnen, dann ist das nicht weiter tragisch, weil wir so genau gar nicht zu wissen brauchen, wann ein Haus mit

Recht als Haus bezeichnet wird und wann nicht. In der Alltagssprache kommt es auf gelegentliche Versehen dieser Art nicht weiter an.

Ganz anders in der *Wissenschaft.* In der Wissenschaft müssen wir immer genau wissen, wovon wir reden. Daher sehen wir uns vor der Aufgabe, in der Wissenschaft den Gebrauch von Prädikatoren zu „normieren" – ganz in dem Sinne, wie ja auch nach den DIN-(Deutsche Industrie-*Norm*-)Vorschriften unsere Schreibpapierformate und vieles andere normiert sind.[35]

1. Der Terminus (als explizit eingeführter Prädikator)

Diese Normierung geschieht dadurch, daß wir einen Prädikator ausdrücklich (explizit) *einführen.*[36]

Diese ausdrückliche Einführung eines Prädikators in der Wissenschaft – und das ist an dieser Stelle wichtig zu merken – muß nicht unbedingt in einer Definition bestehen.

Vielmehr kann und muß eine ausdrückliche Einführung von Prädikatoren *auch* in der Wissenschaft zunächst durch *Beispiele* (exemplarisch) erfolgen.

Wir müssen uns also merken: *ausdrückliche* (explizite) und *beispielsweise* (exemplarische) Einführung von Prädikatoren schließen einander keineswegs aus.[37]

Als Beispiel für die explizite (ausdrückliche) und dennoch exemplarische (beispielsweise) Einführung von Prädikatoren können uns unsere bisherigen Erörterungen über die Alltagssprache dienen.

Denn über eines müssen wir uns ja klar sein: wir haben bisher zwar *über* die Alltagssprache gesprochen. Da aber unsere Abhandlung als solche eine *wissenschaftliche* Abhandlung ist, war die Art und Weise, in der wir *über* die Alltagssprache sprachen, natürlich wissenschaftlich. Infolgedessen können wir das, was wir bisher besprochen haben, selber als ein *Beispiel* für eine *wissenschaftliche* Abhandlung nehmen.

Wir haben also bisher über die Alltagssprache gesprochen und sprechen nun über die Weise, in der wir über die Alltagssprache gesprochen haben.

Wir haben mehrere wissenschaftliche Fachwörter eingeführt, zum Beispiel: Prädikator, Kennzeichnung, Eigenname, Indikator.

Diese Fachwörter haben wir nicht eigentlich „definiert", sondern wir haben an Beispielen (exemplarisch) gezeigt, wie wir sie verwenden wollen, also etwa:

„Prädikatoren sind zum Beispiel *Buch, Haus, rot, klappern.* Einen Prädikator kann man verschiedenen Gegenständen zusprechen. Wenn man einem Prädikator ein Zeigewort hinzufügt, also zum Beispiel sagt: *dieses Buch,* so kann man einen bestimmten Gegenstand, in diesem Falle ein bestimmtes Buch, aus der großen Anzahl sämtlicher Bücher „kennzeichnen". Ich nenne einen solchen Ausdruck daher eine *Kennzeichnung.*

Eigennamen sind zum Beispiel *Peter, Frankreich, London, der Rhein.* Sie bezeichnen jeweils einen bestimmten Gegenstand.

Indikatoren sind zum Beispiel *ich, dieser, hier, heute.* Sie sind nur im Zusammenhang einer Situation zu verstehen. Wenn sie absolut, daß heißt losgelöst von einer Siuation, verstanden werden sollen, muß ich sie durch Eigennamen (*Hans, 2. September, Hamburg*) ersetzen."

Wenn wir unsere Fachwörter in dieser Weise eingeführt haben, können wir bestimmte Beziehungen angeben, in denen unsere Wörter untereinander stehen. So können wir auf jeden Fall sagen: Ein Prädikator ist ein Wort. Ein Eigenname und ein Indikator sind auch Wörter. Ein Prädikator kann niemals ein Eigenname sein; ein Eigenname kann niemals ein Prädikator oder ein Indikator sein. Eine Kennzeichnung kann einen Indikator (Zeigewort) und einen Prädikator enthalten. Und so fort.[38]

Wir können nun weiter sagen: so wie *Buch, Haus, rot, klappern* Prädikatoren der Alltagssprache sind, so sind *Prädikator, Eigenname, Kennzeichnung, Indikator* auch Prädikatoren der Wissenschaftssprache.

Wissenschaftliche Fachwörter sind also auch Prädikatoren. Denn sie sind ja Wörter, die bestimmten Gegenständen zugeordnet werden. Aber diese Zuordnung erfolgt ausdrücklich. Diese ausdrückliche Zuordnung nennen wir *Normierung.*

Wissenschaftliche Fachwörter sind also normierte Prädikatoren. Diese normierten Prädikatoren oder wissenschaftlichen Fachwörter nennen wir auch *Termini.*

Prädikator, Eigenname, Kennzeichnung, Indikator sind also Termini unserer bisher entwickelten sprachanalytischen Fachsprache.

Ein System von Termini, in dem die Beziehungen der Termini untereinander geregelt sind, nennen wir auch *Terminologie.*[39]

Hier stellt sich, wie man leicht sieht, das grundlegende Problem des *Anfangs der Wissenschaft:*

Wir können zwar eine Terminologie durch dauernd fortschreitende Definitionen aufbauen, müssen aber mit einigen *undefinierten Grundtermini anfangen.*

Ebenso können wir zwar eine ganze Wissenschaft durch logisch unanfechtbare Ableitungen aufbauen, müssen aber mit unabgeleiteten Grundsätzen beginnen. Doch darüber später.

2. *Die wissenschaftliche Definition*

Wir haben zwar über Definitionen bereits im Zusammenhang der Prädikation des Alltags gesprochen. Aber: Definitionen sind an sich Angelegenheit der *Wissenschafts*sprache.

Daher hätten wir als Beispiel für eine Definition eigentlich eine wissenschaftliche Definition nehmen müssen. Das hätte aber in den Zusammenhang der Behandlung der Prädikation im Alltag nicht gepaßt. Daher haben wir uns an das berühmte alltagssprachliche Beispiel des *Schimmels* gehalten. Nur mußten und müssen wir uns darüber im klaren sein, daß es in der Alltagssprache Definitionen streng genommen gar nicht gibt. Trotzdem war es unbedenklich, daß wir am Beispiel des *Schimmels* erklärten, was eine Definition ist.

Bisher haben wir von Wörtern, oder, wie wir nun auch genauer („terminologisch") sagen können, Prädikatoren der Umgangssprache gesprochen.

Nun können wir ähnliche Überlegungen aber auch auf die

Fachwörter, die normierten, das heißt: explizit vereinbarten Prädikatoren der wissenschaftlichen Fachsprache anwenden.

Diese normierten wissenschaftlichen Prädikatoren hatten wir ja *Termini* genannt.

Die Termini haben nun eben gegenüber den umgangssprachlichen Prädikatoren den Vorzug, daß sie normiert, das heißt, in ihrer Verwendung genau vereinbart sind.

Wenn wir daher einen Terminus durch einen anderen, gleichbedeutenden ersetzen, so kommt uns dabei zustatten, daß beide Termini normiert sein müssen und sind.

Bei einer *Definition* ist das ganz deutlich: Wenn wir die „Hypotenuse" als ‚längste, dem rechten Winkel gegenüberliegende Seite des rechtwinkligen Dreiecks' definieren, so ist damit völlig sichergestellt, daß beide Seiten der Definition denselben Begriff darstellen müssen.[40]

In der deutschen Sprache kommt es häufig vor, daß ein bestimmter wissenschaftlicher Begriff durch zwei genau gleichbedeutende Termini ausgedrückt werden kann. So bedeuten in der Mathematik *Divisor* und *Teiler* genau das gleiche. Wir können hier also von *Gleichsetzung* sprechen. „Gleichsetzungen" sind in der Wissenschaftssprache also das, was wir in der Alltagssprache „Synonyme" nennen würden. (Daß *Divisor* ein „Fremdwort" ist, hat für diesen Zusammenhang keine Bedeutung, denn unbeschadet dessen handelt es sich um einen Terminus der deutschen Wissenschaftssprache. Dieser Sachverhalt wird sofort klar, wenn wir das in der deutschen Sprache geläufige Fremdwort *Triangel* mit dem der englischen Sprache angehörigen Wort *triangle* vergleichen!)

Ebenso werden durch *Übersetzungen* von Termini eindeutige Zuordnungen geschaffen; wenn also der englischsprechende Mathematiker *triangle* sagt, so meint er eindeutig dasselbe wie sein deutschsprachiger Kollege, der *Dreieck* sagt; und so ist es auch mit noch viel komplizierteren Termini zumindest in Naturwissenschaft und Technik.

Sehen wir uns noch einmal unsere Übersicht an, nunmehr aber unter Einbeziehung der Beispiele aus der Wissenschaftssprache:

Alle Wörter und Wortgruppen (sprachlichen Ausdrücke), die

füreinander stehen können, stellen den gleichen Begriff dar, oder: Ein „Begriff“ ist das, was alle sprachlichen Ausdrücke darstellen, die füreinander stehen können.

Füreinander stehen können:

1. „*Synonyma*“
   a) der Umgangssprache: *Kraftwagen* = *Auto*
   b) Wissenschaftssprachliche „*Gleichsetzungen*“:
      Dreieck = *Triangel; Divisor* = *Teiler*
2. „*Übersetzungen*“
   a) der Umgangssprache: *Pferd* = *horse*
   b) der Wissenschaftssprache: *Dreieck* = *triangle*
3. Die beiden Seiten einer *Definition*
   a) in der Umgangssprache: *Schimmel* = ‚weißes Pferd‘
   b) in der Wissenschaftssprache:
      Hypotenuse = ‚dem rechten Winkel gegenüberliegende (längste) Seite des rechtwinkligen Dreiecks‘

In der Wissenschaft nun haben wir es, so sahen wir weiter, mit ausdrücklich vereinbarten, normierten Prädikatoren zu tun, die wir Termini nennen. Diese Termini sind in ihrem Gebrauch unabhängig von der jeweiligen Redesituation, „kontextinvariant“, wie man auch sagt,[41] festgelegt. Wir können also auch sagen: Termini sind in ihrer Bedeutung festgelegt.

In jedem Fall aber ist die Bedeutung eines Prädikators das, was er uns zu verstehen gibt.

Bei den Prädikatoren des täglichen Lebens gibt uns der Gebrauch die Bedeutung zu verstehen, bei den Termini der Wissenschaft die ausdrückliche Vereinbarung.

3. „Inhalt“ und „Umfang“ eines Prädikators

In der modernen Logik ist die Unterscheidung zwischen dem „Inhalt“ (der Intension) und dem „Umfang“ (der Extension) äußerst wichtig. Leider ist die Diskussion dieser Begriffe recht unklar und mehrdeutig, so schon in der Frage, *auf was* sich die Begriffe „Inhalt“ und „Umfang“ eigentlich beziehen sollen: auf Wörter, auf Begriffe oder auf Bedeutungen.

Dieser Schwierigkeit gehen wir am besten dadurch aus dem Wege, daß wir einfach vom Inhalt (Intension) und Umfang (Extension) eines *Prädikators* sprechen.[42]

1. Der Inhalt oder die *Intension* eines Prädikators ist nun nichts anderes als das, was wir im vorigen Abschnitt als seine *Bedeutung* kennengelernt haben.

Wir können daher sagen: Die Intension, der Inhalt, die Bedeutung eines Prädikators ist das, was er uns *zu verstehen gibt.* Und zwar im täglichen Gebrauch, sofern es sich um ein Wort der Umgangssprache handelt – und durch ausdrückliche Vereinbarung, sofern wir einen wissenschaftlichen Prädikator also einen Terminus vor uns haben.

2. Der Umfang oder die *Extension* eines Prädikators dagegen ist die *Gesamtheit* aller Gegenstände, denen ein bestimmter Prädikator zugesprochen werden kann, also etwa: die Gesamtheit aller Bäume, aller Häuser, aller roten Gegenstände.

Der Ausdruck „Gesamtheit", den wir zunächst als am leichtesten verständlich eingeführt haben, ist nun jedoch nicht genau genug (auch weckt er falsche Assoziationen an „Ganzheit"). In der Logik haben sich daher für ihn zwei andere Termini eingebürgert. Statt „die Gesamtheit aller Bäume" sagt man lieber: „die *Klasse* aller Bäume" oder: „die *Menge* aller Bäume".[43]

„Klasse" und „Menge" kann man in der Logik als gleichbedeutend ansehen. Wir wollen hier den Terminus *Menge* vorziehen. So kann man etwa in der Mathematik von der Menge aller natürlichen Zahlen, aller geraden Zahlen, aller Primzahlen usw. sprechen. Die Menge aller geraden Zahlen ist die Gesamtheit aller der Zahlen, denen der Prädikator „gerade" (und das heißt bekanntlich: ‚durch 2 teilbar') zugeschrieben werden kann.

Einen einzelnen Gegenstand aus einer Menge (also zum Beispiel eine einzelne gerade Zahl, etwa 14) nennt man ein *Element* der Menge.

Hieraus ergibt sich:

Intension und Extension sind insofern einander genau zugeordnet, als sie sich jeweils auf denselben Prädikator beziehen. Jedem einzelnen Prädikator ist ein bestimmter Inhalt und ein bestimmter

Umfang zugeordnet. Alles, was überhaupt ein Prädikator sein kann, hat sowohl eine Intension als auch eine Extension. Solange man daher nur einen einzigen Prädikator betrachtet, versteht man gar nicht, welche Probleme das Verhältnis von Intension und Extension mit sich bringen soll.

Dieses Problem wird erst dann bemerkbar, wenn wir *zwei* Prädikatoren miteinander in Beziehung setzen.

Nehmen wir als Beispiel die beiden Prädikatoren „Paarzeher" und Wiederkäuer".[44]

Beides sind Prädikatoren, die wir bestimmten Tieren (etwa den Rindern) zusprechen können.

Daß beide Prädikatoren eine verschiedene Intension (Inhalt, Bedeutung) haben, erkennen wir ohne weiteres. Denn der Prädikator „Paarzeher" bezieht sich auf die Beschaffenheit des Hufes dieser Tiere, der Prädikator „Wiederkäuer" dagegen auf eine Eigenart ihres Verdauungsapparates. Inhaltlich, der Bedeutung nach, haben beide Wörter also nicht das Geringste miteinander zu tun.

Nun wollen wir jedoch einmal untersuchen, *welche* Tiere Paarzeher und *welche* Tiere Wiederkäuer sind. Das heißt: wir bilden die *Menge* aller Gegenstände, denen der Prädikator „Paarzeher" sowie die *Menge* aller Gegenstände, denen der Prädikator „Wiederkäuer" zugesprochen werden kann. Dann stellen wir fest: die Elemente in beiden Mengen sind *identisch*. Das heißt: jedes Tier, das ein Paarzeher ist, ist auch ein Wiederkäuer, und jedes Tier, das ein Wiederkäuer ist, ist auch ein Paarzeher. (Zeichnung S. 61.)

Hier wird ganz deutlich: in den Mengen der Paarzeher und der Wiederkäuer kommen genau dieselben Elemente vor. Das zeigt die doppelte Begrenzungslinie der Zeichnung.

Ebenso verstehen wir jetzt aus der Anschauung, was „Extension" („Umfang") bedeutet: die Umfangslinien in unserer Zeichnung sowie die Ausdehnung der Fläche, die die beiden Mengen symbolisiert und daher von beiden Linien umschrieben wird, dekken sich; sie sind, geometrisch gesprochen, „kongruent".

Unser Ergebnis lautet also: die beiden Prädikatoren „Paarzeher" und „Wiederkäuer" sind *intensional verschieden, extensional* aber *gleich.*

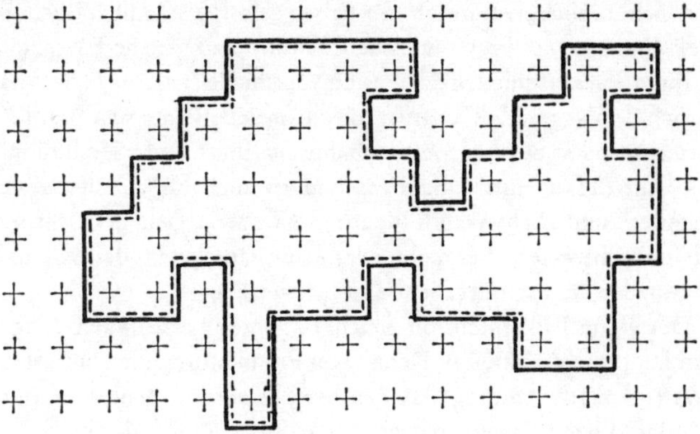

Alle Kreuze: gegebene Gegenstände
——Umgrenzung der Menge aller Paarzeher
----Umgrenzung der Menge aller Wiederkäuer

Ein anderes beliebtes Beispiel für den gleichen Zusammenhang ist der Vergleich zwischen „Lebewesen mit Herz“ und „Lebewesen mit Nieren“,[45] wo genau das gleiche Verhältnis gegeben ist.

„Herz“ hat eine andere Bedeutung als „Niere“. Ein „Lebewesen mit Herz“ ist daher etwas intensional anderes als ein „Lebewesen mit Niere“. Da aber alle Lebewesen, die ein Herz haben, auch eine Niere besitzen und umgekehrt, ist die Extension der Prädikatoren „Lebewesen mit Herz“ und „Lebewesen mit Niere“ die gleiche.

Wir haben jetzt also – im Zuge des Vergleichs zwischen dem intensionalen und dem extensionalen Verhältnis zweier Prädikatoren – den Fall: Intension verschieden/Extension gleich ausführlich diskutiert. Da es (nach den Regeln der Kombinationsrechnung) für die Kombination „verschieden/gleich“ vier Möglichkeiten geben muß, wollen wir auch die anderen drei noch kurz betrachten.

Intension gleich/Extension gleich: Daß zwei Prädikatoren die gleiche Intension und die gleiche Extension haben können, ist klar, denn das gilt für alle Prädikatoren, die füreinander stehen können, also für Synonyma, Gleichsetzungen, Übersetzungen und die beiden Seiten einer Definition. So haben selbstverständlich „Schimmel" und „weißes Pferd" gleiche Intension und gleiche Extension.

Intension verschieden/Extension verschieden: dieser Fall ist natürlich der Normalfall, er trifft für die meisten Paare von Prädikatoren zu; nicht nur für „Straßenbahnschaffner" und „Semikolon", oder für „Haus" und „Baum", sondern auch für „Deutschsprechender" und „Schweizer" (denn: es gibt zwar viele deutschsprechende Schweizer, aber nicht jeder Schweizer spricht deutsch, und nicht jeder Deutschsprechende ist Schweizer).

Der vierte Fall (Intension gleich/Extension verschieden) hingegen kann nicht eintreten. Denn zwei Prädikatoren gleicher Intension (Inhalt, Bedeutung) können niemals verschiedene Extension (Umfang) haben, weil eine bestimmte „Bedeutung", das heißt das, was uns ein bestimmter Prädikator zu verstehen gibt, sich auch auf eine bestimmte Menge von Gegenständen beziehen muß. Denn wir müssen ja *jedes beliebige Element* dieser Menge beliebig mit dem einen *oder* dem anderen Prädikator bezeichnen können. Wenn „Schlot" und „Schornstein" wirklich gleichbedeutend sind, muß ich *jeden* Schornstein auch „Schlot" nennen können und umgekehrt. Kann ich das nicht (etwa weil man Schornsteine von weniger als 30 m Höhe nicht „Schlot" nennen dürfte), so liegt eben keine intensionale (Bedeutungs-)Gleichheit vor.

Mit der gleichen Intension ist daher immer die gleiche Extension gegeben, aber eben nicht umgekehrt unbedingt mit der gleichen Extension die gleiche Intension.[46]

4. Nominal- und Realdefinition

In der herkömmlichen Logik unterscheidet man häufig zwischen „*Nominaldefinitionen*" (Wortdefinitionen) und „*Realdefinitionen*" (Sachdefinitionen).[47]

Strenggenommen kann es jedoch Realdefinitionen überhaupt nicht geben, sondern nur *Nominal*definitionen.[48]

Denn eine Definition kommt ja, wie wir sahen, dadurch zustande, daß einer Gruppe bereits bekannter Wörter ein neuer, bislang unbekanntes Wort gleichgesetzt wird. Wir verabreden, daß wir immer dann, wenn wir bisher „weißes Pferd“ gesagt haben, nunmehr „Schimmel“ sagen wollen. Grundsätzlich ist es aber völlig gleichgültig, welches Wort, das heißt: welche Lautfolge wir für „weißes Pferd“ einführen wollen. Wir können statt Schimmel ebensogut zum Beispiel auch „Kriebel“ sagen und dann definieren: „Ein *Kriebel* ist ein ‚weißes Pferd‘.“ Eine „Nominaldefinition“ ist also nichts weiter als eine Gleichsetzung beliebiger „nomina“, das heißt Wörter oder Wortgruppen.

Am eindeutigsten ist das natürlich in der Wissenschaftssprache zu beobachten. Die Wissenschaft, so sahen wir, *normiert* bestimmte Wörter als *Termini*. Das heißt: um der Eindeutigkeit der Wortverwendung willen legt sie bestimmte Gleichungen fest.

So sagen die Mathematiker: Eine „Hypotenuse“ soll die dem rechten Winkel gegenüberliegende Seite, die „Katheten“ sollen die dem rechten Winkel anliegenden Seiten des rechtwinkligen Dreiecks sein. Daß das eine gerade so und das andere so heißt, ist völlig willkürlich; die beiden Ausdrücke „Hypotenuse“ und „Kathete“ könnten auch durch ganz andere Wörter ersetzt werden. Es ist also eine bloße Festsetzung, wenn wir sie so verwenden, wie wir sie verwenden. (Hierbei können wir davon absehen, daß, historisch gesehen, viele Termini auf eine Grundbedeutung zurückzuführen sind, die zu ihrer heutigen Verwendung in Beziehung steht – denn diese ursprüngliche Bedeutung ist den meisten Verwendern des Terminus gar nicht bekannt.)

In diesem Sinne also gibt es nur „Nominaldefinitionen“, das heißt: die willkürliche Gleichsetzung bestimmter Wortgruppen mit bestimmten Wörtern.

Was ist aber nun eine Realdefinition – falls dieses Wort einen Sinn haben soll?

Nachdem wir gesehen haben, was die *Bedeutung* eines Wortes ist, ist das nicht mehr schwierig zu verstehen: eine Realdefinition wäre danach der Versuch einer Umschreibung der Bedeutung eines Prädikators.

Was ein Buch, ein Haus, ein Messer ist, wann wir „Verehrung“, wann „Zuneigung“, wann „Liebe“ sagen – alles das wissen wir aus dem praktischen Gebrauch unserer Sprache. Wir wissen es praktisch ganz genau, aber wir könnten es – darauf angesprochen – nicht so ohne weiteres, wie man umgangssprachlich eben sagt, „definieren".

Aber wenn wir nun daran gehen und versuchen, ein Wort, dessen Gebrauch uns völlig vertraut ist, mit anderen Worten zu umschreiben, dann unternehmen wir eine „Realdefinition".

Eine Realdefinition ist also der Versuch, das, was uns von jedem Prädikator immer schon als seine Bedeutung unausdrücklich geläufig ist, ausdrücklich zu beschreiben.

Eine Realdefinition von „Messer" könnte dann etwa lauten:[49]

Ein Messer ist „ein Schneidinstrument", „bei dem ein geschärftes, längliches, verhältnismäßig dünnes ‚Blatt', die Klinge, an einem Ende einen Griff besitzt, der normalerweise in seiner Länge etwa der Breite der menschlichen Hand entspricht".

Oder: was ist eine Eisenbahn?[50]

„Eine Eisenbahn ist ein Unternehmen, gerichtet auf wiederholte Fortbewegung von Personen und Sachen über nicht ganz unbedeutende Raumstrecken auf metallener Grundlage, welche durch ihre Konsistenz, Konstruktion und Glätte den Transport großer Gewichtsmassen beziehungsweise die Erzielung einer verhältnismäßig bedeutenden Schnelligkeit der Transportbewegung zu ermöglichen bestimmt ist, und durch diese Eigenart in Verbindung mit den außerdem zur Erzeugung der Transportbewegung benutzten Naturkräften – Dampf, Elektrizität, tierischer oder menschlicher Muskeltätigkeit, bei geneigter Ebene der Bahn auch schon durch die eigene Schwere der Transportgefäße und deren Ladung usf. – bei dem Betriebe des Unternehmens auf derselben eine verhältnismäßig gewaltige, je nach den Umständen nur bezweckterweise nützliche oder auch Menschenleben vernichtende und menschliche Gesundheit verletzende Wirkung zu erzeugen fähig ist."

Diese „Realdefinition" stammt vom Reichsgericht des alten Deutschen Reiches. Infolgedessen hat man auch das Reichsgericht selber definiert:[51]

„Was ist ein Reichsgericht? Ein Reichsgericht ist eine Einrichtung, welche dem allgemeinen Verständnis entgegenkommen sollende, aber bisweilen durch sich nicht ganz vermeiden haben lassende, nicht ganz unbedeutende beziehungsweise verhältnismäßig gewaltige Fehler im Satzbau auf der schiefen Ebene des durch verschnörkelte und ineinander geschachtelte

Perioden ungenießbar gemachten Kanzleistils herabgerollte Definitionen, welche das menschliche Sprachgefühl verletzende Wirkung zu erzeugen fähig sind, liefert."

Aus solchen Beispielen wird deutlich, daß eine „Realdefinition" das ist, was man im täglichen Leben normalerweise unter einer „Definition" überhaupt versteht.

So stellen etwa die Definitionen an sich ganz bekannter Wörter, wie sie Lexika zu bieten pflegen, in der Regel solche Realdefinitionen dar.

Uns wird klar: Realdefinitionen – nicht nur die des Reichsgerichts von der Eisenbahn – sind etwas äußerst Zweifelhaftes. Sie ignorieren nämlich die *Reihenfolge,* in der innerhalb eines Prädikatorensystems die einzelnen Prädikatoren eingeführt worden sind oder eigentlich eingeführt werden müßten. Das will heißen: es ist gar nicht gesagt, daß die Wörter, mit denen eine Realdefinition ein bisher unbekanntes Wort erklären möchte, wirklich *bekannter* sind als das Wort, das erklärt werden soll.

In Wörterbüchern besteht daher die Gefahr von Zirkeldefinitionen: es wird zunächst das Wort A durch das Wort B und dann das Wort B durch das Wort A erklärt.

Die zwangsläufige sprachliche Ungenauigkeit der Realdefinition kommt also daher, daß meist gar nicht eindeutig festliegt, in welcher Reihenfolge die Wörter eigentlich eingeführt werden müßten.

Wenn zum Beispiel die Wörter *Pferd* und *weiß* vor dem Wort *Schimmel* eingeführt werden, dann können wir zwar *Schimmel* durch *Pferd* und *weiß* erklären, aber niemals umgekehrt etwa *Pferd* durch *Schimmel*!

Gerade diese Reihenfolge ist aber in der Umgangssprache nicht festgelegt. So wäre es sprachgeschichtlich durchaus denkbar, daß es zunächst nur Wörter für Pferde einer bestimmten Farbe gab, also *Schimmel, Rappe, Brauner, Fuchs* usw., und daß erst aus diesen Wörtern das Wort *Pferd* abstrahiert wurde. In diesem Fall müßten wir tatsächlich *Pferd* durch *Schimmel* erklären und sagen:

„Ein *Pferd* ist jedes Tier, das entweder ein *Schimmel* oder ein *Rappe* oder ein *Brauner* oder ein *Fuchs* usw. ist."

Hieraus ergibt sich: *Realdefinitionen sind überhaupt nur in der nichtnormierten Alltagssprache möglich.* In der Wissenschaft liegt, wie wir sahen, von vornherein fest (oder sollte jedenfalls festliegen!), welche Termini *zuerst,* und welche *daraufhin* durch *(Nominal-)*Definitionen eingeführt werden.

In einer terminologisch korrekt aufgebauten Wissenschaft kann es also niemals einen Zweifel darüber geben, in welcher Reihenfolge die Termini eingeführt werden, das heißt: ob wir A durch B oder B durch A definieren sollen. Jede wissenschaftliche Definition setzt vielmehr voraus, daß die im Definiens stehenden Termini schon bekannt sind und daß umgekehrt der im Definiendum stehende Ausdruck noch nicht bekannt ist. Die wissenschaftliche Definition erklärt also grundsätzlich noch unbekannte durch bereits bekannte Wörter.

Wenn zunächst der Terminus A und dann der Terminus B eingeführt wurde, kann man nur B durch A, aber niemals A durch B definieren.

Diese exakte Unterscheidung zwischen bereits bekannten und noch nicht bekannten Wörtern kann in der Alltagssprache aber gar nicht durchgeführt werden. Denn was ein Messer oder was eine Eisenbahn ist, wissen wir ja alle schon aus dem Sprachgebrauch. Also braucht uns das auch niemand zu definieren. Wenn wir uns selbst beobachten, merken wir auch: Realdefinitionen, wie sie sich in den Lexika finden, interessieren uns ja gar nicht deswegen, weil wir uns über die Bedeutung eines Wortes erst informieren lassen wollen, sondern umgekehrt deshalb, weil wir neugierig sind, wie der Lexikonmacher wohl einen Gegenstand umschreibt, der uns längst bekannt ist.

Es hat wenig Sinn, ein „Messer" als ‚Schneidinstrument' zu definieren, wenn der Leser dieser Definition zwar weiß, was ein Messer ist, nicht aber, was ein Instrument ist. Ebenso ist zweifellos das Wort „Eisenbahn" bekannter als Wörter wie „Konsistenz" oder „Transportgefäß".

Eine Realdefinition, bei der das Definiendum bekannter ist als Teile des Definiens, wäre einerseits überflüssig (wenn ich weiß, was ein Messer ist – wozu soll ich es mir dann definieren lassen?), andererseits aber auch unmöglich (wenn ich nicht weiß, was ein Instrument ist, sagt mir ein Text, in dem dieses Wort vorkommt, ja nichts).

B. Der Satz

Einleitung

Wenn wir etwas von einem „*Satz*" hören, so fallen uns dabei in der Regel gleich die Bezeichnungen für die wichtigsten „*Satzteile*", nämlich „*Subjekt*" und „*Prädikat*", ein.

Subjekt und *Prädikat* sind zwei Termini, die uns aus unserer Schulgrammatik wohlvertraut sind.

Gelegentlich findet man aber auch Darstellungen der Logik, in denen die Wörter *Subjekt* und *Prädikat* gebraucht werden. Auf den ersten Blick meint man dann, diese Begriffe seien wohl von der Grammatik in die Logik übernommen worden.

In Wirklichkeit verhält sich die Sache umgekehrt. Die Termini *Subjekt* und *Prädikat* stammen eigentlich aus der Logik. Erst im 19. Jahrhundert wurden sie aus der Logik in die Grammatik übernommen – damals wurde diese Unterscheidung in der Logik noch gemacht.[52]

Inzwischen jedoch ist die Logik von der Unterscheidung zwischen *Subjekt* und *Prädikat* abgekommen. Sie gilt als logisch überholt, weil nach heutiger Auffassung *Subjekt* und *Prädikat* gleichartige logische Gegenstände bezeichnen.

In einem Satz wie *Der Schwan ist weiß* bezeichnete man früher in der Logik *Schwan* als Subjekt und *ist weiß* als Prädikat. Diese Unterscheidung übernahm man entsprechend in die Grammatik.

Inzwischen hat man in der Logik jedoch erkannt, daß *Schwan* und *weiß* völlig gleichberechtigt nebeneinander stehen, und zwar als *Prädikate* oder als *Prädikatoren.* Man kann beide Prädikatoren beliebig vertauschen und etwa sagen: *Das Weiße ist ein Schwan* oder *Das Weiße ist schwanig.*

Ganz entsprechend könnte man statt *Der Löwe brüllt* auch sagen: *Der Brüller löwt.*

In jedem Falle handelt es sich um einen Gegenstand, dem nacheinander zwei logisch gleichwertige Prädikatoren zugesprochen werden: *Schwan* und *weiß* bzw. *Löwe* und *Brüllen.*

Einen logischen Sinn hat die Unterscheidung zwischen Subjekt und Prädikat nur in einem Sonderfall: dann nämlich, wenn statt des ersten Prädikators ein Eigenname steht. Denn ein Eigenname ist kein Prädikator, sondern kennzeichnet einen bestimmten Gegenstand, ohne eine Prädikation an ihm zu vollziehen.

Wenn wir also sagen: *Eugen ist weiß* oder *Felix brüllt,* dann handelt es sich hier um Aussagen mit nur je *einem* Prädikator (*weiß* bzw. *brüllt*), während *Eugen* und *Felix* Eigennamen der mit diesem jeweils einen Prädikator bezeichneten Gegenstände darstellen.

Aus diesem Grunde müssen wir die logische Satzlehre völlig unabhängig von überkommenen grammatischen Vorstellungen aufbauen.

I. Die Aussage

1. Die Elementaraussage (mit einem *Prädikator)*

Wir sahen, daß ein Wort ein *Prädikator* sein kann, in anderen Fällen auch ein *Eigenname* oder ein *Indikator.* Wir stellten weiter fest, daß man sprachliche Ausdrücke allgemein durch Definition, durch Gleichsetzung oder Übersetzung füreinander einsetzen kann, und daß alle füreinander einsetzbaren Ausdrücke einen *Begriff* darstellen.

Wir lernten ferner als die elementare Operation der Sprache die *Prädikation* kennen: einem Gegenstand wird ein Prädikator zugesprochen, indem wir sagen: „Dies ist ein Haus" oder „Dieser Gegenstand ist ein Haus".

Wir hatten ferner gesehen: diese beiden Sätze sind genau gleichbedeutend. Durch die Einführung des Wortes *Gegenstand* sagen wir nicht *mehr* aus als ohne Hilfe dieses Wortes. *Gegenstand* ist ein reines Formwort. Wir bezeichnen damit lediglich das „Opfer" der

Prädikation, also dasjenige, dem ein Prädikator zugesprochen wird.[53]

Der Satz *Dieser Gegenstand ist ein Haus* enthält also nur *einen* Prädikator. Denn: nicht *Gegenstand* ist (in diesem Zusammenhang!) ein Prädikator, sondern nur *Haus.* Ich habe also nicht dem Gebilde aus Steinen, Holz und Glas, das ich da vor mir sehe, die Prädikatoren *Gegenstand* und *Haus* zugesprochen, sondern einem vorgefundenen Gegenstand den Prädikator *Haus.*[54]

Nun kann ich aber folgendes tun. Ich kann den Gegenstand, auf den ich zeige, einfach *benennen,* also ihm einen Eigennamen geben. Auch Häuser können ja Eigennamen haben, etwa *Sonnenblick.* Ich nenne also den in Frage stehenden Gegenstand „*Sonnenblick*". Damit habe ich ihn benannt, *ohne* ihm überhaupt einen Prädikator zugeschrieben zu haben, denn um etwas *Sonnenblick* zu *nennen,* brauche ich gar nicht zu wissen, welchen Prädikator ich ihm zuschreiben soll.

Ob also ein Gegenstand, den ich *Sonnenblick* nenne, ein Mensch, ein Hund, eine Blume, ein Stuhl, ein Haus oder eine Ortschaft „ist", ist völlig gleichgültig, da ich einen Gegenstand benennen kann, ohne eine Prädikation an ihm zu vollziehen.

Nun kommt aber der zweite Schritt. Einem zunächst nur benannten Gegenstand sprechen wir einen Prädikator zu. Wir sagen also: „*Sonnenblick* ist ein Haus"; oder auch entsprechend: „*Sokrates* ist ein Philosoph" oder „*London* ist eine Stadt" oder „*Peter* schläft".[55] Alle diese Sätze enthalten einen Eigennamen und *einen* Prädikator. Zwischen den beiden Sätzen: „Dies ist ein Haus" und „*Sonnenblick* ist ein Haus" besteht also insoweit kein Unterschied, als beide Sätze einen einzigen Prädikator, nämlich *Haus,* enthalten. Denn in jedem Falle haben wir es mit einem Gegenstand zu tun, dem wir *einen* Prädikator zugesprochen haben. Der Unterschied zwischen beiden Sätzen liegt lediglich darin, daß wir im ersten Fall auf den Gegenstand nur zeigen und im zweiten Fall ihm einen Eigennamen gegeben haben.

Einen Satz wie „*Sonnenblick* ist ein Haus" nennen wir eine *Elementaraussage.*[56]

Die Elementaraussage hat die Form:

$$x \;\varepsilon\; P$$

wobei x einen Eigennamen und P einen Prädikator vertritt. (ε steht für griechisch ἐστίν = ‚ist' und symbolisiert den Vorgang der Prädikation.)

Mit aller Vorsicht können wir nun sagen: der durch x vertretene Eigenname entspricht einem „Gegenstand", der durch P vertretene Prädikator einer „Eigenschaft", die dieser Gegenstand „hat" – wenn wir uns dabei immer vor Augen halten, daß *Gegenstand* und *Eigenschaft* reine Formwörter sind, die nichts über die „Seinsweise" des so Bezeichneten aussagen.

Wir hatten nun weiter gesehen, daß es nicht nur einstellige, sondern auch mehrstellige Prädikatoren gibt, wie *ist Schüler von, liebt, liegt zwischen.*

In diesem Falle haben wir mehrere Gegenstände, denen gemeinsam ein Prädikator zugesprochen wird. Zu diesem Zweck hat der jeweilige Prädikator mehrere „Stellen".

Dadurch, daß mehrere Gegenstände auf einen mehrstelligen Prädikator bezogen werden, treten sie in eine *Beziehung* zueinander. So wie dem einstelligen Prädikator die „Eigenschaft" entspricht, so entspricht also dem mehrstelligen Prädikator die Beziehung oder die „Relation".

Durch Aussagen wie „Platon ist ein Schüler von Sokrates", „Hans liebt Grete", „Köln liegt zwischen Bonn und Düsseldorf" stellen wir also Relationen dar.

Mit Hilfe allgemeiner Symbole können wir die Relation folgendermaßen schreiben:

$$x_1, x_2, \ldots, x_n \;\varepsilon\; P$$

Es ist auch eine „halbsymbolische" Schreibweise üblich:
Platon, Sokrates ε Schüler
Hans, Grete ε lieben
Köln, Bonn, Düsseldorf ε dazwischenliegen.[57]

Sowohl die vollsymbolische als auch die halbsymbolische Schreibweise haben die Eigenart, daß – in Parallele zur Schreibweise bei einstelligen Prädikatoren – links erst alle beteiligten Gegenstände hintereinander erscheinen und dann rechts der mehrstellige Prädikator für sich. Diese Schreibweise ist bei Relationen graphisch unbefriedigend, weil sie die Beziehung zwischen den Gegenständen nicht anschaulich macht. Ich persönlich würde daher folgende Schreibweise vorziehen:

Platon ——— Schüler ——— Sokrates

Hans ——— lieben ——— Grete

Bonn —— zwischenliegen —— Düsseldorf
|
Köln

Albert —— eifersüchtig sein —— Christian
|
Beate

Wichtig ist aber zu beachten, daß wir es auch bei solchen Relationsaussagen immer nur mit *einem (mehrstelligen)* Prädikator zu tun haben, der mehrere *Gegenstände* in eine Beziehung zueinander setzt.

2. Die Aussage mit zwei und mehr *Prädikatoren*

Wie kommen wir nun aber zu Aussagen mit *mehreren* Prädikatoren? Das geschieht so:

Wir sprechen einem Gegenstand zunächst *einen* Prädikator zu. Wir sagen also: *Dieser Gegenstand ist ein Haus.* Damit haben wir dem fraglichen Gegenstand den Prädikator *Haus* zugesprochen.

Nun gehen wir aber weiter und sprechen dem Gegenstand, dem wir zunächst den (ersten) Prädikator *Haus* zugesprochen haben, *einen weiteren* Prädikator zu, indem wir sagen: *Dieser Gegenstand ist dreistöckig.*[58]

Wir haben also einem Gegenstand hintereinander zwei Prädikatoren zugesprochen, zuerst den Prädikator ‚*Haus*', dann den Prädikator ‚*dreistöckig*'.

Die beiden Aussagen: *Dieser Gegenstand ist ein Haus* und *Dieser Gegenstand ist dreistöckig* fügen wir nunmehr in der Umgangssprache zu einem einzigen Satz zusammen, der lautet:

Dieses Haus ist dreistöckig.

Herkömmlicherweise nennen wir das einen „*Satz*" mit dem „*Subjekt*" *Haus* und dem „*Prädikatsnomen*" *dreistöckig.*

Vom Standpunkt der Logik aus gesehen haben wir es aber mit zwei verschiedenen Sätzen, und zwar mit *zwei Elementaraussagen* zu tun, nämlich:

1. *Dieser Gegenstand ist ein Haus* und
2. *Dieser Gegenstand ist dreistöckig.*[59]

Wie wir nun bereits am Beispiel vom *Schimmel* gesehen hatten, ist die *Reihenfolge,* in der wir einem Gegenstand mehrere Prädikatoren zusprechen, völlig gleichgültig. Es gibt keine Vorschrift, nach der wir einem bestimmten Gegenstand *zuerst* den Prädikator *Haus* (oder *Pferd*) und erst *dann* den Prädikator *dreistöckig* (oder *weiß*) zusprechen müßten. Vielmehr könnten wir genauso gut auch sagen:

1. *Dieser Gegenstand ist dreistöckig* und
2. *Dieser Gegenstand ist ein Haus.*

Zu einem einzigen Satz mit zwei Prädikatoren zusammengefügt, könnte diese Aussagenfolge also auch lauten:

Dieses Dreistöckige ist ein Haus.

Die Aussagen: *Dieses Haus ist dreistöckig* und *Dieses Dreistöckige ist ein Haus* sind also logisch völlig gleichwertig, da es logisch unerheblich ist, in welchem Satzteil einer bestimmten Umgangssprache welcher Prädikator „versteckt" wird. Der Fall liegt genau wie beim Schimmel, wo es ja prinzipiell ebenfalls gleichgültig ist, ob wir ihn als *weißes Pferd* oder als *pferdiges Weiß* definieren.

Wie im Falle des Schimmels ist es allein sinnvoll zu sagen: einem Gegenstand werden zwei Prädikatoren zugeschrieben – in welcher Reihenfolge, ist gleichgültig. Auch hier können wir also davon sprechen, daß der Gegenstand im Schnittpunkt zweier „Prädikatoren-Koordinaten" steht:

... ... Haus ... ...

...

...

dreistöckig „Sonnenblick"

...

...

Sprechen wir nun unserem Gegenstand noch einen dritten Prädikator zu, etwa *gelb* (zum Beispiel in der sprachlichen Form: *Das dreistöckige Haus ist gelb*), so könnten wir diese dreifache Prädikation durch eine dreidimensionale Figur darstellen:

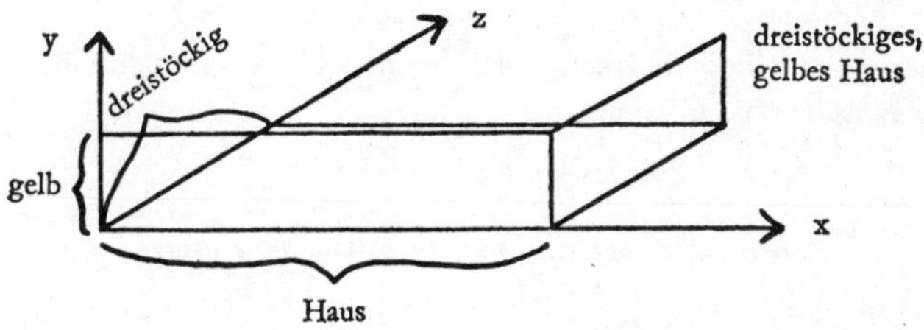

Und wären es vier, fünf, ... n Prädikatoren, so könnten wir den gemeinsamen Gegenstand im Schnittpunkt von vier, fünf, ... n Koordinaten im vier-, fünf-, ... n-dimensionalen Raum wiedergeben.

In unserer symbolischen Schreibweise wäre die Zuordnung mehrer Prädikatoren zu einem Gegenstand das Gegenstück zur Darstellung der Relation, bei der wir es ja mit einem Prädikator, aber mehreren Gegenständen zu tun hatten:

$$x \ \varepsilon \ P_1, P_2, P_3, \ldots, P_n$$

Nachdem wir nun zunächst einem Prädikator mehrere Gegenstände und dann einem Gegenstand mehrere Prädikatoren zugeordnet haben, können wir auch beides kombinieren. Denn in der Praxis des Alltages und der Wissenschaft haben wir es ja mit *komplexen Aussagen* zu tun, das heißt mit solchen Aussagen, in denen mehrere Gegenstände vorkommen, die einerseits je für sich mehrere Prädikatoren zugesprochen bekommen und die außerdem noch durch mehrstellige Prädikatoren zueinander in Beziehung gesetzt werden können, wie etwa in diesem Beispiel:

Das dreistöckige gelbe Haus ist höher als das junge weiße Pferd.

Hier haben wir zwei Gegenstände mit je drei Prädikatoren vor uns, die außerdem durch einen zweistelligen Prädikator miteinander in Beziehung gesetzt worden sind.

Symbolisch könnten wir diesen Satz etwa so schreiben:

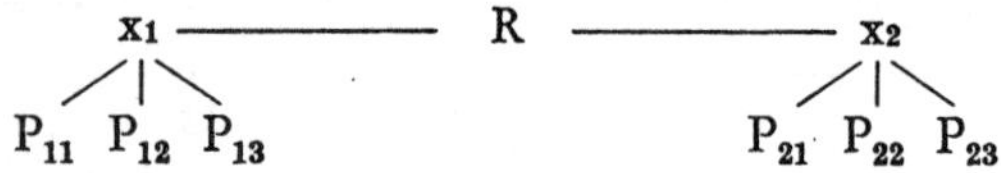

(Der zweistellige Prädikator *ist höher als* hat hier den Buchstaben R [für „Relation"] bekommen.)

II. Der Sachverhalt (als Gegenstand der Aussage)

1. Allgemeines

Nunmehr haben wir eine für die ganze Logik, ja Wissenschaftstheorie überhaupt grundlegende Frage zu besprechen.

Wir hatten oben bereits gesehen, daß das Wort *Gegenstand* nicht selbst ein Prädikator ist, der irgendeinem Ding zugesprochen werden kann, sondern nur eben dieses „Etwas" bezeichnet, dem ein Prädikator zugesprochen wird.

Ferner hatten wir gesehen, daß wir einen solchen *Gegenstand* entweder mit einem Eigennamen benennen, oder daß wir ihm einen Prädikator zusprechen können.[60]

Die Benennung eines Gegenstandes mit einem Eigennamen erspart uns gewissermaßen eine Prädikation. Eine Aussage, die lediglich einen Eigennamen enthält, enthält also noch keinen einzigen Prädikator.

In Gebilden wie *Dies ist Peter, Dies ist ‚Sonnenblick'* oder *Dies ist London* kommt also kein Prädikator vor, sondern nur ein Eigenname, mit dem ich einen Gegenstand benannt habe, während Gebilde wie *Dies ist ein Mann, Dies ist ein Haus, Dies ist eine Stadt, einen* Prädikator enthalten, denjenigen nämlich, den ich dem vorgefundenen Gegenstand zugeschrieben habe.

Für unsere logische Terminologie gilt also:

Sowohl dasjenige, was ich mit meinem Eigennamen benenne (*kein* Prädikator), als auch dasjenige, dem ich *einen* Prädikator zuschreibe, bezeichne ich einheitlich als „*Gegenstand*".

Nun haben wir aber Aussagen kennengelernt, die mindestens *zwei* Prädikatoren enthalten, wie etwa: *Dieses Haus ist dreistöckig.*

Was ist nun *das,* von dem ich diese Aussage mache?

Ich könnte es nach wie vor „Gegenstand" nennen, also sagen: „Der Gegenstand der Aussage *Dieses Haus ist dreistöckig* ist ein dreistöckiges Haus" – oder ein hausartiges Dreistöckiges. Oder: „Der Gegenstand der Aussage: *Dieses dreistöckige Haus ist gelb* ist ein dreistöckiges, gelbes Haus". Oder: „Der Gegenstand der Aussage: *Dieses dreistöckige gelbe Haus ist baufällig* ist ein dreistöckiges, gelbes, baufälliges Haus."

Nun wissen wir aber, daß es nicht nur Aussagen mit einem Gegenstand und mehreren Prädikatoren gibt, sondern auch Aussagen mit mehreren Gegenständen, die durch einen mehrstelligen Prädikator miteinander in Beziehung gesetzt sind, wie etwa: *Köln liegt zwischen Bonn und Düsseldorf.*

Hier entsteht nun folgende Paradoxie, die sich aus dem formalen Charakter des Wortes „Gegenstand" ergibt. Einerseits haben wir gesagt: „Ein mehrstelliger Prädikator bindet mehrere Gegenstände zu einer zwei- oder mehrstelligen Relation zusammen." Diese mehreren Gegenstände wären in unserem Beispiel die drei Städte am Rhein, die mit den Eigennamen *Bonn, Köln* und *Düsseldorf* benannt werden.

Andererseits aber müßte ich das, auf was sich die Aussage als Ganzes bezieht, ja auch wieder „Gegenstand" nennen, also sagen: „Der Gegenstand der Aussage: *Köln liegt zwischen Bonn und Düsseldorf* ist das Dazwischenliegen von Köln bezogen auf Bonn und Düsseldorf" oder ähnlich.

Und: „Der Gegenstand der Aussage: *Das dreistöckige gelbe Haus ist höher als das junge weiße Pferd* ist das Höhersein des dreistöckigen gelben Hauses in Bezug auf das junge weiße Pferd."

Wohlgemerkt: der Aufbau unserer Terminologie würde uns eine solche Ausdrucksweise ohne weiteres erlauben. Denn nach ihr kann ein Gegenstand alles sein, an dem eine Prädikation oder eine Benennung durch Eigennamen vollzogen werden kann. Da sich nun aber jede noch so komplexe Aussage aus lauter Prädikationen und Benennungen zusammensetzt, können wir das, worauf die Aussage sich bezieht, als Gegenstand, wenn auch als noch so komplexen Gegenstand, ansprechen.

Weil man sich aber nun unter einem Gegenstand unwillkürlich etwas Einfaches oder doch wenigstens nicht allzu Kompliziertes vorstellt, hat es sich als zweckmäßig erwiesen, den Gegenstand komplexer Aussagen nicht mehr allgemein „Gegenstand", sondern *Sachverhalt* zu nennen.

Wir sagen also: „Der Gegenstand der Aussage: *Das dreistöckige gelbe Haus ist höher als das junge weiße Pferd* ist der *Sachverhalt*, daß das dreistöckige gelbe Haus höher ist als das junge weiße Pferd."

Entsprechend ist es natürlich auch ein Sachverhalt, daß Köln zwischen Bonn und Düsseldorf liegt.

Selbst bei solchen Aussagen, in denen nur *ein* Gegenstand vorkommt, dem mehrere (einstellige) Prädikatoren zugesprochen worden sind, können wir noch von einem Sachverhalt sprechen. So kann man es durchaus als Sachverhalt bezeichnen, daß ein von mir vorgefundenes Haus dreistöckig ist, obwohl hier nur *ein* Gegenstand begegnet, dem zwei Prädikatoren zugesprochen worden sind.

Wir kommen so zu der grundlegenden terminologischen Festlegung:

Eine Aussage (oder ein Satz) ist die sprachliche Darstellung eines Sachverhalts und umgekehrt:

Ein Sachverhalt ist der Gegenstand einer Aussage (oder eines Satzes).[61]

Die Termini „*Aussage*" und „*Satz*" können dabei sehr oft als synonym angesehen werden. Das sprachliche Gebilde: *Das Haus ist dreistöckig* kann man sowohl eine *Aussage* als auch einen *Satz* nennen. (Wobei wir jetzt vernachlässigen können, daß ein *Satz*, der zwei oder mehr Prädikatoren enthält, eigentlich eine Kombination aus zwei oder mehr Elementaraussagen ist: *Dies ist ein Haus* und *Dies ist dreistöckig*.)

Strenggenommen kann man jedoch zwischen *Satz* und *Aussage* genau den gleichen Unterschied machen wie zwischen *Wort* und *Begriff*. Das heißt also: *Satz* bezieht sich immer auf eine bestimmte Folge von Wörtern und damit Lautgestalten, also auf absolut identische Wörter, während ein und dieselbe *Aussage* auch durch verschiedene, füreinander einsetzbare Wörter ausgedrückt werden kann, also nur die gleichen *Begriffe* zu enthalten braucht.

Die drei sprachlichen Gebilde

Dieses Haus ist dreistöckig
Dieses Wohngebäude hat drei Geschosse
This house has three floors

böten danach drei verschiedene Sätze, aber ein und dieselbe Aussage.[62]

Trotzdem brauchen wir den Unterschied zwischen *Satz* und *Aussage* nicht so genau zu nehmen. Denn es ist allgemein üblich, auch dann von einem *Satz* zu sprechen, wenn man gar nicht einen bestimmten Wortlaut im Sinne hat, sondern nur den Aussageninhalt als solchen. Denken wir nur an die Mathematik: Der „Satz des Pythagoras" kann auf beliebig viele Weisen und in beliebig vielen Sprachen sprachlich formuliert werden, ohne daß deswegen jemand darauf käme, daß man eigentlich von der „Aussage des Pythagoras" sprechen müßte. Gerade in diesem Fall ist terminologische Strenge nicht am Platz.

2. *Der Sachverhalt als Gegenstand mannigfacher Aussagen*

Ein Sachverhalt – das müssen wir uns nunmehr vergegenwärtigen, da es für das Folgende grundlegend ist – ist durch nichts anderes bestimmt als durch *das sprachliche Gebilde der Aussage.* Alles, was Gegenstand einer Aussage sein kann, kann auch ein Sachverhalt sein.

Ein Sachverhalt ist also nicht etwas „an sich" Bestimmbares, sondern immer nur möglich als Gegenstand, Korrelat, Entsprechung einer Aussage als eines sprachlichen Gebildes.

Das Wort *Sachverhalt* ist also genauso zu beurteilen wie das Wort *Gegenstand.* Genausowenig, wie ein *Gegenstand* etwas sinnlich Anschaubares, Greifbares, „an sich Seiendes", „Widerstand (=Gegen-stand!) Leistendes"[63] oder sonst ontologisch-erkenntnistheoretisch Umschreibbares sein muß, sondern *alles* sein kann, dem ich überhaupt einen Prädikator zusprechen kann, also auch eine Theorie oder eine Religion[64] – genausowenig muß sich der Begriff des *Sachverhaltes* bestimmte einschränkende Bestimmungen gefallen lassen wie „Sache an sich" oder ähnliches. Nichts wäre falscher, als aus der zufälligen deutschsprachigen Bezeichnung für *Sachverhalt* (englisch hat man für das Gleiche den Terminus *proposition* vereinbart,[65] der also ohnehin eine ganz andere Grundbedeutung hat, nämlich mehr soviel wie ‚Satz', ‚Darlegung' heißt) tiefschürfende Definition abzuleiten. Sachverhalt heißt einfach: „wie eine Sache sich verhält". Hierbei darf also weder dem Wortteil *Sache* eine Bedeutung wie ‚res', ‚Ding an sich', ‚An sich Seiendes' untergeschoben werden – noch hat der Wortteil *-verhalt* womöglich etwas mit *Verhalten* im Sinne des Behaviorismus zu tun.

Sachverhalt ist also ein ganz neutraler Terminus, der schlechthin alles in sich begreift, was überhaupt Gegenstand einer sprachlichen Aussage sein kann.

Hierin prägt sich wieder das Grundprinzip der Sprachanalyse aus: sie läßt die „Sache als solche" *in der Schwebe* und kümmert sich nur um die *Aussagen* als *sprachliche* Gebilde.

Diese Sachlage ist den meisten durch die traditionellen philosophischen Begriffe verbildeten Menschen[66] äußerst schwer klarzumachen.

Jedem, der sich in einer Diskussion bemüht, zu erklären, was ein Sachverhalt ist, wird unfehlbar folgendes Argument entgegenhalten:

„Es gibt doch gar keine Sachverhalte an sich. Der Spaziergänger, der Förster, der Holzkaufmann und der Soldat sehen doch jeder den Wald ganz anders. Einen ‚Wald an sich' gibt es doch gar nicht."

Das Mißverständnis liegt hier darin, daß man glaubt, der hier zur Diskussion stehende „Sachverhalt" sei eben „der Wald", und daß man dann aus der unbezweifelbaren Tatsache, daß es keinen Wald an sich gibt, schließt, daß es also auch keinen Sachverhalt an sich geben könne.

Aber genau das ist mit dem Begriff *Sachverhalt* ja gerade nicht gemeint. Der *Sachverhalt* bestünde nämlich beim Thema „Wald" gerade darin, *daß es einen Wald „an sich" nicht gibt.* Die Aussage also: *„Es gibt keinen Wald an sich; jeder sieht ihn anders"* bezeichnet als solche gerade den Sachverhalt, um den es hier geht.

Mit anderen Worten: jede noch so skeptische, kritische, relativierende Aussage kann in dem, was sie aussagt, nur einen Sachverhalt aussagen. Angenommen, ein Philosoph behauptet: „Es gibt kein ‚Ding an sich' ", so hat er damit eben dem Sachverhalt Ausdruck verliehen, daß es kein Ding an sich gebe – völlig unabhängig davon, ob wir ihm das glauben oder ob es überhaupt zutrifft.

Das entscheidende Merkmal des Begriffes *Sachverhalt* ist also seine *Indifferenz,* seine Gleichgültigkeit gegenüber allen möglichen Unterscheidungen, an die uns das traditionelle philosophische Denken im Lauf der Jahrhunderte gewöhnt hat. Sachverhalt kann „alles" sein.

Dagegen müssen wir strikt an dem Unterschied zwischen Sachverhalt und *Aussage* (bzw. *Satz*) festhalten.

Da diese grundlegende Indifferenz dessen, was wir unter „Sachverhalt" verstehen, gegen alle möglichen uns geläufigen Unterscheidungen so unendlich schwer zu begreifen ist, wird es zweckmäßig sein, diese Indifferenz in verschiedenen *Indifferenzpunkten* zu demonstrieren, das heißt, an begrifflichen Unterscheidungen aus verschiedenen Dimensionen zu veranschaulichen, die uns aus unserem vorwissenschaftlichen oder wissenschaftlichen Denken vertraut sind.

Folgende fünf Indifferenzpunkte lassen sich aufzählen:

a. Bestehend – nicht bestehend
b. Wissenschaftlich – nicht wissenschaftlich
c. „Seinsweise" (ontologisch-erkenntnistheoretische Fragestellung)
d. Aussagestufe (Objektsprache, Metasprache, Metametasprache)
e. Wissenschaftliche Methode (apriorisch, empirisch, dialektisch, hermeneutisch, phänomenologisch usw.)

a. Bestehend – nicht bestehend. So verblüffend das auf den ersten Blick klingen mag – ein Sachverhalt, über den wir eine Aussage machen, muß keineswegs unbedingt tatsächlich bestehen. Er kann bestehen oder nicht bestehen.

Sagen wir: *Zweimal zwei ist vier* oder: *Der Himmel ist blau,* so bestehen die damit ausgesagten Sachverhalte in unserer Welt zweifellos.

Wenn wir dagegen sagen: *Zweimal zwei ist fünf* oder *Der Himmel ist grün,* so stellen wir damit Sachverhalte dar, die *nicht* bestehen. Ein Sachverhalt ist also etwas, was nicht unbedingt bestehen *muß,* was aber bestehen *könnte.* Ein Sachverhalt braucht nur *möglich* zu sein. Daß zweimal zwei fünf oder der Himmel grün sein könnte, ist durchaus möglich – oder, wie wir auch sagen können, es ist nicht sinnlos. Auch Aussagen wie *Beethoven hat zehn Symphonien geschrieben* und *Die zehnte Symphonie von Beethoven hat nur drei Sätze*[67] sind nicht sinnlos, sondern stellen mögliche (oder denkbare) Sachverhalte dar. (Die Ausdrücke *möglich, denkbar* und *nicht sinnlos* gebrauchen wir an dieser Stelie nicht terminologisch, das heißt, wir diskutieren ihre Problematik hier nicht.)

Wir können nun noch folgende Termini einführen:

Ein Sachverhalt kann, wie wir sahen, bestehen oder nicht.

Einen bestehenden Sachverhalt nennen wir auch *Tatsache.*

(Für einen nicht bestehenden Sachverhalt gibt es keine besondere Bezeichnung.)

Wir können also sagen:

Die Aussage *Zweimal zwei ist vier* stellt eine Tatsache dar.

Die Aussage *Zweimal zwei ist fünf* stellt einen nicht bestehenden, aber möglichen Sachverhalt dar.

Eine Aussage, die sich auf einen bestehenden Sachverhalt, also auf eine Tatsache bezieht, nennen wir *wahr.*

Eine Aussage, die sich auf einen nicht bestehenden Sachverhalt bezieht, nennen wir *falsch.*

Zweimal zwei ist vier ist also eine wahre Aussage.

Zweimal zwei ist fünf ist eine falsche Aussage.

Sachverhalte können *bestehen* oder *nicht bestehen, Aussagen* (oder Sätze) können *wahr* oder *falsch* sein.[68] (Diese Terminologie ist übrigens ein anschauliches Beispiel dafür, daß es in der Wissenschaft nur darauf ankommt, die Termini in ihrem Gebrauch strikt zu vereinbaren. Es gibt keinerlei zwingenden Grund dafür, Termini wie Sachverhalt/Tatsache, bestehend-nicht bestehend/wahr-falsch, Sachverhalt/Aussage nun gerade so abzugrenzen, wie es in der Philosophie des 20. Jahrhunderts tatsächlich geschehen ist. Aber es ist praktisch, eine konsequente Regelung getroffen zu haben und somit Wendungen wie „wahrer Sachverhalt" als terminologisch nicht korrekt auszuschalten!)

Nun sieht es auf den ersten Blick so aus, als ob es völlig überflüssig wäre, nicht bestehende Sachverhalte auch als Sachverhalte zu bezeichnen. Was interessieren uns nicht bestehende Sachverhalte denn überhaupt? Auf den absurden Gedanken, zu behaupten, daß zweimal zwei fünf sei, kommt doch niemand!

Bei näherer Betrachtung zeigt sich jedoch, daß es in der Praxis sowohl der Wissenschaft als auch des vorwissenschaftlichen Lebens so einfach gar nicht liegt.

Es gibt nämlich zahlreiche Fälle, in denen man gar nicht *weiß,* ob ein Sachverhalt besteht oder nicht, oder in denen man von einem Sachverhalt zunächst annimmt, er bestünde, und später erkennt, daß er nicht besteht, und umgekehrt; und schließlich gibt es sogar Sachverhalte, bei denen man gar nicht entscheiden kann, ob sie bestehen oder nicht.

Das mögen folgende Beispiele zeigen.

(1) *Zweifelhafte* Sachverhalte.

(a) *Nicht entscheidbare* Fragen liegen dann vor, wenn wir überhaupt nicht feststellen können, ob bestimmte Sachverhalte bestehen oder nicht. Hierbei sind nun wieder zwei Fälle zu unterscheiden:

(aa) *Zukünftige* Sachverhalte. „Am 17. Mai 1999 ist in Hamburg schönes Wetter" ist ein Sachverhalt, über dessen Bestehen oder Nichtbestehen im Jahre 1982 nichts entschieden werden kann. Ja – selbst über eine auf die Sekunde genau vorhergesagte Sonnenfinsternis kann man nichts Sicheres aussagen, da inzwischen ja eine kosmische Katastrophe eintreten oder die Erde durch die Menschheit in die Luft gesprengt werden kann. Hier erhebt sich also das besondere Problem der *Voraussage*, über das wir später noch sprechen müssen.

(bb) *Unentscheidbare mathematische* Probleme. Einen Sonderfall nicht entscheidbarer Fragen finden wir in der Mathematik. So ist die Frage, ob es ungerade „vollkommene" Zahlen gibt oder nicht, unbeantwortbar. Denn man müßte unendlich viele Zahlen prüfen, und das kann man nicht. – Diese prinzipielle Unlösbarkeit von Problemen dürfte freilich ein Spezifikum der Mathematik sein – infolge ihres Begriffs des „Unendlichen".[69]

(b) *Nicht festgestellte* Sachverhalte. Hier ist es sicher, daß der Sachverhalt entweder besteht oder nicht besteht; nur wissen wir zur Zeit nicht, ob es besteht oder nicht besteht. Beispiele sind: „Der Autor X hat das Werk A geschrieben" (in Fällen zweifelhafter Autorschaft, wie sie in den historischen Wissenschaften vorkommen) oder: „Auf dem Mars gibt es Lebewesen." Hier ist grundsätzlich entscheidbar, ob diese Sachverhalte bestehen oder nicht.

Der Unterschied zwischen nicht entscheidbaren Fragen (a) und nicht festgestellten Sachverhalten (b) liegt also in folgendem. Die Sachverhalte „Der Autor X hat das Werk A geschrieben" oder „Auf dem Mars gibt es Lebewesen" bestehen oder bestehen nicht *schon jetzt;* wir wissen zur Zeit zwar nicht, ob sie bestehen, könnten es grundsätzlich jedoch wissen. Bei nicht entscheidbaren Fragen hingegen können Sachverhalte überhaupt nicht auf ihr Bestehen oder Nichtbestehen geprüft werden.

(c) Der unproblematischste Fall eines zweifelhaften Sachverhaltes liegt dann vor, wenn nur *ich* nicht weiß, ob er besteht, andere Menschen dagegen sehr wohl. Etwa: mein Freund ist bei Schnee in seinem Wagen nach Köln gefahren. Ich überlege mir, ob er wohl heil angekommen ist oder wo er sich gerade befinden mag. Er selbst und die ihm räumlich nahen Personen wissen das ganz genau; aber ich werde es erst erfahren, wenn er mich abends anruft und vom Verlauf der Fahrt berichtet.

(2) Im Laufe der Geschichte hinsichtlich ihres Bestehens *wechselnd eingestufte* Sachverhalte – also Sachverhalte, die zunächst als bestehend, dann als nicht bestehend angesehen wurden und umgekehrt:

„Die Sonne bewegt sich um die Erde" – diese Aussage wurde zunächst als wahr, der durch sie dargestellte Sachverhalt also als bestehend angesehen; heute gilt diese Aussage als falsch, der durch sie dargestellte Sachverhalt als nicht bestehend. Genau umgekehrt ist es der Gegenaussage: „Die Erde bewegt sich um die Sonne" ergangen.

Es ist kein Zweifel, daß gerade solche Aussagen in der Wissenschaft eine ungeheure Rolle spielen. Es dürfte viele tausend wissenschaftliche Aussagen geben, die sich eines Tages als falsch herausstellen. Da wir aber nicht in jedem Falle sicher wissen können, ob ein von uns zunächst als bestehend angenommener Sachverhalt tatsächlich besteht oder nicht, bleibt uns gar nichts anderes übrig, als *alle* Gegenstände wissenschaftlicher Aussagen „Sachverhalte" zu nennen.

Der Unterschied zwischen „nicht festgestellten" (1b) und „wechselnd eingestuften" (2) Sachverhalten liegt darin, daß man bei „nicht festgestellten" Sachverhalten von vornherein offenläßt, ob sie bestehen oder nicht, das heißt: *weiß*, daß hier ein ungelöstes *Problem* vorliegt, während man im Falle eines „wechselnd eingestuften" Sachverhalts zunächst ganz naiv bestimmte Aussagen als wahr hinnimmt und erst im Verlauf der Wissenschaftsgeschichte zu seinem Erstaunen gewahr wird, daß sie nicht zu halten sind.

(3) „*Subjektive*" Sachverhalte

Schließlich gibt es Sachverhalte, von denen deswegen nicht eindeutig entscheidbar ist, ob sie bestehen oder nicht, weil die Menschen sich darüber nicht einigen können. Solche Sachverhalte werden durch Aussagen bezeichnet wie etwa:

Die in Hegels Schriften stehenden Sätze sind wissenschaftliche Aussagen oder

Die Kompositionen Karlheinz Stockhausens sind Musik.

Zusammenfassend kann man also sagen:

Wir dürfen alles das als „Sachverhalt“ bezeichnen, was der Gegenstand einer *beliebigen* (wahren, falschen, zweifelhaften, subjektiven) Aussage sein kann.

b. Wissenschaftlich – nicht wissenschaftlich. Wie wir schon sahen, gibt es ein vorwissenschaftliches und ein wissenschaftliches Sprechen, also auch nichtwissenschaftliche und wissenschaftliche Aussagen. Da nun jede Aussage einen ihr zugeordneten Sachverhalt darstellt, können wir hier – mit aller Vorsicht – davon sprechen, daß es auch „nichtwissenschaftliche“ und „wissenschaftliche“ Sachverhalte als Gegenstände nichtwissenschaftlicher und wissenschaftlicher Aussagen geben muß.

Wie aber unterscheiden wir nun wissenschaftliche und nichtwissenschaftliche Aussagen?

Unsere Ausführungen über die Prädikatoren gaben uns hier bereits ein Kriterium an die Hand.

Wir hatten nämlich gesehen, daß nichtwissenschaftliche, umgangssprachliche Prädikatoren in ihrem Gebrauch nicht streng normiert sind, während wissenschaftliche Prädikatoren normiert, das heißt: explizit vereinbart und dann Termini genannt werden.

Wir können daher sehr einfach definieren: in wissenschaftlichen Aussagen kommen normierte Prädikatoren oder Termini vor – in nichtwissenschaftlichen Aussagen dagegen nur nichtnormierte Prädikatoren in umgangssprachlicher Verwendung.

Dieser Unterschied ist dann ohne weiteres klar, wenn sich die in einer Aussage verwendeten Prädikatoren schon für sich allein als eindeutig umgangssprachlich oder eindeutig wissenschaftssprachlich erweisen.

Wenn die Mutter sagt: „Sabine holt im Obstladen Gemüse“, so muß das schon deshalb eine Aussage über einen nichtwissenschaftlichen Sachverhalt sein, weil die Wörter „Obstladen“ und „Gemüse“ keine wissenschaftlichen Termini sind.

Ebenso ist die Aussage: „Das Quadrat über der Hypotenuse ist gleich der Summe der Quadrate über den Katheten“ ohne Zweifel auf einen wissenschaftlichen Sachverhalt bezogen, weil „Quadrat“ und vor allem „Hypotenuse“ und „Katheten“ eindeutig mathematische Termini darstellen.

Dagegen wäre es sehr gefährlich, zur Entscheidung, ob eine Aussage wissenschaftlich ist, nur die Lautgestalt der einzelnen Prädikatoren für sich zu befragen.

Denn „vorwissenschaftliche“ und „wissenschaftliche“ Prädikatoren – das sind ja, nur auf ihre Lautgestalt bezogen, nicht zwei säuberlich getrennte Bestände. Vielmehr kann ein und dasselbe Wort, je nach Satz- und Textzusammenhang, in dem es steht, ein vorwissenschaftlicher oder ein wissenschaftlicher Prädikator sein (und darüber hinaus auch noch in verschiedenen Wissenschaftsdisziplinen auch als Terminus verschiedene Bedeutung haben). Denn es kommt ja nur darauf an, ob und wie ein gegebenes Wort *normiert* oder *nichtnormiert* verwendet wird.

Diese doppelte Verwendung ein und desselben Wortes als Wort der Umgangssprache und als Fachterminus finden wir zum Beispiel bei dem Wort „Kaufmann“, das sowohl ein umgangssprachlicher Prädikator als auch ein handelsrechtlicher, dort in seiner Bedeutung genau festgelegter Fachterminus ist.

Ähnliches gilt für Wörter wie „Reihe“ und „Folge“. Beide können umgangssprachlich oft füreinander eingesetzt werden, während sie als Termini der Mathematik streng unterschieden werden.

Wenn nun jemand sagt: „Der Himmel ist blau“ – ist das dann eine wissenschaftliche oder eine nichtwissenschaftliche Aussage?

Offenbar kommt es hier auf die Situation an. Wenn es die Mutter vor dem Schulgang der Kinder oder der Vater vor der geplanten Wanderung sagt, handelt es sich offensichtlich um eine vorwissenschaftliche Aussage. Wenn es dagegen ein Physiker oder ein

Meteorologe sagt, dann könnte es auch der sprachliche Niederschlag einer wissenschaftlichen Beobachtung (eine sogenannte Protokollaussage) sein.

Nun könnte man natürlich sagen: „*Der Himmel ist blau* kann schon deshalb niemals eine wissenschaftliche Aussage sein, weil Wissenschaftler in ihren Aussagen so simple, noch dazu deutschsprachige Wörter wie *Himmel* und *blau* gar nicht verwenden würden."

Das ist aber ein Punkt, der im Einzelfall geprüft werden müßte. Vor allem wäre es äußerst naiv, zu glauben, nur Fremdwörter könnten wissenschaftliche Prädikatoren sein. Eine Aussage aus der logischen Propädeutik wie etwa: „Termini werden explizit introduziert" wird nicht dadurch weniger „wissenschaftlich", daß ich schlicht und einfach sage: „Wissenschaftliche Fachwörter werden ausdrücklich eingeführt." Sehr oft also können gelehrt klingende Termini in ganz vertraute deutsche Wörter übersetzt werden, ohne daß die wissenschaftliche Genauigkeit der Aussage darunter im geringsten litte.

Ein gutes Beispiel hierfür bietet die Fachsprache der Mediziner. Viele von Ärzten verwendete gelehrte Kunstwörter könnte man ohne weiteres durch deutsche Wörter wiedergeben, weil sie sich eindeutig auf Körperteile, Krankheiten und so fort beziehen, für die es auch eine deutsche Bezeichnung gibt. Wenn ein Arzt etwa von einer „Fraktur der Patella" oder einer „otitis media" spricht, so kann sich das jeder, der Latein und Griechisch gelernt hat, in „Bruch der Kniescheibe" und „Mittelohrentzündung" übersetzen, ohne daß sich damit am Sachverhalt irgend etwas ändert. Mit anderen Worten: „Otitis media" ist offensichtlich nicht „wissenschaftlicher" als „Mittelohrentzündung", denn es sagt über den in Frage stehenden Sachverhalt nichts „Genaueres" aus als das deutsche Wort.

Natürlich kann – infolge des Fortschrittes der medizinischen Erkenntnis – ein bestimmtes Wort als für die Darstellung eines medizinischen Sachverhaltes nicht mehr präzise genug erscheinen (man denke an veraltete Krankheitsbezeichnungen wie „Auszehrung" o. ä.); wenn aber ein deutscher und ein lateinischer Terminus gleichbedeutend waren, müssen beide ja durch diese Veraltung gleichermaßen betroffen werden: wenn also das Wort „Mittelohrentzündung" den fraglichen medizinischen Sachverhalt nicht mehr genau genug bezeichnet, würde für „otitis media" das gleiche gelten.

Es ist also offensichtlich belanglos, ob ein Terminus ein muttersprachliches oder ein fremdsprachliches Wort ist. Vielmehr kommt es hier nur auf den „Kontext", also den Textzusammenhang an.

Wenn ein medizinischer Laie, dem zufällig das Wort „otitis media" bekannt ist, Ohrenschmerzen hat, so wird er unter Umständen seinen Chef anrufen und ihm mitteilen, er habe „otitis media" und könne daher leider nicht zum Dienst kommen. Trotz der Verwendung des lateinischen Terminus wäre das dann eine Aussage über einen praktischen, außerwissenschaftlichen Sachverhalt. Denn die Aussage über die otitis media dient nur als Begründung für sein Nichtkommenkönnen; ob der Betreffende wirklich „otitis media" hat, ist in diesem Zusammenhang nicht unbedingt wichtig; es kommt hier nur darauf an, daß der Patient durch Schmerzen und Unwohlsein an seiner Berufsausübung verhindert ist. Geht er nun zum Arzt und dieser sagt zu ihm: „Sie haben Mittelohrentzündung", so ist das – trotz der Verwendung der deutschen Bezeichnung – eine wissenschaftliche Aussage, weil der Arzt hier „Mittelohrentzündung" streng als Terminus, der für einen exakt umgrenzbaren medizinischen Sachverhalt vereinbart wurde, gebraucht.

Wenn nun aber Aussagen vorwissenschaftlich und wissenschaftlich sein können und sich jeder Aussage ein Sachverhalt zuordnen läßt, den sie darstellt, dann folgt daraus, daß ein Sachverhalt sowohl vorwissenschaftlichen wie wissenschaftlichen Charakters sein kann. *Keinesfalls* also können Sachverhalte nur Gegenstand *wissenschaftlicher* Aussagen sein. Der Begriff des „Sachverhaltes" ist also völlig indifferent gegenüber der Frage „wissenschaftlich oder nichtwissenschaftlich?".

Jeder Blick in ein beliebiges Lehrbuch der Logik bestätigt das. Die Logiker – und sie müssen ja wissen, was sie tun – gebrauchen nämlich als Beispiele für Aussagen ganz beliebig nebeneinander solche wissenschaftlicher und solche nichtwissenschaftlicher Art:

„Wenn alle Antilopen Säugetiere sind und alle Säugetiere Wirbeltiere sind, so sind alle Antilopen Wirbeltiere."

Und:

„Der Apfel ist rot."[70]

Zweifellos ist das erste eine Aussage über einen wissenschaftlichen Sachverhalt, weil zumindest *Säugetier* und *Wirbeltier* hier terminologisch verwendet werden; der zweite Satz hingegen ist eine Aussage über einen außerwissenschaftlichen Sachverhalt, weil ganz gewiß *rot* und wohl auch *Apfel* nicht als Termini anzusprechen sind, jedenfalls ein möglicher Kontext, also Zusammenhang, in dem dieser Satz stehen könnte, in der Regel außerwissenschaftlicher Natur sein wird.

Daß also in allen Texten zur Logik, auch in unserem eigenen, wissenschaftliche und nichtwissenschaftliche Beispiele für Aussagen ständig durcheinander gebraucht werden, ist nur gerechtfertigt, wenn wir annehmen, daß die einander zugeordneten Begriffe „Aussage" und „Sachverhalt" tatsächlich beide Bereiche betreffen.

c. „Seinsweise" (Ontologisch-erkenntnistheoretische Fragestellung). Dieser Punkt ist sehr einfach zu erklären, da er sich bereits aus der Diskussion der Ausdrücke „Gegenstand" und „Sachverhalt" ergeben hat.

Wir hatten dort nämlich gesehen, daß ein „Gegenstand" *alles* ist, dem ein Prädikator zugesprochen oder der mit einem Eigennamen benannt werden kann, und daß ganz entsprechend ein „Sachverhalt" *alles* ist, das zum Gegenstand einer Aussage gemacht werden kann.

Was ein Sachverhalt sein kann, ist also lediglich vom Bereich dessen abhängig, was in unserer Sprache eine Aussage sein kann. Ein Sachverhalt kann also niemals durch ontologische Vorstellungen irgend einer Art festgelegt sein: er ist kein „Ding an sich", keine „wahrnehmungsunabhängige Außenwelt", kein „Erkenntnisobjekt" oder etwas ähnliches, sondern ganz schlicht das, über was ich gerade eine Aussage mache.

Jeder der vorhergehenden Sätze, ja überhaupt jeder einzelne

Satz unserer Darstellung spricht also über nichts anderes als eben jeweils über einen Sachverhalt.

d. Aussagestufe (Objektsprache – Metasprache – Metametasprache). Es ist eine Entdeckung der Logik unseres Jahrhunderts, daß es beim wissenschaftlichen (und auch beim außerwissenschaftlichen) Sprechen mehrere, und zwar grundsätzlich beliebig viele, *Aussagestufen* geben kann. Das heißt: man kann nicht nur über einen Sachverhalt eine Aussage machen, sondern man kann wiederum über diese Aussage selber eine Aussage machen, und so fort.

Das läßt sich sehr leicht veranschaulichen.

(1) Wir gehen aus von der Aussage: „Bremen liegt an der Weser."

Dies ist eine Aussage über außersprachliche Gegenstände, nämlich eine Stadt und einem Fluß, die durch die Relation „liegt an" miteinander verknüpft sind. Wir nennen diese Aussage eine Aussage in der „*Objektsprache*".

Das Wort *Objektsprache* kann man auf doppelte Weise verstehen: Einmal als ‚Sprache, die sich auf Objekte bezieht', das heißt, auf außersprachliche Gegenstände. Diese Auffassung von der Bedeutung des Wortes wäre aber mißverständlich. Denn *Objekt* heißt nichts anderes als ‚Gegenstand', und ein Gegenstand – so hatten wir gesehen – kann alles Mögliche sein, also nicht nur ein „gegenständlicher" Gegenstand wie ein Gerät, ein Fluß oder eine Stadt, sondern zum Beispiel auch so etwas wie eine Sprache. Es ist daher wohl richtiger, wenn wir eine *Objektsprache* einfach verstehen als ‚Sprache, die selbst Objekt (Gegenstand) sein kann' – nämlich einer Metasprache. Unter einer *Metasprache* verstehen wir nämlich eine Sprache, in der man über eine Sprache (als Objekt dieser Metasprache) spricht.

Am eindeutigsten wäre es sicher, wenn man einfach von *Sprache erster Stufe* sprechen würde statt von *Objekt*sprache, aber der Ausdruck hat sich eben so eingebürgert. Dagegen ist der Terminus *Metasprache* recht glücklich.

(2) Ein Satz der Metasprache wäre: „Der Satz: ‚Bremen liegt an der Weser' ist wahr."

meta- heißt soviel wie „hinter-", „über-". Eine Metasprache ist also eine Sprache, die „hinter" einer anderen liegt, die also „über" diese andere Sprache etwas aussagen kann. Ein einfaches Beispiel für das Nebeneinander von Objekt- und Metasprache ist die Situation, daß ein deutscher Lehrer deutschen Kindern, die noch kein Englisch können, Englischunterricht gibt. In diesem Fall ist Englisch die (zu lernende) Objektsprache, Deutsch dagegen die Metasprache, in der der Lehrer über die zu lernende Sprache etwas aussagt, da die Schüler, die ja noch kein Englisch können, ihn nicht verstehen würden, wenn er auf englisch über die englische Sprache spräche. Der Englischlehrer wird also etwa sagen: „Der englische Satz: ‚This is a table' heißt auf deutsch: ‚Dies ist ein Tisch.' Achtet darauf, beim Aussprechen des englischen ‚th' die Zunge gut zwischen die Zähne zu nehmen."

Ein instruktives Beispiel für die Unterscheidung von Objekt- und Metasprache ist auch folgendes:[71]
Objektsprache: „Die Katze ist ein Haustier"
Metasprache: „‚Katze' besteht aus fünf Buchstaben"

Im ersten Fall ist das *Tier* Katze als nichtsprachliches Objekt gemeint, im zweiten Fall das *Wort* „Katze" als sprachliches Objekt.

Diese Unterscheidung zwischen Objekt- und Metasprache war übrigens eine philosophische Großtat ersten Ranges. Hierdurch wurden nämlich einige jahrtausendealte Kopfzerbrecher aufgelöst, mit denen sich die Philosophen vieler Generationen vergeblich herumschlugen. Es sind dies die sogenannten „Paradoxien": vom Lügner, vom Advokaten, vom Krokodil und wie die Beispiele alle heißen. Ihre Erörterung an dieser Stelle würde zu weit führen; nur das wichtigste Paradoxon, das vom „lügenden Kreter", sei hier in seiner logisch präzisierten Form vorgeführt:

Wenn jemand sagt: „Was ich jetzt sage, ist falsch", so führt das zu einem Widerspruch. Wenn er nämlich die Wahrheit sagt, dann muß das, was er sagt, falsch sein. Wenn er aber lügt, dann ist es ja wahr.

Die Lösung dieser Paradoxie wurde, wie gesagt, erst im 20. Jahrhundert gefunden. Sie lautet etwa: In diesem Satz sind unzulässigerweise Objekt- und Metasprache miteinander verquickt.

Der Satz sagt etwas *über sich selbst* aus. Das geht nicht. Ein Satz kann immer nur entweder über einen *nichtsprachlichen* Gegenstand (objektsprachlich) oder über einen *anderen* Satz (metasprachlich) etwas aussagen. Wenn daher ein Satz über einen Satz etwas aussagen soll, dann kann man das nicht sozusagen „in einem Arbeitsgang" erledigen, sondern dann muß man die Gesamtaussage in zwei Sätze zerlegen: denjenigen, über den etwas ausgesagt wird, und denjenigen, der über den anderen etwas aussagt.

Nicht paradox ist daher etwa folgende zweistufige Aussage: „Der folgende Satz ist wahr: ‚Ich lüge immer.'" Denn hier kann das „immer" im Nachsatz nicht auch den Vordersatz selbst umfassen. Dieser Vordersatz steht in jedem Falle außerhalb dessen, was im Nachsatz ausgesprochen wird; er ist nicht selbst Element der Menge der möglichen Aussagen, die unter die Behauptung fallen, sie seien Lügen.

Es ist nunmehr leicht zu verstehen, was es heißt, der Satz: „Der Satz: ‚Bremen liegt an der Weser' ist wahr" sei eine Aussage der Metasprache. Hier wird nämlich *über* eine Aussage etwas ausgesagt, und zwar, daß sie wahr sei. Metasprachliche Aussagen sind oft daran erkennbar, daß sie ineinandergeschachtelte Anführungszeichen verschiedener Stufe enthalten.

Im übrigen ist natürlich jede (sprachwissenschaftliche oder sprachphilosophische) Darstellung sprachlicher Sachverhalte eine metasprachliche Darstellung, denn jedes Beispiel, das sie in Anführungszeichen bringt, entstammt ja einer Objektsprache, *über* die gesprochen wird. Ja wir können sogar noch weitergehen und sagen:

Jeder Roman mit direkter Rede und jeder wissenschaftliche Text mit Zitaten ist „Metasprache", weil er (unter anderem) sprachliche Äußerungen zu seinem „Objekt" macht. Jedes Anführungszeichen weist also darauf hin, daß in einem sprachlichen Kontext andere sprachliche Aussagen als Gegenstände erscheinen.

Die englischsprachige Sprachphilosophie unterscheidet in diesem Zusammenhang sehr treffend zwischen *use* und *mention*, also etwa: ‚Gebrauch' und ‚Erwähnung'.[72] Die Objektsprache ist eine Gebrauchssprache, die Metasprache eine Erwähnungssprache.

In dem Satz: „Die Katze ist ein Haustier" *gebrauche* ich das Wort *Katze;* in dem Satz: „‚Katze' hat fünf Buchstaben" *erwähne* ich das Wort *Katze.*

Ebenso: wenn ich objektsprachlich sage: „Bremen liegt an der Weser", so *gebrauche* ich diese Aussage, weil ich über Bremen und die Weser sprechen will. Sage ich dagegen metasprachlich: „Der Satz: ‚Bremen liegt an der Weser' ist wahr", so *erwähne* ich die Aussage über Bremens Lage nur; das eigentlich Wichtige ist mir in diesem Falle die Aussage über den Wahrheitswert der Primäraussage.

(3) Es ist nun nicht mehr schwierig zu verstehen, daß wir in der Sprache beliebig viele „Meta"-Stufen bilden können. Wir können nämlich den metasprachlichen Satz „Der Satz: ‚Bremen liegt an der Weser' ist wahr" seinerseits zum Objekt machen und bekommen dann den (der Abwechslung halber etwas veränderten) metametasprachlichen Satz:

»Die Aussage: „Der Satz: ‚Bremen liegt an der Elbe' ist falsch" ist wahr.«

Hier sind also drei Aussagen ineinandergeschachtelt, wie an den verschiedenen Anführungszeichen leicht zu erkennen ist.

Dieser Vorgang der „Meta-isierung" einer Aussage kann natürlich prinzipiell beliebig oft wiederholt werden, oder – wie der Logiker sagt – es sind unendlich viele Iterationen (Wiederholungen) des „meta-" möglich; so wie ich ja auch in der Mathematik Klammerausdrücke beliebig vieler Grade ineinanderschachteln kann. In diesem Zusammenhang noch eine Bemerkung: da alles, was wir hier sagen, schon in einem sprachlichen Kontext steht, ist das, was wir hier als „objektsprachliches" Beispiel erwähnen, bereits Bestandteil eines metasprachlichen Zusammenhangs, eine „metasprachliche" Erwähnung bereits Bestandteil eines metametasprachlichen Zusammenhanges usw. „Von außen betrachtet", ist also alles, was in diesem Abschnitt über Sprachstufen gesagt wurde, um eine Stufe nach oben zu transponieren.

Um nun auf unsere Ausgangsfrage zurückzukommen: es ist nicht schwer, sich zu vergegenwärtigen, daß jede Aussage überhaupt, gleich welcher Aussagestufe, einen Sachverhalt darstellt.

1. Der objektsprachliche Sachverhalt besteht darin, daß Bremen an der Weser liegt.

2. Der metasprachliche Sachverhalt besteht darin, daß der Satz, daß Bremen an der Weser liege, wahr ist.

3. Der metametasprachliche Sachverhalt besteht darin, daß die Aussage, daß der Satz, daß Bremen an der Elbe läge, falsch sei, wahr ist.

Damit haben wir gezeigt, daß für den Begriff des *Sachverhaltes* die Frage nach der Objektstufe belanglos ist. Wir können so viele Aussagen ineinanderschachteln wie wir wollen – wir haben es doch immer mit Sachverhalten zu tun.

e. Wissenschaftliche Methode. Dieser letzte Indifferenzpunkt ist von weittragender Bedeutung, wie die weiteren Teile dieser Darstellung erweisen werden. Er kann an dieser Stelle noch nicht ausgeschöpft werden, da von wissenschaftlichen Methoden ja noch nicht die Rede war; vielmehr ist die wissenschaftliche Methodologie erst Gegenstand unserer späteren Ausführungen, für welche die Sprachanalyse nur die Einleitung bilden kann. Trotzdem können wir wenigstens vorläufig einiges dazu sagen.

Ein Sachverhalt – so sahen wir – ist der Gegenstand einer Aussage, und ein wissenschaftlicher Sachverhalt ist der Gegenstand einer wissenschaftlichen Aussage.

Was aber ist eine wissenschaftliche Aussage?

Unsere vorläufige Antwort hierauf ist sehr viel toleranter, als mancher Leser jetzt erwarten wird, und als viele Wissenschaftler und Philosophen heute anzunehmen geneigt sind: Eine wissenschaftliche Aussage ist nach unserer Auffassung alles, was von urteilsfähigen Personen als solche tatsächlich angesehen wird – völlig unabhängig davon, durch welche Methode sie gewonnen wurde.

Diese Umschreibung klingt natürlich recht vage. Denn wer ist urteilsfähig und nach welchen Kriterien wird bestimmt, ob jemand urteilsfähig ist?

Urteilsfähig ist, wer gemäß der allgemeinen Sachlage so eingeschätzt werden kann.

Hierfür ein konkretes Beispiel. Vor einiger Zeit wurde in der deutschen Sozialphilosophie ein Streit darüber geführt, welche Methode die eigentlich wissenschaftliche sei: die „analytische“ oder die „dialektische“ (was das ist, werden wir später genauer erfahren). Auf beiden Seiten standen sich Wissenschaftler gegenüber, die aufgrund ihrer wissenschaftlichen Qualifikationen als Wissenschaftler etwa das gleiche Ansehen genießen: so Theodor W. *Adorno* und Jürgen *Habermas* auf der „dialektischen“, Karl R. *Popper,* Ernst *Topitsch* und Hans *Albert* auf der „analytischen“ Seite.

Da beide Parteien sich über das, was die richtige sozialwissenschaftliche Methode sei, nicht einig wurden, gibt es keine Instanz der Welt, die darüber entscheiden könnte, welche von beiden Parteien recht hat, welche Methode also die eigentlich „wissenschaftliche“ ist. Daß beide Parteien einander der Unwissenschaftlichkeit zeihen, macht die Entscheidung nicht leichter.

Um ein noch drastischeres Beispiel anzuführen: es dürfte zahlreiche Gelehrte aller Fächer geben, die der christlichen Theologie den Charakter einer Wissenschaft abzusprechen geneigt sind. Aber: solange es Theologen und der Theologie wohlgesonnene Nichttheologen gibt, die die Theologie als Wissenschaft anerkennen, gibt es keine Möglichkeit, die Behauptung, die Theologie sei eine Wissenschaft, zu widerlegen. Denn niemand kann hinter das „Selbstverständnis“ der christlichen Theologie zurückfragen, auch wenn es ihm selbst unverständlich bleibt.

Man muß es daher jeder Wissenschaft selbst überlassen, was sie als legitime Methode ansieht und welche Aussagen sie daher als „wissenschaftliche“ Aussagen anzunehmen geneigt ist. Ob ein Brief von Platon echt ist, kann „offenbar nur ein philologisch, historisch und philosophisch kompetenter Gelehrter“ beurteilen,[73] also nicht zum Beispiel ein Chemiker oder Betriebswissenschaftler, die nur die für ihre Disziplinen in Frage kommenden Methoden gelernt haben. Wir müssen uns daher auf die allgemeine Forderung beschränken, daß wissenschaftliche Aussagen mit Hilfe der *„jeweils geeigneten“* Methoden zustandekommen.[74]

Welche Methode „jeweils geeignet“ ist, läßt sich in manchen Fällen nicht eindeutig entscheiden. Was eine „geeignete“ historisch-philologische oder mathematische Methode ist, darüber können die Wissenschaftler möglicherweise leicht Einigkeit erzielen. Aber was ist zum Beispiel eine „geeignete" *sozialwissenschaftliche* Methode? Das ist nicht so einfach zu beantworten.

So wird zum Beispiel die Aussage: „Die in Hegels Schriften stehenden Sätze sind wissenschaftliche Aussagen" von den Dialektikern für wahr, von den Analytikern hingegen für falsch gehalten. Beide Seiten kommen zu ihrem Urteil durch konsequente Anwendung ihrer jeweils methodeneigenen Kriterien. Wir müßten also die jeweilige Methode selbst in Frage stellen, wollten wir die eine oder die andere Aussage anzweifeln. Aber welche Methode sollen wir in Frage stellen? Das kann uns niemand sagen. Daß in der sozialen Wirklichkeit der Wissenschaft dieses Methodenproblem (leider) insofern keine Rolle spielt, als die meisten Wissenschaftler einfach die Methode für richtig halten, die sie in ihrer akademischen Schule jeweils gelernt haben, ohne sich um die Existenz widersprechender Methoden überhaupt zu kümmern, ändert nichts an dem Zwang für über ihren Zaun Hinausdenkende, den faktisch bestehenden Methodenpluralismus zur Kenntnis zu nehmen.

Freilich gäbe es die Möglichkeit, eine wissenschaftstheoretische *Synthese* anzustreben und zu zeigen zu versuchen, daß die dialektische und die analytische Methode – und dazu noch einige andere, die hier noch nicht erwähnt werden sollen – in einem einheitlichen System zu vereinigen sein könnten.

Natürlich wird auch das keine allen Seiten akzeptable Lösung darstellen, da sie nunmehr von vielen Wissenschaftlern als Verwässerung der eigenen Methode angesehen werden wird. Es ist nun einmal nicht zu vermeiden, daß jeder, der eine solche Synthese unternehmen wollte, sich zwischen viele Stühle setzen würde.

Aber dieses Problem steht hier noch nicht zur Debatte. Wir wollen zunächst ja nur danach fragen, wie wir angesichts dieser Situation unseren Begriff des „Sachverhalts" bestimmen sollen.

Es gibt hier nur einen Ausweg. Wir müssen vorläufig als „Sachverhalt" alles das bezeichnen, was Gegenstand einer wissenschaftlichen Methode sein kann – gleichgültig, mit welcher wissenschaftlichen Methode diese Aussage gewonnen wurde. Die Aussage muß lediglich durch andere Kenner der gleichen Methode überprüfbar sein.[75]

III. Sachverhalt und Darstellung[76]

Was ein Sachverhalt ist, haben wir nunmehr geklärt: er ist der Gegenstand einer Aussage.

Wenn wir eine größere Anzahl von Aussagen zusammenfügen, erhalten wir einen *Text.* Auch dieser Text stellt wieder einen Sachverhalt dar – nur einen Sachverhalt, der, entsprechend der größeren Anzahl der Aussagen, die ihn darstellen, eben komplexer ist.

Wir bezeichnen nun einen Text, der einen komplexeren Sachverhalt oder eine Folge von Sachverhalten darstellt, auch einfach als (sachliche oder wissenschaftliche) *Darstellung* im engeren Sinne.

Herkömmlicherweise ging man nun von folgender Vorstellung aus: der Mensch hat vorsprachliche „Erkenntnisse", und diese Erkenntnisse werden dann nachträglich in eine sprachliche Darstellung umgesetzt. Nach dieser Vorstellung ist also die Erkenntnis bereits ohne die Sprache da – sie wird erst nachträglich in die Sprache gekleidet.

Auf diese Weise kommt man dann zu Behauptungen wie etwa der, daß ein Autor schon die richtigen Erkenntnisse oder Einsichten habe – er könne sie nur nicht richtig darstellen, oder: die Darstellung sei eine besondere Kunst, die nicht jeder beherrsche – daher müsse gelehrt und gelernt werden, wie man Erkenntnisse darstellen solle und so fort.

Unsere bisherigen Erörterungen zum Problem des Sachverhalts haben uns jedoch schon darauf vorbereitet, dieses Problem etwas kritischer und gründlicher zu sehen. Wir wissen nämlich bereits, daß ein Sachverhalt nur in einer Aussage gegenwärtig ist, daß er an diese Aussage in bestimmter Weise gebunden ist.

Wenn wir nun diese Einsicht auf das Problem der „Darstellung", das heißt hier also: eines Textes, der eine längere Folge von Aussagen enthält und damit einen komplexen Sachverhalt wiedergibt, anwenden, so ergibt sich uns sehr schnell folgendes:

„Erkenntnis“ (sei sie wissenschaftlicher oder nichtwissenschaftlicher Natur) ist undenkbar ohne die *Sprache*, in der sie niedergelegt wird. Die Sprache ist nicht etwas, was der „reinen Erkenntnis“ als eigentlich unwesentlich hinzugefügt wird. Sie ist vielmehr das *Medium*, in dem wissenschaftliche Erkenntnis überhaupt erst vernehmbar und demgemäß auch anderen Personen zugänglich werden kann.

Wir haben also nicht auf der einen Seite die „reine Erkenntnis“ und auf der anderen Seite die „Darstellung“ dieser Erkenntnis etwa für publizistische und pädagogische Zwecke. Sondern: die (sprachliche) „Darstellung“ einer Erkenntnis ist unmittelbar mit dieser Erkenntnis selbst verbunden.

Jeder Wissenschaftler also, der einen noch so komplizierten und speziellen Text verfaßt, tut das, um zu „informieren“, das heißt, um anderen Personen etwas *mitzuteilen, was sie noch nicht wissen*, und dabei in ihnen ein Verständnis oder eine Einsicht in das Mitgeteilte hervorzurufen. Denn anderenfalls wäre die Mitteilung offensichtlich überflüssig.

Hieraus folgt: der Unterschied zwischen einer „rein sachlichen“ Darstellung und einer „journalistischen“ oder „pädagogischen“ Darstellung kann kein grundsätzlicher, sondern allenfalls ein gradueller sein. Denn *jede* Darstellung wissenschaftlicher und überhaupt sachlicher Inhalte ist dadurch gekennzeichnet, daß sie im Medium der Sprache erscheint und die Information (das heißt das Verständnis, die Einsicht) anderer Personen zum Ziele hat.

Die Darstellung eines wissenschaftlichen oder allgemeinen Sachverhaltes ist also nicht etwas, in das die „reine Erkenntnis“ lediglich aus außersachlichen, sei es pädagogischen, sei es publizistischen, Gründen eigens „übersetzt“ werden müßte.

Die „Darstellung“ ist also nicht eine besondere „Kunstform“, deren sich nur einzelne dafür besonders „begabte“ Schriftsteller und Pädagogen bedienen könnten – sondern „Darstellung“ ist jede sprachliche Formulierung von Erkenntnissen (die wir dann als Sachverhalte bezeichnen) überhaupt. Aus diesem Grunde stellt sich zunächst gar nicht die Frage, ob eine Darstellung „schön“ oder „interessant“ oder „didaktisch geschickt“ formuliert ist. Das alles sind Eigenschaften einer Darstellung, die gar nicht konkretisiert und präzisiert werden können, solange nicht geklärt ist, was eine Darstellung – als sprachliches Medium der Erkenntnis – *überhaupt* ist.

Wenn wir eine Darstellung zunächst nur als das Zeichen-Medium auffassen, in dem die Erkenntnis erscheint, dann ergibt sich als erste Forderung:

Eine Darstellung muß *optimal formuliert* sein.

Was heißt das?

Die optimale Formulierung eines Sachverhaltes besteht zunächst in einer gewissen *Ordnung* der Darstellung. Dieser Gesichtspunkt läßt sich wieder in zwei Unterpunkte aufspalten.

1. Eine Ordnung der Darstellung setzt den richtigen *Anfang* voraus, das heißt: wir haben zu fragen, wie die erste Aussage einer Aussagenfolge lauten muß, wenn wir voraussetzen, daß der Leser oder Hörer dieser Aussage noch „nichts" von der Sache weiß.

In diesem Zusammenhang ist nun folgendes wichtig. Die moderne „logische Propädeutik" hat – und zwar im Rückgriff auf die viel ältere „Hermeneutik" – herausgearbeitet, daß es ein absolutes „Nichtwissen" von einem Gegenstand nicht geben kann. Und zwar deshalb nicht, weil der Mensch, bevor er beginnt, systematisch wissenschaftlich nachzudenken und zu forschen, „immer schon" in seiner Alltagswelt lebt und von hier ein „Vorverständnis" für die Dinge mitbringt, die er dann wissenschaftlich bearbeitet.

Das Problem des „Anfanges" in der Wissenschaft bedeutet also nicht, daß wir nach einem absoluten Anfang der systematischen Erkenntnisgewinnung über einen Gegenstand auf die Suche gehen müßten. Die Frage nach dem „Anfang" der Wissenschaft braucht vielmehr lediglich so formuliert zu werden: Wie bauen wir die Wissenschaft aus dem heraus auf, was wir sowieso „immer schon" wissen? In einem Bild gesagt: Um das Gebäude der Wissenschaft aufzurichten, brauchen wir nicht künstliche Steine „aus dem Nichts" zu backen, sondern wir können uns natürlicher Steine bedienen, die wir immer schon vorfinden, jedoch für unseren Zweck noch behauen müssen.

Wir können und brauchen eine wissenschaftliche Sprache nicht aus dem Nichts aufzubauen, denn wir sprechen immer schon unsere Alltagssprache, die wir seit früher Kindheit immer vollkommener zu gebrauchen gelernt haben. Aus diesem Sprachgebrauch heraus kennen wir immer schon die Bedeutung der einzelnen Wörter; das heißt, wir können sie den Gegenständen richtig zusprechen. So wissen wir – wir haben das ja bereits erörtert – zum Beispiel von jedem Gegenstand genau, ob wir ihn als *Tisch* bezeichnen können oder nicht. Diesen Wortgebrauch in unserer Alltagssprache erlernen wir – in einem langen, allmählichen Prozeß – durch zahlreiche *Beispiele* und Gegenbeispiele von der Art: *Dies ist ein Tisch, dies ist kein Tisch.* In der Alltagssprache lösen wir also das Problem des Anfanges dadurch, daß wir den Gebrauch der einzelnen Wörter durch *Beispiele* vermitteln.

Dieses Prinzip nun, den Anfang durch Beispiele zu machen, übertragen wir auf die Wissenschaft oder sonstige Sachbereiche; wir führen unsere ersten wissenschaftlichen Fachwörter durch *Beispiele* ein und machen dadurch verständlich, was wir meinen.

Eine Möglichkeit, *erste* Fachwörter anders als durch Beispiele einzuführen, gibt es nicht. Insbesondere ist die Einführung von Fachwörtern durch *Definitionen* in diesem Stadium des Anfangs noch nicht möglich. Denn eine Definition ist eine Erklärung eines Fachwortes durch mehrere (mindestens zwei) andere Fachwörter, deren Bedeutung wir bereits verstehen müssen. Also müssen auch diese Wörter schon durch andere erklärt worden sein – und so fort, bis wir zu Wörtern zurückgelangen, die nicht mehr durch andere Wörter erklärt werden können, sondern die eben anderweitig eingeführt werden müssen.

Damit führt uns das Problem der Definition zum Problem des Anfanges – und demgemäß zum Ausgehen von Beispielen zurück.

2. Das Problem des Anfanges können wir also nur durch Verwendung von Beispielen lösen. Sobald wir jedoch diesen Anfang gemacht haben, ist es uns möglich, das Prinzip der Ordnung unserer Aussagen durch die konsequente Verwendung von *Definitionen* zu verwirklichen. Durch Definitionen stellen wir neue Fachausdrücke aus schon bekannten, das heißt durch Beispiele eingeführten Fachwörtern her.

Wenn wir zum Beispiel die Fachausdrücke A, B und C durch Beispiele eingeführt haben, können wir mit Hilfe von A und B den Ausdruck D, mit Hilfe von A und C den Ausdruck E und mit Hilfe von B und C den Ausdruck F definieren. Durch Verknüpfung von B und D erhalten wir etwa G, durch A, C und F den Ausdruck H und so fort.

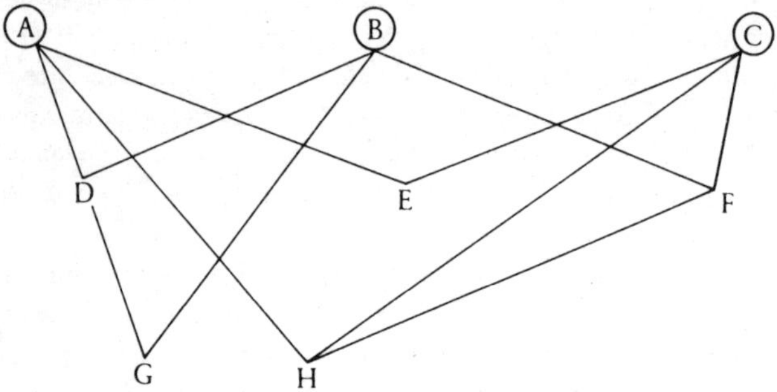

Diese Beschreibung des Aufbaues einer Terminologie durch Beispiele und Definitionen sagt selbstverständlich nichts darüber aus, auf welche Weise die einzelnen Wissenschaften ihre Terminologie gewinnen. So ist es denkbar, daß es Wissenschaften gibt, die, nachdem sie ein für allemal ihre Grundwörter durch Beispiele eingeführt haben, alles andere durch Definitionen, also durch Ersetzung eines Terminus durch andere, erledigen; in der Regel wird es allerdings so sein, daß eine Wissenschaft stets der „Zufuhr“ neuer Wörter durch beispielsweise Einführung bedarf.

Unsere Erörterungen zeigen, daß die Einführung von Fachwörtern entweder durch *Beispiele* oder durch *Definition* erfolgen muß. Eine dritte Art der Einführung wissenschaftlicher Fachwörter gibt es nicht. Beide Arten der Einführung, sowohl die durch Beispiel als auch die durch Definition, haben hingegen ein grundlegendes Merkmal gemeinsam: Sie sind *ausdrückliche* Einführungen. Eine Wissenschaftssprache, die nur durch Beispiele oder durch Definition eingeführte Termini benutzt, erfüllt eine Anforderung, die wir an jede Wissenschaftssprache stellen müssen und die unabdingbar ist: Niemals dürfen wir in der Wissenschaft ein Wort gebrauchen, das nicht ausdrücklich eingeführt worden ist. Wenn zum Beispiel der Ausdruck G noch nicht mit Hilfe der bereits bekannten Ausdrücke B und D erklärt worden ist, darf er in einem wissenschaftlichen Text nicht verwendet werden. Dieses Definitionsprinzip führt uns zu dem grundlegenden Satz der optimalen Formulierung einer Aussage:

Jede Aussage muß so kompliziert wie nötig, darf aber nicht komplizierter als nötig formuliert werden.

Das bedeutet folgendes: Die Bildung immer komplizierterer Fachausdrücke und damit Aussagemöglichkeiten ist ein Gebot der sprachlichen Ökonomie. Wenn wir aus den Ausdrücken A und B einen neuen Ausdruck D durch Definition gewinnen, bedeutet das, daß wir nur noch „D" zu sagen brauchen, wo wir bisher „A" *und* „B" sagen mußten.

Wir setzen also etwa fest, daß wir ein ‚weißes Pferd' von nun an als *Schimmel* bezeichnen wollen. Statt zwei Wörtern brauchen wir also nur noch eines. Die Definition hat den Vorteil, die Aussage abzukürzen, hingegen den Nachteil, daß wir den neuen Ausdruck *lernen* müssen. Schimmel ist zwar kürzer als weißes Pferd; dafür müssen wir aber *wissen,* daß *Schimmel* so viel wie ‚weißes Pferd' bedeutet – daß wir beides füreinander sagen können.

Nun können wir uns jede wissenschaftliche Terminologie – und damit das Aussagengefüge jeder Wissenschaft – entstanden denken aus einem Definitionsprozeß mit sehr vielen Schritten. Am Anfang dieses Prozesses – und gelegentlich auch in seiner Mitte – standen einige mit Hilfe von Beispielen aus der Alltagssprache heraus entwickelte Fachausdrücke; am Ende steht eine Fülle von Fachwörtern, deren Bedeutung wir in langer Arbeit haben lernen müssen.

Eine wissenschaftliche Fachsprache ist also als das Ergebnis einer sehr langen Definitionskette und eines Lernvorganges, der diese Definitionen zum Gegenstand hat, zu verstehen.

Hieraus folgt: Es kann in der Wissenschaft niemals um die Vermeidung komplizierter Aussagengebilde um jeden Preis gehen. Denn wir können ja jede beliebige Verknüpfung von Ausdrücken im Laufe der Zeit lernen. Sehr wohl aber geht es darum, Komplikationen zu vermeiden, die *nicht* durch einen voraufgegangenen Definitionsprozeß *gedeckt* sind.

Die bloße Tatsache, daß in irgend einem Zusammenhang ein komplizierter Ausdruck gebraucht wird, sagt *für sich allein* überhaupt nichts. Vielmehr haben wir nun weiter zu fragen, *ob* der betreffende Ausdruck bereits vorher durch eine Definition *eingeführt worden ist oder nicht.*

Hieraus ergibt sich: in wissenschaftlichen Texten kann „Fremdwort" und „Fremdwort" zweierlei sein. Wenn wir zum Beispiel auf der einen Seite einen mathematischen, technischen oder juristischen Fachtext haben und auf der anderen Seite einen mit fremdartigen Wörtern gespickten philosophischen oder soziologischen Text, so scheinen zunächst die Texte beider Kategorien gleich kompliziert zu sein. Beim näheren Eindringen wird man jedoch oft die Erfahrung machen, daß man im ersten Fall die Terminologie des betreffenden Faches nur von Anfang an systematisch zu lernen braucht, um schließlich auch komplizierteste Aussagen verstehen zu können, während sich im zweiten Fall möglicherweise (sicherlich nicht immer!) ergibt, daß die Texte auch bei größtem Bemühen nicht zu verstehen sind, weil die Bedeutung der verwendeten Ausdrücke nirgends (das heißt: weder vom Verfasser selber noch in anderen Büchern) ausdrücklich erklärt ist, weil sie nämlich vom Verfasser ganz willkürlich eingeführt sind – oder gar die Sätze, in denen sie gebraucht werden, auch bei wohlwollendstem Bemühen um Verständnis ohne Sinn bleiben.

Hier wird sichtbar, daß es in der Wissenschaft *zweierlei Kompliziertheit* gibt: die eine, die sich folgerichtig aus einem kontinuierlichen Definitionsprozeß entwickelt und damit gleichsam „technisch" untermauert und gerechtfertigt ist – und jene andere, bei der willkürlich komplizierte Wörter verwendet werden, die sich nicht auf ein zugrunde liegendes Gefüge von Definitionen stützen lassen.

Diese zweite Art der Kompliziertheit, die man auch als „unnotwendige" Kompliziertheit bezeichnen könnte, ist sehr oft nicht sachlich, sondern sozial motiviert: der prätentiös Sprechende will sich hierdurch ein Prestige als besonders gelehrtes Individuum einhandeln.

Oft hört man heute Diskussionen, in denen Vertreter spezialisierter Wissenschaften den Soziologen oder Politologen ihr „Chinesisch" vorwerfen, und diese erwidern, schließlich habe ja jede Wissenschaft ihre Fachterminologie. Unsere Überlegungen haben uns jedoch gezeigt: „Terminologie" ist eben *nicht* gleich „Terminologie". Wir haben in einem bestimmten Fall immer zu fragen, ob eine Terminologie durch eine lückenlose Kette von Definitionen gedeckt ist oder ob es sich lediglich um aufgeblasene Rederei handelt.

Zweifellos aber gilt: Unter der Voraussetzung, daß eine Terminologie systematisch eingeführt worden ist, kann es absolut genommen „zu" komplizierte Texte nicht geben. Denn jeder diese Voraussetzung erfüllende Text muß ja durch eine lückenlose Kette von definitorischen Gleichsetzungen auf die – beispielsweise eingeführten – Grundbegriffe der jeweiligen Wissenschaft zurückgeführt oder genauer: aus ihnen im nachträglichen Vollzug der Definitionskette rekonstruiert werden können. Hier kommt es also nicht darauf an, das komplizierte Endergebnis als solches zu vermeiden, sondern darauf, die *Schritte* klarzulegen, die zu ihm führen. Als „zu" kompliziert wäre ein Text erst in dem Augenblick zu bezeichnen, da es sich als unmöglich erweist, die in ihm verwendeten Ausdrücke durch Definitionsketten zu klären.

Es wird uns nunmehr klar, was „Verständlichkeit" der Wissenschaft in sprachlogisch präzisierter Formulierung besagen will.

Die von einem Wissenschaftler verwendete Sprache ist dann „verständlich", wenn sie sich nur solcher Ausdrücke bedient, die vorher durch Beispiele oder durch Definition *eingeführt* worden sind. Diese Einführung braucht natürlich nicht jeder Verfasser in jedem von ihm geschriebenen Text selbst vorzunehmen. Eine solche Forderung wäre nicht nur unbillig, sondern auch unzweckmäßig, da, wie wir sahen, eine jeweils entsprechende „Vorbildung" auf der Seite des Benutzers eines solchen Textes immer vorausgesetzt werden kann und – im Sinne der wissenschaftlichen Ökonomie – sogar vorausgesetzt werden muß. Es muß nur sichergestellt sein, daß jeder, der ein bestimmtes Buch verstehen will, grundsätzlich die Möglichkeit hat, die Definitionsketten, die ihm das Verständnis des fraglichen Textes erst ermöglichen, nachzuvollziehen. Das bedeutet: es müssen einführende Darstellungen oder Studiengänge existieren, die die zu erlernenden Definitionsketten vollständig und systematisch darbieten.

2. KAPITEL

ZEICHENTHEORIE

Das Wort „Zeichen" ist in unseren Erörterungen bisher noch nicht vorgekommen. In dieser Hinsicht haben wir daher einiges nachzuholen.

Denn ohne ausdrücklich davon zu sprechen, sind wir bereits dauernd mit einem bestimmten *Zeichensystem* umgegangen: nämlich mit der *Sprache.*

Sprachliche Zeichen sind aber nur ein Unterfall von Zeichen überhaupt. Daher wollen wir nunmehr von der Sprache als einem Unterfall eines Zeichensystems zunächst absehen und über Zeichen allgemein sprechen.

A. Das Zeichen als Zeigehandlungsschema

I. Potentielle und aktuelle Zeigehandlung

Ein *Zeichen* ist ein raumzeitliches Gebilde und als solches losgelöst von einer bestimmten, gegenwärtig stattfindenden Handlung.

Ursprünglich jedoch ist jedes Zeichen aus einer solchen aktuellen Handlung entstanden, und zwar aus einer „Zeigehandlung".[1]

Was ist eine Zeigehandlung?

Ein Radfahrer streckt den linken Arm aus, um damit anzuzeigen, daß er links abbiegen will.[2] Das kann zunächst ein einmaliger Vorgang sein, das heißt: irgendein Radfahrer hat sich diese Handlung als Ankündigung dafür ausgedacht, daß er links abbiegen will. Es ist durchaus denkbar, daß die übrigen Verkehrsteilnehmer diese Handlung auch richtig als eine solche Ankündigung verstehen, obwohl sie sie noch nie zuvor gesehen haben.

Nun gehen die Menschen aber einen Schritt weiter. Sie *vereinbaren,* daß die Handlung „Ausstrecken des linken Armes" immer, überall und von einer beliebigen Person ausgeführt bedeuten soll: „Ich will jetzt hier links abbiegen."

Damit ist die Zeigehandlung zu einem Zeigehandlungs*schema* erstarrt.[3] Dieses Schema steht immer und überall bereit, verwendet zu werden.

Ein solches immer verfügbares Zeigehandlungsschema wird nun ein *Zeichen* genannt.

Und zwar ist ein solches Zeichen, als Handlungs-Schema, zunächst nur eine *potentielle* Handlung. Das heißt: ich *weiß,* daß ich bei Bedarf nur den Arm auszustrecken brauche, um anzuzeigen, daß ich abbiegen will.

In dem Augenblick aber, wo ich auf der Straße den Arm wirklich ausstrecke, weil ich jetzt abbiegen will, wird die potentielle zur *aktuellen* Handlung, das Zeichen als verfügbares Handlungsschema zum Zeichen, das tatsächlich in diesem Augenblick gegeben wird.

Wenn wir den Arm ausstrecken, mit einer Taschenlampe blinken und so fort, so ist das ein einmaliger, sofort wieder beendeter Vorgang. Ich lege meine Hand wieder auf die Lenkstange, die Taschenlampe wird wieder dunkel. Nichts mehr deutet darauf hin, daß der Arm oder die Taschenlampe eine Zeichenfunktion ausgeübt haben. Arm und Taschenlampe sind nur noch das, was sie vorher auch waren: Gegenstände „an sich", das heißt hier: ohne Zeichenfunktion.

In diesem Fall besteht also das Zeichen nur als ein potentielles Handlungsschema, als eine Anweisung darüber, wie eine bestimmte Zeigehandlung auszuführen ist: „Wenn du links abbiegen willst, so strecke den linken Arm aus."

Dieses Zeichen, dieses Handlungsschema also, wird aktualisiert, indem eine einmalige Handlung, das Ausstrecken des Armes, ausgeführt und gleichzeitig von den anderen Verkehrsteilnehmern wahrgenommen wird.

Nun gibt es aber auch Zeichen anderer Art, zum Beispiel die Schriftzeichen.

Auch hier gehen wir zunächst vom verfügbaren Zeigehandlungsschema, vom potentiellen Zeichen also, aus.

Das Handlungsschema „Buchstabe A" sähe also etwa so aus: „Wenn du willst, daß ein anderer den Laut /a:/ ausspricht, so stelle zwei Balken dachförmig gegeneinander und verbinde sie auf halber Höhe durch einen Querbalken."

Hiermit wäre also nicht schon ein „aktueller" Buchstabe „A" gegeben, sondern nur das Schema, nach dem ich „A" schreiben kann, der „potentielle" Buchstabe A.

Ein Buchstabe als Zeichen ist also nicht erst ein bestimmter tatsächlich geschriebener Buchstabe, sondern schon die allgemeine Anweisung, wie man den Laut /a:/ durch ein Schriftzeichen wiedergeben soll.[4]

Nun aber schreibe oder male ich den Buchstaben „A" tatsächlich, das heißt: ich aktualisiere das Zeichen „A".

Damit geschieht etwas Merkwürdiges: das aktualisierte Schriftzeichen verschwindet nicht wieder wie die Armbewegung oder der Taschenlampenblitz. Sondern es bleibt stehen.

Das bedeutet: ein so aktualisiertes Zeichen braucht nicht in dem Augenblick wahrgenommen zu werden, in dem es hergestellt wird, wie das beim Ausstrecken des Armes der Fall ist, sondern dieses Zeichen kann beliebig „konserviert" und zu beliebiger Zeit später aufgenommen werden.

Die aktualisierte Zeigehandlung spaltet sich daher (weiter) in zwei Vorgänge auf: zunächst aktualisiert der „Schreiber" das Zeichen, indem er zum Beispiel einen Brief schreibt. Dann aktualisiert der „Leser" das Zeichen, indem er den Brief liest. Ein solches aktualisiertes, bleibendes Zeichen nennen wir „*Marke*".[5]

Marken sind nicht nur geschriebene Buchstaben, sondern zum Beispiel auch Wegweiser, deren Arme die Richtung und deren Aufschrift den Zielort anzeigen. Die dem Wegweiser entsprechende einmalige, vergängliche, aktualisierte Zeigehandlung wäre ein Mann, der mit dem Arm den Weg zeigt und gleichzeitig sagt: „Dort geht es nach Adorf."[6] Auch ein Verkehrsschild, das keine Buchstaben, sondern nur einen bestimmten Pfeil oder eine andere Figur enthält, Kerben an Bäumen, die gefällt werden sollen, und anderes wären „Marken".

Ein „Zeichen" wäre nach dieser Unterscheidung also *entweder* ein potentielles Zeichen, ein verfügbares Zeigehandlungsschema, eine bloße Anwendung für die Gebung eines Zeichens, *oder* aber ein zwar aktualisiertes, also gegebenes, aber einmaliges und nach der Zeichengebung wieder verschwindendes Zeichen, wie das Armausstrecken oder das Blinkzeichen.

Eine „Marke" dagegen ist ein aktualisiertes, dann aber bleibendes Zeichen, so daß Zeichengebung und Zeichenaufnahme, „Senden" und „Empfangen", „Schreiben" und „Lesen" zeitlich und räumlich getrennt werden können.

III. Zusammenfassung

Es ergibt sich so folgende Übersicht:

A. Potentielle Zeichen
= verfügbare Zeigehandlungsschemata
= Anweisungen für aktuelle Zeichengebung
  I. für einmalige Zeichengebung
    („streck den Arm nach links aus!")
  II. für bleibende Zeichengebung
    („schreibe A!", „male einen Pfeil!")

B. Aktuelle Zeichen
= tatsächlich ausgeführte Zeigehandlungen, Zeichengebung
  I. Einmalige Zeichengebung
    – Sendung und Empfang gleichzeitig –
    (Ausstrecken des Armes nach links)

II. Bleibende Zeichengebung = *Marken*

– Sendung und Empfang können getrennt werden, daher mögliche Aufspaltung in: –

1. Sendung der Marke
   (Schreiben, Malen usw.)
2. Empfang der Marke
   (Lesen, Sehen usw.)

B. Die Dimensionen der Zeichenfunktion

Ein *Zeichen* ist immer ein *raumzeitliches Gebilde,* das *für etwas anderes* steht.

Und zwar sind Zeichen nicht nur dann raumzeitliche Gebilde, wenn sie in Gestalt von „Marken" in ein Stück Materie eingegangen sind. Nicht nur der tatsächlich geschriebene Buchstabe A als Kreide- oder Farbhäufchen bestimmter Gestalt, also als „Marke", ist ein solches raumzeitliches Gebilde, sondern bereits das „Schema" A, also das potentielle Zeichen A, die Anweisung, wie man das Zeichen A realisieren soll. Denn immer ist das A ein Dach mit Querbalken, auch wenn es nur als Schema existiert und noch nicht tatsächlich geschrieben ist.

Das gleiche gilt für das Armausstrecken als Zeichen für das Abbiegen. Es ist eine Handlung, die in einem bestimmten Raum zu einem bestimmten Zeitpunkt gedacht wird.

Zeichen überhaupt – nicht nur Marken! – sind also raumzeitliche Vergegenwärtigungen andersgearteter Bedeutungsinhalte. Wir können uns ein „A" nur als raumfüllendes „Etwas" denken. Das eigentlich Rätselhafte bleibt also nach wie vor das Verstecken der Bedeutung in dem raumzeitlichen Gebilde, das wir „Zeichen" nennen. Ob uns dieses Zeichen nur als „Schema" vorschwebt, oder ob wir es als „Marke", als Tinte- oder Kreidehäufchen „materialisieren", bleibt demgegenüber sekundär.

Ein Zeichen ist in jedem Fall ein raumzeitliches Gebilde, das für etwas anderes steht. Und dieses „für etwas stehen" müssen wir nun näher analysieren.[7]

Wir beginnen mit einem ganz einfachen und anschaulichen Beispiel.[8]

0. Keine Zeichendimension

Ich gehe im Wald spazieren und stolpere fast über einen Zweig, der mitten auf dem Wege liegt. Darüber brauche ich mich nicht weiter zu wundern. Denn warum sollte im Wald kein Zweig auf dem Weg liegen?

Der Zweig ist geknickt. Auch das ist nicht weiter verdächtig. Denn ein darübergefahrenes Auto kann ihn ja geknickt haben, oder er ist einem Reisigsammler vom Handwagen gefallen.

Wenn ich mir das Vorhandensein des Zweiges in dieser Weise erkläre, so betrachte ich den Zweig als einfachen „Gegenstand an sich". Ein Zweig ist für mich ein Zweig. Warum auch nicht? Denken wir an den ruhig auf der Lenkstange liegenden Arm des Radfahrers oder an die dunkle oder nur zum Leuchten bestimmte Taschenlampe.

1. Syntaktische Zeichendimension

Während ich weiterwandere und nicht lange Gedanken an den Zweig verwende, begegnen mir plötzlich einige Jungen. Und siehe da: sie erblicken den Zweig, bleiben stehen, flüstern aufgeregt miteinander und gehen schräg in den Wald hinein. Nun sehe ich den Zweig mit anderen Augen an. Da ist er wohl doch nicht zufällig auf den Weg geraten? Ich erkläre mir sein Vorhandensein nunmehr so:

Die Jungen machen ein Indianerspiel. Den Zweig hat einer der Mitspielenden auf den Weg gelegt, um damit seinen Verbündeten etwas zu zeigen, „ein *Zeichen* zu geben". Der Zweig ist also nicht nur ein „Gegenstand an sich", sondern er weist über sich als Gegenstand hinaus. Er trägt eine Bedeutung. Statt eines geknickten

Zweiges hätten die Jungen auch einen Sägemehlpfeil oder ein Stück Papier mit einem mittels Filzstift daraufgemalten Pfeil auf den Weg praktizieren können. Der Zweig ist im Prinzip natürlich nichts anderes, als ein gemalter oder mit Sägemehl gestreuter Pfeil. In unserer Terminologie stellt er also eine „Marke" dar, das heißt: ein Stück Materie, das der „Materialisierung" eines Zeichens als eines Zeigehandlungsschemas dient. Der Unterschied ist nur der: einem durch Malen oder Streuen auf dem Waldweg hergestellten Pfeil würde ich sofort ansehen, daß es sich um die Realisierung eines Zeichens in einer „Marke" handeln muß, da ein solcher Pfeil im Wald nicht „natürlich" vorkommen kann. Wir haben also den geknickten Zweig deshalb als Beispiel eingeführt, um zu verdeutlichen, daß eine „*Marke*" (als Realisierung eines Zeichens als Zeigehandlungsschema) von einem unbefangenen Betrachter überhaupt nicht *als solche* bedingt erkannt werden muß – ein Fall, der bei einer künstlich hergestellten Marke nicht so leicht nachzuvollziehen ist. So bedarf es schon großer Abstraktionskraft, sich vorzustellen, daß etwa ein Pfeil oder die Worte „Betreten verboten" auf einem Straßenschild – etwa von einem Analphabeten – als bloße „Flecken in der Natur" angesehen werden und nicht als Realisierungen von Zeichen aufgefaßt werden könnten!

Im Lichte unserer bisherigen Terminologie können wir den geknickten Zweig also folgendermaßen charakterisieren: Es gibt ein Zeigehandlungsschema „Richtungshinweis". Dieses Zeigehandlungsschema oder Zeichen ist länglich und hat an einem Ende einen Hinweis darauf, daß die diesem Ende zugeordnete Richtung gemeint ist und nicht die um 180 Grad verschiedene. Dieses Zeichen kann realisiert werden durch einen ausgestreckten Arm oder durch eine Marke als bleibenden Gegenstand, die wiederum ein gemalter Pfeil, ein Wegweiserarm – oder eben auch ein abgebrochener Zweig sein kann. Die spielenden Jungen haben für ihr Zeichen eine Marke gewählt und als Marke einen Gegenstand, der dem unbefangenen Betrachter nicht als Marke erscheint, weil er – im Gegensatz etwa zu einem Sägemehlpfeil – nicht schon von vornherein auf den Zweig hin, als Marke zu dienen, hergestellt oder bearbeitet wird.

Nachdem ich gesehen habe, daß der geknickte Zweig für die Jungen offenbar eine Marke, das heißt die Realisierung eines Zeichens sein soll, finde ich mich in einer merkwürdig zwiespältigen Situation. Ich weiß nämlich zwar, *daß* hinter diesem Zweig ein Zeichen steckt – aber ich weiß nicht, *was* dieses Zeichen besagen soll. Denn bisher habe ich darüber nur Vermutungen angestellt, mich aber noch nicht von den Jungen selber aufklären lassen.

Damit bin ich in jene merkwürdige Situation geraten, die so charakteristisch für den Umgang mit Zeichen ist.

Der Zustand, zwar zu wissen, daß es sich bei bestimmten Gebilden um Zeichen (oder Marken für Zeichen) handelt, aber nicht zu wissen, *für* was diese Zeichen stehen, ist allen Menschen aus mannigfachen Lebenssituationen sehr vertraut:

So sehe ich zum Beispiel irgendwo chinesische Schriftzeichen. Als gebildeter Mensch weiß ich natürlich sofort, daß es sich um Schriftzeichen und nicht etwa um zufällige Krakeleien oder um beim Füllhalterfüllen entstandene Tintenflecke handelt (wie wir schon sahen, ist es uns hier – anders als beim Zweig im Wald – nur schwer möglich, von dem Wissen, *daß* etwas ein Zeichen sein soll, zu abstrahieren). Ich weiß also genau: das sollen chinesische Buchstaben sein. Aber ich kann sie nicht lesen; ich kann sie weder in Sprachlaute umwandeln noch vermöchte ich – selbst wenn ich sie aussprechen könnte – zu sagen, was sie bedeuten sollen.

In einer ähnlichen Lage sind wir aber auch dann noch, wenn wir einen in lateinischer Schrift geschriebenen Text aus einer Sprache finden, die wir nicht kennen. In diesem Fall sind uns sogar die einzelnen Buchstaben – und ihr deutscher Lautwert – vertraut, und doch können wir die Bedeutung der Silben, Wörter und Sätze nicht erfassen. Allenfalls setzen wir den vertrauten Lautwert der Buchstaben ein, so wie Kinder, die noch kein Englisch können, aber Karl May lesen, /Olt Fierehant/ statt /Ould Faiehänd/ sagen. Aber daß diese Buchstabenverbindung *Old Firehand* soviel wie ‚Alte Feuerhand' bedeutet, können sie ohne Hilfe unmöglich herausbekommen.

Eine ähnliche Situation ist gegeben, wenn sich im Restaurant am Nebentisch Menschen in einer mir fremden Sprache unterhalten.

Daß sie sprechen, ist nicht schwer festzustellen. Nur weiß ich nicht, *was* sie sprechen.

Die Verkehrszeichen sind zwar weitgehend internationalisiert. Trotzdem kann es uns in einem fremden Land passieren, daß wir ein Verkehrsschild mit einem Zeichen sehen, das wir nicht kennen. Auch dann sind wir wieder in dieser verzweifelten Situation: Genau zu wissen, daß dort ein für uns unter Umständen wichtiges Zeichen steht, dessen Bedeutung wir aber nicht enträtseln können.

Ein besonderer Fall des „Zeichen als solche erkennen, aber nicht verstehen" liegt dann vor, wenn wir einen deutschsprachigen wissenschaftlichen Text vor uns haben, der so schwer ist, daß wir ihn inhaltlich nicht verstehen, etwa einen Abschnitt aus Kants „Kritik der reinen Vernunft". In diesem Falle kennen wir nicht nur die Buchstaben und ihren Lautwert, sondern sogar die Bedeutung jedes einzelnen Wortes (für sich genommen) sowie seine Stellung im Satz (ob es Subjekt oder Prädikat, Substantiv oder Verbum ist, ob es im Akkusativ oder der dritten Person Singular im Präsens steht und so fort) – und trotzdem können wir die Bedeutung der Sätze im ganzen nicht verstehen, weil uns der Zusammenhang, der Kontext der Wörter als Ganzes unzugänglich bleibt. (Über dieses Thema haben wir natürlich in späteren Abschnitten unserer Darstellung noch ausführlich zu sprechen.)

Wir nennen nun diese Dimension der Zeichen, in der sie zwar zu verstehen geben, daß sie Zeichen sind, nicht aber, wofür sie stehen, die *syntaktische* Dimension der Zeichen.

„Syntax" heißt „Zusammenordnung" und ist etwa so zu verstehen wie in der Grammatik auch, wo es ja „Satzlehre" bedeutet: man sieht eine Zusammenordnung, das heißt eine irgendwie gegliederte Folge von Zeichen (Buchstaben, Sprachlauten usw.), ohne zu wissen, was diese Zusammenordnung bedeutet. Daß zum Beispiel e, n und r im Deutschen sehr häufige Buchstaben sind, kann auch jemand einem deutschen Text ansehen, der die deutsche Sprache gar nicht beherrscht. Denn die „Zusammenordnung" der Zeichen als solche fällt sofort ins Auge.

Im Falle von Kants „Kritik der reinen Vernunft" treffen sogar beide Bedeutungen des Ausdrucks „Syntax", nämlich die grammatische: „Satzlehre“, und die zeichentheoretische: „Zusammenordnung von (der Bedeutung nach unbekannten) Zeichen“ zusammen: wir durchschauen die Syntax des Kantschen Textes, nicht aber seinen Sinnzusammenhang.

2. *Semantische Zeichendimension*

Nun aber komme ich mit einigen Jungen im Wald ins Gespräch. Sie erklären mir, was das Zweigzeichen bedeutet:

„Daß der Zweig nach rechts geknickt ist, bedeutet, daß wir nach rechts in den Wald gehen sollen, und zwar in genau der Richtung, die der nach rechts geknickte Teil angibt. Daß ferner der nach rechts geknickte Teil des Zweiges im Vergleich zu dem anderen Teil, der geradeaus liegt, sehr lang ist, bedeutet, daß wir sehr schnell gehen sollen“ und so fort.

Hiermit ist die *„Bedeutung“* des Zeichens, dessen Realisation als Marke der Zweig ja darstellt, geklärt. Die Bedeutung eines Wortes, so sahen wir bereits im 1. Kapitel, ist das, was das Wort uns *zu verstehen gibt.* Da ein Wort der Unterfall eines Zeichens ist, können wir diese Umschreibung nun auch auf das Zeichen im allgemeinen erweitern und sagen:

Die *Bedeutung* eines Zeichens ist das, was das Zeichen uns *zu verstehen gibt.*[9]

Was hierbei „verstehen“ genau heißt, können wir im jetzigen Stadium unserer Darstellung noch nicht erörtern; wir müssen dieses Wort hier zunächst ungeklärt stehen lassen.

Wenn wir zum Beispiel eine fremde Sprache verstehen, so erfassen wir, was in dem fremdsprachigen Buch steht und was die Tischnachbarn sagen. Und wenn wir geschulte Philosophen sind, verstehen wir auch in dem Kanttext nicht nur die einzelnen Wörter und den syntaktischen Zusammenhang, sondern das, was Kant sagen will.

Die Dimension der Zeichen, in der sie uns auch ihre Bedeutung enthüllen, nennen wir die *semantische* Dimension. „Semantisch“ erfassen wir ein Zeichen also dann, wenn wir die Bedeutung kennen, die ihm beigelegt ist, wenn uns das bekannt ist, wofür sie stehen sollen.

3. *Pragmatische Zeichendimension*

Nun könnte es sein, daß die im Wald spielenden Kinder meine eigenen sind. Dann werde ich kaum darum herumkommen, selber mitzuspielen. Die Spielregeln werden für meine Person praktisch verbindlich. Ich muß mich selbst nach dem Zeichen richten, das der geknickte Zweig mir gibt, also mich bequemen, mich seitwärts in die Büsche zu schlagen, wenn die Spielregeln es so verlangen.

Wenn ich als Fußgänger ein Stoppstraßenschild sehe, weiß ich zwar genau, was dieses Schild *bedeutet.* Aber diese Bedeutung betrifft mich nicht, da ich als Fußgänger zwar Fußgängerampeln, nicht aber Stoppschilder beachten muß. Für den Autofahrer hingegen ist das Stoppstraßenschild unmittelbar verbindlich. Er muß anhalten und kann dann erst über die Kreuzung fahren.

Oder: ich sitze im Sessel und lese Kant. Da ich ein versierter Philosoph bin, verstehe ich jeden Satz und freue mich dessen. Weiter brauche ich nichts zu tun; denn das Verstehen des Sinnzusammenhanges des Kanttextes, die Einsicht in das, was der Autor zu verstehen geben will, ist in diesem Falle schon der Endzweck meiner Bemühungen. Ich bleibe also in der semantischen Zeichendimension.

Am nächsten Morgen jedoch bringt die Post mir einen Steuerbescheid. Ich „verstehe" die Bedeutung des Bescheides dahin, daß ich aufgefordert werden, 600 DM Einkommensteuern nachzuzahlen. Aber bei diesem Verstehen des Textzusammenhanges kann ich es leider nicht bewenden lassen. Ich muß das Geld auch wirklich bezahlen.

Hieraus wird deutlich, daß es hinter der syntaktischen und der semantischen Dimension des Zeichens noch eine dritte gibt: die *pragmatische.* In dieser Dimension fordert mich das Zeichen zu einem bestimmten Handeln auf. Ich soll nicht nur verstehen, was es bedeutet, sondern tun, was mir durch es aufgetragen wird.

II. Zusammenfassung

1. Die *syntaktische* Zeichendimension hat es mit den Beziehungen der Zeichen *untereinander* zu tun.
2. Die *semantische* Zeichendimension hat es mit den Beziehungen zwischen den Zeichen und dem, *wofür sie stehen,* zu tun.
3. Die *pragmatische* Zeichendimension hat es mit den Beziehungen zwischen den Zeichen, dem, wofür sie stehen, und dem, was das Bezeichnete für die beteiligten Personen als *Handlungsaufforderung* darstellt, zu tun.

Den Gesamtbereich der Zeichentheorie, soweit sie sich mit dem Verhältnis der drei Dimensionen Syntaktik, Semantik und Pragmatik befaßt, nennt man *Semiotik.*[10]

C. Sprachzeichenlehre

In der Sprachanalyse, wie wir sie im 1. Kapitel für die Zwecke unserer logischen Propädeutik entwickelt haben, war bisher das Wort die kleinste Einheit. Wir setzten dann die Wörter zu *Sätzen* zusammen.

In unserer logischen Terminologie sprachen wir nun nicht einfach von Wörtern, sondern nannten sie entweder *Prädikatoren* (innerhalb des wissenschaftlichen Bereiches: *Termini*), *Eigennamen* oder *Indikatoren.*

Dabei konnten Prädikatoren Substantive, Adjektive oder Verben im grammatischen Sinne sein, Eigennamen entsprechen etwa dem, was man auch in Grammatik und Umgangssprache so nennt, und Indikatoren konnten wir etwa mit den Pronomina und den adverbialen Bestimmungen gleichsetzen.

Die Sprachzeichenlehre unterscheidet sich von der Logik dadurch, daß sie auch das einzelne Wort in kleinere Einheiten auflöst.

Die kleinste Einheit der (gesprochenen) Sprache nennen wir bekanntlich in der Umgangssprache *Laut.*

Jede Sprache ist, akustisch gesehen, eine in der Dimension der Zeit verlaufende Folge verschiedener Laute, das heißt, geräuschartiger Gebilde, die von den menschlichen Sprechorganen hervorgebracht werden.

Da bei der Bildung der Laute zahlreiche physiologische Faktoren mitspielen, kann der Mensch theoretisch unendlich viele verschiedene Sprachlaute erzeugen.

Die kleinste Einheit der Sprache wäre danach ein physikalisch noch eben von einer anderen unterscheidbare Lautnuance. Die Wissenschaft, die es mit solchen physikalisch unterscheidbaren Lautnuancen zu tun hat, ist die *Phonetik.* Sie beschäftigt sich auch mit solchen Lauterscheinungen, die im Schriftbild nicht zum Ausdruck kommen, und die dem Sprecher einer bestimmten Sprache meist gar nicht bewußt sind.

Hierhin gehören zum Beispiel Erscheinungen, wie daß das *k* in *Kante, kennt, Kind, konnte, Kunst* jeweils etwas verschieden ist, daß manche deutsche Dialekte *p, t, k* behaucht, andere nicht behaucht aussprechen, daß in den deutschen Wörtern *ach* und *ich* der Buchstabenfolge *ch* jeweils ein anderer Laut entspricht, und so fort.[11] Nicht zuletzt ist die Phonetik auch jene Fachlehre, die dem Lernenden hilft, eine fremde Sprache nicht nur ungefähr richtig, sondern auch „akzentfrei" auszusprechen, das heißt, alle Laute der fremden Sprache in genau der feinen „Färbung" zu artikulieren, wie sie für diese Sprache charakteristisch ist. So weiß jeder, daß scheinbar entsprechende Laute, wie der Diphthong *au,* im Deutschen und Englischen ganz verschieden „klingen"; man vergleiche nur deutsch *braun* mit englisch *brown.*[12]

Das Interessante ist nun aber, daß eine bestimmte Einzelsprache von der physikalisch-physiologischen Möglichkeit, unendlich viele Lautnuancen hervorbringen, also zum Beispiel: das *au* nebeneinander wie ein Deutscher oder wie ein Engländer auszusprechen, überhaupt keinen Gebrauch macht. Das hat einen sehr einfachen Grund: je mehr Lautnuancen man benutzt, umso schwieriger wird es, die einzelnen Nuancen zu identifizieren. Die individuellen Besonderheiten der Stimme einer bestimmten Person, die Lautstärke, die Geschwindigkeit und andere Merkmale des Sprechens, würden gegenüber den feinen Differenzen zwischen den „Idealgestalten" der einzelnen Laute so stark ins Gewicht fallen, daß diese nicht mehr eindeutig unterschieden werden können. (Es wäre etwa so, als wenn man mit einem feinen Bleistift auf rauhem Holz schreiben wollte.)

Aus diesem Grunde beschränken sich die Einzelsprachen in der Regel auf rund dreißig (die einen mehr, die anderen weniger) Laute, die sie dann aber wirklich, auch unter ungünstigen Bedingungen, bequem unterscheiden können, da auch die einander ähnlichen Laute akustisch relativ weit auseinander liegen. Je weniger Einheiten unterschieden werden müssen, umso sicherer ist die Verständigung.

(Eine gute Veranschaulichung hierfür bieten im optischen Bereich etwa die Verkehrslichter. Es ist kein Zufall, daß hier die weit auseinanderliegenden Komplementärfarben Rot und Grün bevorzugt werden. Eine Verkehrsampel oder ein Eisenbahnsignal, bei denen „Rot" ‚halt' und „Orange" ‚freie Fahrt' bedeutete, wären äußerst gefährlich. Daß man unter Ausnutzung der gesamten Regenbogenskala mindestens sieben, wenn nicht mehr, Farben zur Zeichengebung im Verkehr zur Verfügung hätte – dieser Vorteil würde nicht den Nachteil der Unsicherheit aufwiegen. Daher beschränkt man sich auf Rot und Grün und benutzt allenfalls Gelb für die Zwischenphase.)

II. Das Phonem

Diejenigen Laute nun, die in einer Sprache als *unterschiedene* kleinste Einheiten bewußt gemacht werden, nennt man *Phoneme.*[13]

Die Wissenschaft, die sich mit den Phonemen als den kleinsten als *Sprachzeichen* unterscheidbaren Lauteinheiten beschäftigt, ist (im Unterschied zur Phonetik) die *Phonologie.*[14]

Man kann also sagen: ein *Phonem* (eine phonologische Einheit) ist ein Lautzeichen, das als ein und dasselbe Zeichen artikuliert und erkannt wird, auch wenn es in verschiedenen phonetischen Nuancen realisiert werden sollte.

Daß das *k* in *Kante, kennt, Kind, konnte, Kunst* phonetisch verschieden ausgesprochen wird, ändert nichts daran, daß das *k* im Deutschen immer als dasselbe Phonem gilt; genau so steht es mit behauchtem und unbehauchtem *p, t* und *k.* Das anschaulichste Beispiel für diesen Sachverhalt ist das deutsche *ch* in *ach* und *ich.* Obwohl der Achlaut und der Ichlaut *phonetisch* verschieden sind, so sind sie doch *phonologisch* als gleich zu beurteilen. Das heißt: sie stellen ein und dasselbe *Phonem* dar (und werden infolgedessen auch mit der gleichen Buchstabenfolge *c* + *h* bezeichnet). Der Unterschied in der Aussprache hängt lediglich mit dem voraufgehenden Vokal zusammen; *-ach -och -uch* werden mit Achlaut, *-ech -ich -öch -üch* mit Ichlaut gesprochen. (Wir haben hier eine ähnliche Erscheinung wie in den romanischen Sprachen, wo *c* und *g* vor *a o u* anders gesprochen werden als vor *e i.*)

Daß der Achlaut und der Ichlaut zusammen nur *ein* Phonem bilden, erkennt man auch daran, daß man ein Wort nicht verändern kann, indem man zum Beispiel *Nacht* mit Ichlaut und *nicht* mit Achlaut spricht. Denn verschiedene Phoneme erzeugen auch verschiedene Wörter: ersetzen wir in *Nacht* das N durch ein M, so entsteht das neue Wort *Macht;* und ersetzen wir in *Nacht* das *a* durch ein *i,* so entsteht *nicht,* und so fort. Das macht deutlich, daß *n* und *m, a* und *i* verschiedene Phoneme sein müssen.[15]

Aber selbst bei Beschränkung auf nur etwa 30 Phoneme hat jede Sprache noch einen ungeheuren Kombinationsspielraum für Lautverbindungen.

Es gibt eine Formel dafür, wieviele Wörter von gegebener Länge man aus einer gegebenen Anzahl von Grundzeichen bilden kann. Es ist die Variationsformel

$$a = s^n.$$

Hierbei ist s die Anzahl der möglichen Zeichen, in unserem Fall also der Phoneme, und n die Zahl der Phoneme, aus der jeweils ein Wort bestehen soll.

Diese Formel läßt sich leicht erläutern. Angenommen, unsere Sprache verfügt über $s = 30$ Phoneme. Dann können wir – theoretisch – aus je einem einzigen Phonem 30 verschiedene Wörter bilden. An jedes dieser 30 Phoneme könnten wir wiederum jedes der 30 Phoneme daranhängen und hätten dann $s^2 = 30 \times 30 = 900$ Möglichkeiten für Wörter mit je zwei Phonemen. An jedes dieser 900 Wörter könnten wir weiterhin jedes der 30 Phoneme fügen und hätten dann $s^3 = 900 \times 30 = 27\,000$ Wörter mit je drei Phonemen. „Vierphonemige" Wörter entständen wieder durch Anhängen je eines aller 30 Phoneme an die 27000 „dreiphonemigen" Wörter, so daß wir hier schon auf $s^4 = 27\,000 \times 30 = 810\,000$ Wörter kämen.

Selbst wenn eine Sprache über einige hunderttausend Wörter verfügt, würde also schon die Ausnutzung aller Möglichkeiten mit vier Phonemen genügen, um auch einen anspruchsvollen Wortschatz herzustellen.

Nun ist es eine Grundtatsache der Sprachwissenschaft, daß keine Sprache der Welt ihre Phonemenkombination rationell bis ins Letzte ausnutzt. Keine Sprache erschöpft zuerst alle Kombinationen aus wenigen Phonemen, sondern nutzt nur einen Teil der Möglichkeiten aus und ersetzt das Fehlende durch Verwendung längerer Phonemfolgen.

Diese Nichtausnutzung theoretisch, das heißt kombinatorisch, möglicher Phonemfolgen erklärt sich einmal natürlich phonetisch. Nicht alle Phoneme lassen sich bequem nacheinander aussprechen; insbesondere müssen immer wieder Vokale oder auch Konsonanten wie l oder m dazwischengestreut werden, um die Lautfolgen sprechbar zu machen.

Andererseits aber werden selbst keineswegs alle sprechbaren Phonemfolgen ausgenutzt.[16] Das kann man selbst sehr leicht prüfen, indem man eine beliebige Folge aus einem Vokal und einem Konsonanten nimmt und nun wie bei der Reimbildung mechanisch jeden Konsonanten des Alphabets an den Anfang setzt. So ergibt die Phonemfolge „-att" (das verdoppelte t bezeichnet im Deutschen nur die Kürze des vorhergehenden Vokals a) folgende „dreiphonemige" Wörter: batt, datt, fatt, gatt, *hat(t),* katt, latt, *matt,* natt, *patt,* ratt, *satt,* tatt, *watt,* zatt, schatt, chatt.

In der deutschen Sprache ergeben nur die kursiv gesetzten Folgen bekannte Wörter oder Wortformen – alle anderen Folgen sind völlig unausgenutzt![17]

Die Einzelsprachen gehen mit ihren Phonemen also äußerst verschwenderisch um. Sie sagen zum Beispiel lieber „Bezirksschornsteinfegermeister", statt daß sie dafür die völlig ungenutzte dreiphonemige Folge „Schatt" oder „Batt" einführen.

Freilich gehen die Sprachen insofern ökonomisch vor, als sie häufige Wörter kurz, und nur wenig gebrauchte Wörter länger sein lassen; so haben zum Beispiel die Pariser aus „chemin de fer métropolitain": „métro" gemacht.[18] Aber eigentlich brauchte es lange Wörter eben überhaupt nicht zu geben.

Nun liegt es auf der Hand, daß die Verschiedenheit der Sprachen gerade durch diese unökonomische Verwendung der Phoneme zustandekommt. Ginge jede Sprache ökonomisch vor, so bestünden alle Sprachen aus gleichen oder ähnlichen elementaren Phonemfolgen; sie unterschieden sich nur in ihrem Phonem*bestand,* der phonetischen Nuancierung bei der *Artikulation* der Phoneme und natürlich in der *Bedeutung* der einzelnen Phonemfolgen.

Die unendliche Mannigfaltigkeit der tatsächlich gegebenen Einzelsprachen der Welt erklärt sich also nicht zuletzt durch die jeweils verschieden auswählende Teilausnutzung des theoretisch zur Verfügung stehenden Phonemfolgenbestandes.

Aber trotz der „Verschwendung", die die Sprachen mit ihren Phonemfolgen treiben, muß man doch sagen, daß das Prinzip der „kleinen Elementareinheit" eine große Ökonomie in der Bildung sprachlicher Aussagen mit sich bringt. Das zeigt folgende Überlegung:

Wenn wir zehntausend Wörter nur aus je einem Laut bilden könnten, brauchten wir zehntausend verschiedene Laute, um zehntausend verschiedene Wörter darstellen zu können. Und wenn wir jede einzelne Wortgruppe, also einen Satz oder eine Aussage, durch einen besonderen Schrei wiedergeben müßten, brauchten wir Millionen verschiedener Schreie, denn so viele verschiedene mögliche Aussagen, Fragen, Wünsche und so fort müßten wir ja zum Ausdruck bringen können.[19]

Das „Baukasten"prinzip der Sprache erlaubt uns dagegen, Millionen möglicher Aussagen mit nur etwa 30 Phonemen zu bilden. Denn mit dreißig Phonemen können wir tausende von Wörtern, und mit einigen tausend Wörtern können wir viele Millionen von Sätzen bilden.

(Natürlich könnten wir, streng genommen, die „Zwischeneinheit" „Wort" übergehen und einen Satz nicht nur als Wortfolge, sondern direkt als Phonemfolge bestimmen. Zwei Sätze wie „Karl kommt früh" und „Karl kommt spät" unterscheiden sich ja nicht nur in den Wörtern „früh" und „spät", sondern auch in den Phonemfolgen /frü:/ und /spä:t/. Aber: da „früh" und „spät", obwohl sie ihrerseits aus Elementarzeichen zusammengesetzt sind, als Wörter eine neue Zeicheneinheit (ein *„Superzeichen"*, wie manche Zeichentheoretiker sagen[20]) darstellen, betrachten wir einen Satz eben als aus Wörtern und nicht als direkt aus Phonemen zusammengesetzt.)

III. Das Monem

Nun brauchen und können wir aber noch nicht einmal unmittelbar vom Phonem zum Wort zu springen. Vielmehr lassen sich zwischen Phonem und Wort noch zahlreiche Zwischeneinheiten herausanalysieren.

Im einzelnen ist das Sache der Sprachwissenschaft. So unterscheidet man im Bereich der indogermanischen Sprachgeschichte etwa als Kern eines Wortes die „Wurzel", aus der sich durch Kombination mit anderen Bestandteilen ein „Stamm" bilden kann. Weiter kann aus einem „Simplex" durch ein Präfix ein „Kompositum" entstehen, hieraus durch ein Suffix wiederum ein abgeleitetes Wort, und dieses wiederum kann durch eine Endung „flektiert" werden.

Das ist ein durchaus *verständlicher* Vorgang. Denn das in diesem Satz vorkommende Wort „verständlicher" kann man sich sprachgeschichtlich folgendermaßen entstanden denken:

Aus der indogermanischen Wurzel * stha[21] entsteht das neuhochdeutsche Verbum ‚stehen' mit dem Nebenstamm ‚stand-'. Aus dem Simplex ‚stehen' wird durch das Präfix ‚ver-' das Kompositum ‚verstehen' mit neuer Bedeutung gebildet. Hiervon abgeleitet wird (unter Benutzung des Nebenstammes ‚stand-') mit der Nachsilbe ‚-lich' das Adjektiv ‚verständlich', und dieses wiederum kann durch Anhängen der Endung ‚-er' flektiert werden, wenn der syntaktische Zusammenhang es notwendig macht.

Im einzelnen kann also ein gegebenes Wort aus einer Vielzahl von Elementen hervorgegangen sein, die sich – im Falle des Deutschen – nicht einfach gleichwertig nebeneinander setzen, sondern ineinander verschachtelt zu denken sind. So muß man die Wortform ‚verständlicher' korrekterweise etwa so zerlegen:

/[(ver „‚stä'nd")lich]er/

wobei folgenden Einschlüssen folgende Bestandteilskategorien entsprechen:
‚' Wurzel
„" Stamm
( ) komponiertes Verbum
[ ] abgeleitetes Adjektiv
/ / flektierte Form

So kompliziert braucht es sich die allgemeine Sprachanalyse, die ja nicht historisch („diachronisch"), sondern systematisch („synchronisch") vorgeht,[22] freilich nicht zu machen.

Es genügt ihr vielmehr, daß sie ein Wort in Unterbestandteile zerlegt, die sie *Moneme* nennt.

Diese Moneme können nun wieder *Lexeme* oder *Morpheme* sein.

Legen wir diese Terminologie zugrunde, so besteht ein Wort wie „verständlich-er" aus nur *zwei Monemen:*
nämlich dem *Lexem* „verständlich" und dem *Morphem* „-er".

Das Lexem heißt einfach deshalb so, weil es als „Grundform" im *Lexikon,* im Wörterbuch steht.

Wenn wir in einem gegebenen Text Wortformen wie *verständlicher, ich habe, den Boten* finden und, weil wir etwa Deutsch nicht beherrschen, nach ihnen im Wörterbuch suchen, so finden wir dort nur die „Grundformen“ *verständlich, haben* und *Bote* – jedoch weder die flektierten Formen als Ganzes noch die Endungen allein.

Die Endungen allein sind bloße *Formbestandteile,* die man an viele Lexeme hängen kann. Daher heißen sie *Morpheme.*

Man kann geradezu sagen: Lexeme stehen im Wörterbuch, Morpheme stehen in der Grammatik (in der Formenlehre).[23]

Wort (hab-e) → 1. Monem = *Lexem* (hab-)
Wort (hab-e) → 2. Monem = *Morphem* (-e)

Man könnte meinen, daß das Lexem die *Bedeutung* eines Wortes trägt; daher nennen es manche Sprachwissenschaftler auch *Semantem.*[24] Jedoch kann man der Meinung sein, auch Endungen „bedeuten“ etwas, indem sie einen Kasus, ein Tempus usw. anzeigen. Diese schwierige Frage wollen wir an dieser Stelle jedoch nicht diskutieren.

ZWEITER TEIL

DIE DEDUKTION

1. KAPITEL

AXIOMATISCHES DENKEN

Das höchste Ziel philosophischer Bemühungen war es von jeher, den *absoluten Anfang* des Denkens zu finden, das heißt, das Denken so aufzubauen, daß es von einem „Nullpunkt" aus durch konsequente Anwendung von Denkregeln zu den kompliziertesten Aussagen gelangen kann.[1]

Der erste und bekannteste Versuch der Wissenschaft, ein Denksystem von ersten Anfängen aus konsequent durch Ableitungen aus Anfangssätzen aufzubauen, ist die „Axiomatik" – so genannt, weil sie von den sogenannten „*Axiomen*" ausging. Das Wort „Axiom" (ἀξίωμα) kommt vom griechischen „áxios", auf deutsch etwa ‚wert', ‚würdig', und heißt demnach soviel wie ‚Geltung', ‚Würde', ‚Ansehen'.

Ein Axiom ist also ein Satz, der in der Wissenschaft eine hohe Wertschätzung genießt, weil er nicht bezweifelt werden soll und insofern – auf Grund einer Vereinbarung der ihn Benutzenden – nicht widerlegbar ist.

Was man unter einem Axiom versteht, macht man sich am besten am Beispiel der Wissenschaft klar, aus der jeder, der eine höhere Schule besucht hat, das Wort kennt: nämlich der *Mathematik*.

A. Sätze

I. Unser Ausgangsbeispiel

Vor uns liegt die bekannte Formel[2]

$$(a + b)^2 = a^2 + 2ab + b^2.$$

Wir fragen nun: Kann man die Richtigkeit dieser Formel „beweisen"?

Natürlich kann man das. Wir brauchen nämlich nur $(a + b)^2$ als $(a + b)(a + b)$ zu schreiben und die Multiplikationsregel „Jedes Glied der ersten Klammer mit jedem Glied der zweiten Klammer" anzuwenden. Dann ergibt sich:

$$a \cdot a + a \cdot b + b \cdot a + b \cdot b,$$

was, wenn wir annehmen, daß $a \cdot b = b \cdot a$ sei, zu $a^2 + 2ab + b^2$ zusammengefaßt werden kann.

Unsere Quadratregel ist also „richtig", und wir können sie – im Zusammenhang komplizierter Operationen – jederzeit mechanisch anwenden, ohne uns jedesmal überlegen zu müssen, „woher" sie wohl kommt und „warum" wir das so machen dürfen.

Jedoch ist auch die hier zugrundegelegte Multiplikationsregel offensichtlich beweisbedürftig. Es stellen sich nämlich zwei Fragen:

a) Wo kommt die Anweisung „jedes Glied der ersten Klammer mit jedem Glied der zweiten Klammer malnehmen" eigentlich her?
b) Wieso darf ich eigentlich $a \cdot b = b \cdot a$ setzen?

a) Die erste Frage führt uns zum „Distributivsatz". Er lautet:

$$(a + b)\,c = ac + bc$$

Das heißt: wenn wir eine Summe mit einer Zahl malnehmen, so können wir jeden einzelnen Summanden mit der Zahl malnehmen und die Produkte zusammenzählen. (In der entgegengesetzten

Anwendung – von rechts nach links gelesen – führt diese Regel zum sogenannten „Ausklammern".)

Haben wir nun zwei Klammerausdrücke (a + b) und (c + d) zu multiplizieren, so müssen wir den Distributivsatz doppelt anwenden.

Wir setzen daher vorübergehend (c + d) = C und rechnen:

$$(a + b)\,C = aC + bC$$

Nun setzen wir für C wieder (c + d) ein und wenden dadurch den Distributivsatz ein zweites Mal (und zwar jetzt gleich zweimal hintereinander) an:

$$aC + bC = a\,(c + d) + b\,(c + d) = ac + ad + bc + bd$$

In der Tat haben wir jetzt jedes Glied der ersten mit jedem Glied der zweiten Klammer malgenommen. Wir haben also *verstanden*, woher diese Regel kommt, und können sie künftig mechanisch anwenden, ohne jedes Mal zu überlegen, woher sie ihre Berechtigung nimmt. (Natürlich haben wir hier stillschweigend vorausgesetzt, daß $(a + b)\,c = c\,(a + b)$ ist, daß wir also den Klammerausdruck sowohl links als auch rechts hinsetzen können. Hierbei handelt es sich wieder um den Vertauschungs- oder „Kommutativ"-satz, wie bei $a \cdot b = b \cdot a$.)

Jetzt bleibt aber wiederum die Frage: wie „beweisen" wir den Distributivsatz?

Es ist ohne weiteres möglich, ihn geometrisch zu veranschaulichen:

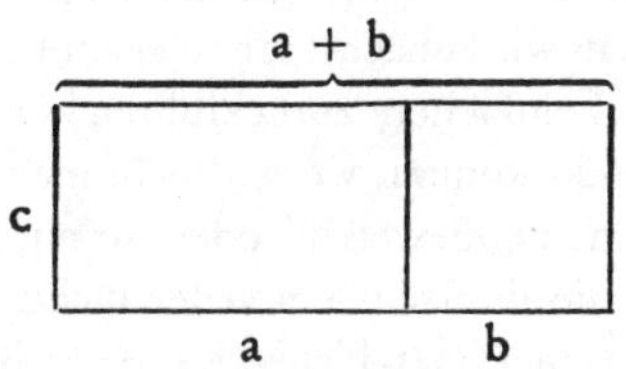

$$(a + b)\,c = ac + bc$$

Denn wir haben gelernt, daß der Flächeninhalt eines Rechtecks gleich dem Produkt seiner Seitenlängen ist.

b) Eine ähnliche Veranschaulichung ist beim „Kommutativsatz" ab = ba möglich:

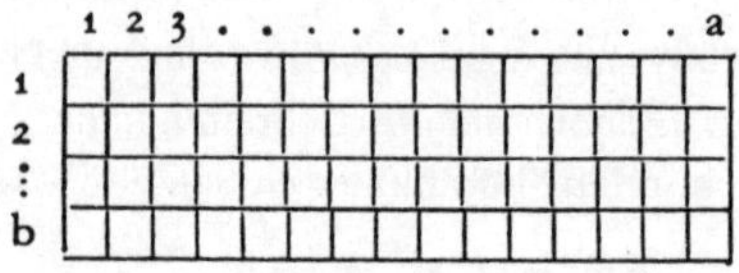

ab = ba

Die Zahl der Einheitsquadrate ergibt sich als Produkt der Zahlen der Maßeinheiten, die jede Seite aufweist. Da die Zahl der Quadrate immer die gleiche ist, gleichgültig, ob wir die in einer „Spalte" gegebene Zahl der Quadrate (senkrecht) mit der Anzahl der Spalten (waagerecht) – oder aber die Zahl der in einer „Zeile" enthaltenen Quadrate (waagerecht) mit der Anzahl der Zeilen (senkrecht) multiplizieren, ist das Kommutativgesetz auf diese Weise „veranschaulicht".

Nur: diese „Veranschaulichung" ist offenbar noch kein „Beweis", denn wir haben ja Zahlen auf räumliche Verhältnisse zurückgeführt. Dürfen wir das? Und wie „beweisen" wir die Behauptung, daß in jedem Rechteck der Flächeninhalt gleich dem Produkt der Seitenlängen ist? Und wie ist es, wenn die Maße der beiden Seiten sich nicht auf eine gemeinsame Maßeinheit zurückführen lassen?

Hier spielen offenbar noch ganz andere, recht problematische Zusammenhänge eine Rolle: die Geometrie des Rechtecks, die Frage der Umsetzung von Zahlen in Streckenwerte und anderes.

Aber brechen wir diesen mathematischen Gedankengang hier ab. Er sollte uns nur zeigen, daß wir zunächst sehr elegant komplizierte mathematische Sätze auf einfachere zurückführen können – daß dann aber schnell der Punkt kommt, wo wir nicht mehr wissen, ob wir nun eigentlich noch mit „Beweisen" oder nur mit „Veranschaulichungen" arbeiten, die ihrerseits entweder nichts mehr beweisen können, oder aber in einer unendlichen Kette von Beweisen auf immer grundlegendere Sätze zurückgeführt werden müssen.

II. Ableitung und Beweis

Unser Beispiel zeigte uns ganz nebenbei, daß es in der Mathematik zwei Richtungen gibt, in denen man fortschreiten kann.

Wir haben mit einem relativ komplizierten Satz:

$$(a + b)^2 = a^2 + 2ab + b^2$$

angefangen und ihn auf einfachere Sätze zurückgeführt.

Diese Zurückführung nennen wir *Beweis.* Der kompliziertere Satz wird *bewiesen,* indem man zeigt, daß er eine berechtigte Ableitung aus einfacheren, elementareren Sätzen darstellt.

Hierbei wird deutlich, daß das „Beweisen“ nicht die „natürliche“ Richtung des Denkens in der Mathematik sein kann.

Denn wenn wir die Richtigkeit der Quadrierungsformel nur dadurch nachweisen können, daß wir zeigen, wie sie aus einfacheren Sätzen entstanden ist, dann ist es ja offensichtlich konsequenter, mit diesen einfachen Sätzen anzufangen und aus ihnen die komplizierteren Sätze *abzuleiten.*

Beweis (vom Komplizierteren zurück zum Einfacheren) und *Ableitung* (vom Einfacheren vorwärts zum Komplizierteren) sind also die beiden Richtungen, in denen wir mathematisch denken können.

Jedoch entspricht nur die Richtung des *Ableitens* der logischen Entwicklung unseres Wissens. Wir müssen erst das Einfache wissen und können erst dann das Komplizierte einsehen.

Den (komplizierteren) Quadrierungssatz können wir nur deshalb nachträglich „beweisen“, weil wir ihn schon vorher aus dem Distributiv- und dem Kommutativsatz *abgeleitet* hatten. Die Formel $(a + b)^2 = a^2 + 2ab + b^2$ hat sich folgerichtig aus den vorausgesetzten Sätzen *ergeben.*

Eigentlich ist ein Beweis also überflüssig. Denn man kann nichts nachträglich beweisen, als was man bereits aus der richtigen Anwendung der zugrundeliegenden Sätze gewonnen hat.

Die *Ableitung* des Quadrierungssatzes sieht daher so aus:

1. Wir wissen:

a) $ab = ba$

b) (1) $(a + b) C = aC + bC$ (Klammerausdruck links)
und ebenso
(2) $a (c + d) = ac + ad$ (Klammerausdruck rechts)

2. Wir setzen in 1b) (1) für C: $c + d$ ein und wenden hierauf 1b) (2) an:

$$(a + b) C = (a + b) (c + d);$$
$$(a + b) C = aC + bC = a (c + d) + b (c + d)$$
$$= ac + ad + bc + bd$$

3. Wir setzen $c = a$ und $d = b$, so daß wir nunmehr zwei identische Ausdrücke miteinander oder einen Ausdruck mit sich selbst malnehmen. Da wir im Ergebnis nunmehr überall a für c und b für d schreiben können, erhalten wir:

$$(a + b) (a + b) = (a + b)^2 = aa + ab + ba + bb,$$

was wir nach 1 a) zu $a^2 + 2ab + b^2$ zusammenfassen können.

4. Nunmehr können wir – im weiteren Verlauf der Dinge – die Produkte:

$$(a + b) (a + b) (a + b) = (a + b)^3; (a + b)^4; \ldots; (a + b)^n$$

bilden und kommen so – durch Ableitung aus ganz elementaren Sätzen – allmählich zu so komplizierten und wichtigen mathematischen Zusammenhängen wie dem binomischen Lehrsatz.

Es ist wichtig, bei diesem Vorgang des Ableitens zu beachten, daß zwei Vorgänge ineinandergreifen:

1. Einmal bilden wir aus einfachen Sätzen *immer kompliziertere.* Der Distributivsatz ist sehr einfach. Es kommen nur drei Größen in ihm vor: a, b und C. Dadurch, daß wir zunächst die eine Größe, nämlich C, durch zwei neue Größen, c und d, ersetzen und den Kommutativsatz hinzunehmen, kommen wir auf den schon relativ schwer zu durchschauenden Quadrierungssatz.

2. Andererseits aber bilden wir auch aus allgemeinen, das heißt:

für einen weiteren Bereich gültigen, Sätzen *immer speziellere.* Der Distributivsatz ist sehr allgemein; er gilt für beliebige Zahlen und arithmetische Ausdrücke. Der Klammermultiplikationssatz ist schon spezieller, denn er gilt nur für *mehrgliedrige* Ausdrücke. Noch spezieller ist der Quadrierungssatz, da er nur für den Sonderfall gilt, daß die beiden miteinander multiplizierten Klammerausdrücke *identisch* sind.

Komplizierung und Spezialisierung gehen bei der Ableitung zusammengesetzter aus einfachen mathematischen Sätzen also Hand in Hand.

Das Wort „ableiten" ist gleichbedeutend mit „hinunterführen", „wegführen" (man denke an einen Wasserlauf). Daher kann man es auch durch das gleichbedeutende lateinische *„deducere"* ersetzen.

Die Denkrichtung der *Ableitung,* das heißt die Methode, aus vorausgesetzten elementaren Sätzen kompliziertere Sätze korrekt abzuleiten, nennen wir daher auch die *deduktive* Methode oder *Deduktion.* Wir *deduzieren* also den Quadrierungssatz aus dem Distributiv- und dem Kommutativsatz.

Wie wir sahen, ist aber auch die entgegengesetzte Richtung möglich. Wir kennen bereits einen komplizierten Satz und *beweisen* seine Richtigkeit, indem wir auf einfachere Sätze *zurückgehen.* So können wir im Beweisverfahren vom Quadrierungssatz auf den Distributiv- und den Kommutativsatz *zurückschreiten.* Da ‚zurückschreiten' auf lateinisch „regredi" heißt, kann man diese Richtung des Denkens auch *„Regression"* nennen. Da unser Zurückschreiten im Zusammenhang der deduktiven Methode erfolgt, können wir auch von *regressiver Deduktion* sprechen.

→ Deduktion **←→ regressive Deduktion (Beweis)**

Der regressiven Deduktion in der Richtung gleich ist die sogenannte *Induktion:*

← Induktion

Später werden wir uns mit dem Problem der Induktion noch ausführlich zu beschäftigen haben. Es stellt sich nämlich in den sogenannten *Erfahrungs*wissenschaften.

Der Unterschied – so werden wir später sehen – liegt aber in folgendem: Die Induktion in den Erfahrungswissenschaften ist eine sehr unsichere Sache. Man kommt dort nicht mit Sicherheit von komplexen, speziellen Sätzen auf einfache, allgemeine Sätze. In der Mathematik hingegen ist das Verfahren der Regression absolut sicher. Denn es ist ein *deduktives* Verfahren. Wir können nur innerhalb solcher Ableitungsbahnen wieder zurückgehen, die wir zunächst in einem absolut sicheren Ableitungsverfahren vorwärts gegangen sind.

Wie wir bereits sahen, ist die Regression in der Mathematik strenggenommen überflüssig. In der Praxis der mathematischen Forschung spielt sie freilich eine große Rolle. Das hängt mit der Eigenart des menschlichen Geistes zusammen, neue Gedanken oft durch einen plötzlichen Einfall, *intuitiv* zu gewinnen. Daher haben schon oft geniale Mathematiker einen neuen Lehrsatz gefunden, ohne ihn Schritt für Schritt abgeleitet zu haben. Hierdurch wird der Lehrsatz zur *Behauptung*, die nachträglich, also durch Zurückgehen auf bereits bekannte Lehrsätze, also durch Regression, *bewiesen* werden muß. Es gibt viele Behauptungen, die vor Jahrhunderten aufgestellt und bis heute noch nicht bewiesen worden sind.[3]

Das Verfahren der intuitiv gefundenen „Behauptung" ließe sich an unserem Beispiel etwa so demonstrieren: einem genialen Mathematiker fällt beim Rasieren oder auf dem Spaziergang plötzlich ein, daß $(a + b)^2 = a^2 + 2ab + b^2$ sein müsse. Er ist also nicht durch Ableitung, sondern durch einen Einfall darauf gekommen und wird nun nachträglich versuchen, diesen neuen Lehrsatz durch bereits bekannte zu beweisen.

Eine wirkliche „regressive" Reihenfolge von Behauptung und Beweis liegt natürlich nur dann vor, wenn der Beweis noch nicht bekannt ist. Zwar ist es seit Jahrtausenden vor allem im Geometrieunterricht üblich, neue Lehrsätze durch „Behauptungen" einzuführen, die dann „bewiesen" werden müssen. Das ist natürlich reines Theater, da dem Lehrer die Ableitung längst bekannt ist, er in Wirklichkeit also gar nichts „behauptet".

B. Axiome

Von den Axiomen haben wir bisher noch gar nicht gesprochen. Jedoch war alles Bisherige eine notwendige Vorbereitung auf diesen schwierigen und doch so grundlegend wichtigen Gegenstand der Wissenschaftstheorie.

Das Prinzip der „Ableitung" oder Deduktion hat etwas Faszinierendes. Denn es erlaubt uns, eine Aussage aus der vorhergehenden sozusagen „reibungslos" hervorgehen zu lassen.

Aber was bedeutet hier „hervorgehen lassen"? Man könnte denken, hiermit sei gemeint, daß ein Satz B, der aus einem Satz A durch Ableitung „hervorgegangen" ist, aus eben diesem Grunde „einsehbar" sei. Das stimmt aber nur in einem indirekten Sinne.

Betrachten wir wieder unseren Quadrierungssatz

$$(a + b)^2 = a^2 + 2ab + b^2.$$

Dieser Satz ist als solcher nicht „einsehbar". „Einsehbar" ist an ihm nur der Vorgang seiner Entstehung: er ist aus den vorausgesetzten Sätzen durch bestimmte Operationen, die wir beschrieben haben, hervorgegangen. Weil wir diese Operationen Schritt für Schritt vorgenommen haben und daher ihre „Richtigkeit" kennen, sind wir auch von der „Richtigkeit" des entstandenen Satzes überzeugt.

Wenn also die Sätze A, B, C, . . ., X, Y, Z so auseinander abgeleitet werden können, daß aus A B, aus B C, aus C D, . . ., aus W X, aus X Y, aus Y Z folgt, dann bedeutet das: Die Operationen, die von A zu B, von B zu C, von C zu D, . . ., von W zu X, von X zu Y, von Y zu Z führen, sind als richtig „einsehbar". Der Satz Z entsteht also aus einer lückenlosen Kette von Operationen, die wir als richtig kennen. *Nur* in diesem Sinne ist der Satz Z „einsehbar". Er ist also nicht unmittelbar, als solcher, einsehbar. Das ist gerade im Gebiet der Mathematik leicht zu zeigen. Die hier vorkommenden Aussagen sind „auf den ersten Blick“ so kompliziert, daß „sie verstehen“ immer nur heißen kann, die *Ableitungsschritte zurückgehen,* die zu ihnen geführt haben.

Wir wollen daher sagen: Einen Satz bezeichnen wir als „einsehbar“, wenn die *Schritte* einsehbar sind, die von vorausgesetzten Sätzen aus zu ihm führen.

Was ist nun der *erste* Ableitungsschritt unserer Reihe von Sätzen? Offenbar derjenige, der von A zu B führt. Der Satz B ist also insofern „einsehbar“, als wir die Schritte einsehen, die von A zu B führen.

Hieraus folgt: in unserem System gehen die Sätze B, C, D, ..., X, Y, Z aus „einsehbaren“ Schritten hervor und sind insofern selbst in indirektem Sinne „einsehbar“. Der einzige Satz, der keinen Operationsschritt vor sich hat und daher auch nicht aus einem solchen (einsehbaren) Schritt entsteht, ist der Ausgangssatz A.

Hieraus ergibt sich: für die Sätze B, C, D, ..., X, Y, Z ist es nicht erforderlich, daß sie „selbst“ einsehbar sind, weil zu ihnen Schritte führen, die als solche einsichtig sind.

Für den Satz A gilt das nicht, denn zu ihm führen keine Schritte hin.

Es gibt daher nur zwei Möglichkeiten:

Entweder wir setzen den Satz A *unverstanden* hin und geben uns damit zufrieden, daß dann wenigstens alle folgenden Sätze durch einsehbare Operationen ableitbar sind – oder aber wir machen den Satz A *selber einsehbar* und haben somit nicht nur einsehbare Schritte von Satz zu Satz, sondern – als Grundlage und Ausgangspunkt des Ganzen – einen einsehbaren Anfangssatz.

Das, was wir bisher als „Satz A“ diskutiert haben, nennt man nun herkömmlicherweise eben ein *Axiom.*

Und in der Tat sind in der Geschichte der Axiomatik beide von uns beschriebenen Wege beschritten worden, die Axiome in ein deduktives System einzubauen.

So forderte der große Mathematiker und Philosoph *Pascal,* daß Axiome „selbstevident“ sein müßten. „Selbstevidente“ Sätze aber kann und soll man nicht beweisen: Man dürfe „keines von den

Dingen beweisen wollen, die so selbstevident sind, daß es nichts noch Klareres mehr gibt, um sie zu beweisen."[4]

Was Pascal mit „Selbstevidenz" meint, ist uns aus unserem Alltagsverstand heraus durchaus begreiflich; ein „selbstevidenter" Satz ist offensichtlich ein Satz, der uns „intuitiv" „einleuchtet", der unserer „Anschauung" entspricht und so fort. Man denke nur an das bekannte *Euklid*sche Parallelen„axiom", das man etwa so formulieren könnte:

„Zu einer gegebenen Geraden kann es durch einen nicht auf ihr selbst liegenden Punkt in der Ebene nur *eine* Parallele geben."[5]

In der Tat ist dieses Axiom für uns „evident". Wenn wir also auf einem solchermaßen einleuchtenden Satz durch ebenfalls einleuchtende Ableitungsschritte eine Geometrie aufbauen, dann muß diese Geometrie ein von Grund auf „evidentes" oder einsehbares „axiomatisches" System ergeben.

Nun ist jedoch im 19. Jahrhundert die sogenannte nichteuklidische Geometrie entwickelt worden, in der das Parallelenaxiom nicht gilt.[6]

Was heißt aber: das Parallelenaxiom „gilt" hier nicht? Das heißt weder, daß hiermit das Parallelenaxiom als „falsch" erwiesen wurde, noch heißt es andererseits, daß die neuen, der nichteuklidischen Geometrie zugrundeliegenden Axiome nunmehr als „richtiger" „erkannt" worden wären. Vielmehr heißt es nichts anderes als dies: die nichteuklidische Geometrie geht von anderen Axiomen aus und leitet von diesen anderen Axiomen ein anderes geometrisches System ab.

Damit ist eine neue Sachlage geschaffen: ein „Axiom" ist hiernach nicht unbedingt mehr als „selbstevidenter" Satz, sondern einfach ein Satz, der die Grundlage eines axiomatischen Systems bildet. Als solcher *kann* er selbstevident sein (euklidische Geometrie), *muß* es aber nicht sein (nichteuklidische Geometrie). Das Axiom ist also nicht mehr durch seine „Evidenz", sondern nur noch durch seine Stellung als Ausgangssatz eines deduktiven Systems charakterisiert.

Aus dieser Sachlage hat David *Hilbert* um die letzte Jahrhundertwende folgende Konsequenz gezogen:

An den „Axiomen“ als dem ersten Anfang der Mathematik soll zwar festgehalten werden. Aber man muß die Vorstellung aufgeben, die Axiome müßten „selbstevident“ sein. Axiome sind nicht einfach „einsehbar“, sondern sie werden „willkürlich gesetzt“.[7]

Aus solchen willkürlich gesetzten Axiomen wird dann – nach wie vor – durch Ableitungen das ganze System aufgebaut.

Hilbert fragt also nicht mehr danach, was Punkte, Geraden, Ebenen „sind“, sondern er setzt sie als irgendwelche „Dinge“, zwischen denen er sich „*Beziehungen*“ denkt. Wichtig sind nur diese Beziehungen als solche, denn ihre Beschreibung macht eben die Axiome aus. Als was man dagegen diese Dinge *bezeichnet*, darauf kommt es gar nicht an, weil es eben nicht interessiert, was sie „sind“: Statt „Punkt, Gerade, Ebene“, meint Hilbert, könnte man genausogut „Tische, Stühle, Bierseidel“[8] oder „Liebe, Gesetz, Schornsteinfeger“[9] sagen.

Die Axiome sieht man heute also nicht mehr als „evident“ an. Sie sind willkürlich gesetzte, rein formal zu interpretierende Anfangssätze.

Als Beispiel für ein System von solchen nicht mehr einsehbaren Axiomen seien hier die sogenannten *Peano*-Axiome für die natürlichen Zahlen aufgeführt:

1. Null ist eine natürliche Zahl.
2. Ist x eine natürliche Zahl, so auch der Nachfolger von x.
3. Null ist nicht Nachfolger einer natürlichen Zahl.
4. Natürliche Zahlen mit gleichen Nachfolgern sind gleich.
5. Für alle Eigenschaften, die eine natürliche Zahl haben kann, gilt: Wenn diese Eigenschaft der Null zukommt und mit jeder natürlichen Zahl auch ihrem Nachfolger, so kommt diese Eigenschaft allen natürlichen Zahlen zu. (Dies ist das Prinzip der sogenannten „vollständigen Induktion“, die aber, da in einem axiomatischen System vollzogen, in Wahrheit eine strenge Deduktion ist.)[10]

(Unter „natürlichen Zahlen“ versteht der Mathematiker diejenigen Zahlen, mit deren Hilfe man „natürlicherweise“ Gegenstände zählt. Das sind also die positiven ganzen Zahlen 1, 2, 3 .... Die negativen ganzen Zahlen und die Bruchzahlen sind also schon keine natürlichen Zahlen mehr; über die Null werden wir gleich noch zu sprechen haben.)

Wer nun nachlesen möchte, wie die Peano-Axiome lauten, und zu diesem Zweck zufällig in mehreren Büchern nachschlägt, wird eine merkwürdige und ihn zunächst aufs höchste verwirrende Feststellung machen: in manchen Büchern wird die *Null*, in anderen jedoch die *Eins* als erste natürliche Zahl angegeben.[11]

Aber eben gerade dieser dem „gesunden Menschenverstand" nicht einleuchtende Sachverhalt ist vorzüglich geeignet, zu zeigen, was man heute unter einem Axiom eben versteht: es ist gar nicht von vornherein „evident", wie ein Axiom lauten „muß" – sondern man kann es sich aussuchen, wie man ein Axiom formulieren will: ob man in den Text der Peano-Axiome die Null oder die Eins als erste natürliche Zahl einsetzt. Angesichts eines Axioms darf man also nicht fragen: „*Warum* ist hier von der Null und nicht von der Eins die Rede, obwohl man doch im täglichen Leben mit ‚eins' zu zählen anfängt?" Denn ein Axiom ist eben ein Satz, der gar nicht einsehbar zu sein braucht.

Der springende Punkt ist also: man muß erst einmal verstehen, daß man *gar nicht verstehen soll, warum* ein Axiom nun gerade so und nicht anders lautet – man soll es als Anfangssatz annehmen und andere Sätze daraus ableiten.

2. KAPITEL

KONSTRUKTIVES DENKEN

Einleitung. Deduktion und Verstehen

Unser bisheriges Ergebnis ist: durch Deduktion gewonnene Sätze sind insofern „verstehbar", als die Schritte einsehbar sind, die von einem Satz zum nächsten führen: wir „verstehen" den Quadrierungssatz, weil wir eingesehen haben, wie er durch spezielle Anwendung des Klammermultiplizierungssatzes entstanden ist, und so fort. Wenn wir uns bereits inmitten eines deduktiven Systems befinden, gibt es also überhaupt kein grundsätzliches Problem des Verstehens, weil immer ein Satz durch bestimmte Operationen aus dem anderen folgt.

Eine Schwierigkeit tritt nur am „Anfang der Wissenschaft" auf. Einen zweiten Satz B können wir bereits verstehen, weil er sich durch einsehbare Schritte aus dem Anfangssatz A ergibt. Nur: woher der Anfangssatz A kommt, das wissen wir nicht.

Um das Prinzip des „Verstehens" auch auf die Anfangssätze der Deduktion auszudehnen, hat man zunächst verlangt, diese Anfangssätze, „Axiome" genannt, sollten „selbstevident" sein.

Seit dem 19. Jahrhundert jedoch ist man von dieser Forderung abgegangen und betrachtet als „Axiome" seitdem beliebige Anfangssätze, die verstehbar sein können oder auch nicht. Man kann also das Axiom „Null ist eine natürliche Zahl" setzen, obwohl der Mensch mit seinem Alltagsverstand nicht einsehen kann, wieso die Null eine natürliche Zahl sein soll.

Dieser Zustand, etwas nicht zu verstehen oder einzusehen, befriedigt den Menschen jedoch nicht. „Erkenntnis" und „Wissenschaft" sind für ihn untrennbar mit dem „Verstehen" verbunden. Denn die Wissenschaft ist keine Instruktionsstunde, in der beschränkte Ausbilder unwissenden Rekruten von beiden unverstandene Sachverhalte eintrichtern. Vielmehr hat es die Wissenschaft stets mit einzusehenden oder zu verstehenden Zusammenhängen zu tun. Höchstens aus praktischen Gründen können ursprünglich verstandene Ableitungen in die Rolle mechanisch befolgter „Regeln" zurücktreten, um die Ableitungsarbeit nicht unnötig zu belasten. Aber alles, was in der Wissenschaft getan wird, muß ursprünglich einmal verstanden worden sein.

Der Begriff des „Verstehens" ist also ein Fundamentalbegriff. Ohne Verstehen ist keine Wissenschaft möglich. Selbst auf Gebieten oder in Zusammenhängen, in denen das Verstehen als Prinzip ausgeschlossen wird, muß der unbefangene Betrachter *zunächst verstehen, warum er hier eigentlich nicht verstehen soll,* also noch das Nichtverstehen auf ein Verstehen gründen. Das hat uns unsere Beschäftigung mit dem Problem des Axioms handgreiflich gezeigt: man versteht zuerst gar nicht, warum man die Axiome nicht versteht, und begreift erst ganz allmählich, daß man sie ja auch gar nicht verstehen soll!

Man kann also den Begriff des Verstehens nicht auf die geschichtlichen Wissenschaften und etwa noch die sogenannte „verstehende" Psychologie abdrängen, indem man sagt: einen Text, ein Kunstwerk, historische Zeugnisse aller Art, eine geschichtliche Figur oder die Handlungsweise eines Mitmenschen „verstehe" ich; dagegen nicht mathematische und logische Ableitungen. Denn: angesichts eines deduktiven Systems ist „Verstehen" nichts anderes als das Wissen, warum ein abgeleiteter Satz aus dem zugrundeliegenden Satz folgen muß.

Da nun Ableitungen „innerhalb" eines deduktiven Systems ohnehin „verstehbar" sind, bleibt uns nur noch die Frage zu erörtern übrig, wie man den *Anfang der Wissenschaft* verstehbar machen kann – eine Frage, die uns der Axiomatizismus nicht befriedigend beantworten konnte.

In dieser wissenschaftsgeschichtlichen Situation trat nun in der Mathematik neben dem Axiomatizismus eine zweite Richtung auf den Plan: der sogenannte *Konstruktivismus.*[1]

Die Konstruktivisten streben, vereinfacht gesagt, an, auch die *Grundlagen* deduktiver Systeme (wieder) *verstehbar* zu machen. Da die einzelnen Ableitungsschritte auch in den axiomatisch-deduktiven Systemen verstehbar sind, handelt es sich – um das noch einmal deutlich herauszustellen – in der Diskussion zwischen Axiomatizisten und Konstruktivisten immer nur um *Grundlagen*fragen, nicht um die Frage der Ableitungen innerhalb des Systems selbst.

Der Konstruktivismus, wie Paul *Lorenzen* ihn vertritt, geht von dem Prinzip aus, „daß wir nur das verstehen, was wir selber herstellen können."[2]

Dieses „Selberherstellen" demonstrieren wir am besten am Beispiel der natürlichen Zahlen:

„In modernen Lehrbüchern baut man die Arithmetik axiomatisch auf. Die Herkunft der Axiome [. . .] bleibt dabei dunkel. Sie sind [. . .] erst Ende des vorigen Jahrhunderts formuliert. [Lorenzen bezieht sich hier auf die Peano-Axiome.] Das wäre eigentlich überflüssig gewesen, denn vorher hatte Kant deutlich gemacht, woher unser exaktes Wissen über Zahlen stammt: nämlich daher, daß wir die Zahlen selber konstruieren.

Man kann zwar einzelne Zahlwörter exemplarisch einführen und kann dann eventuell Begriffsbestimmungen oder analytische Definitionen hinzufügen: zu der unendlichen Folge der Zahlen kommt man so niemals. Diese entsteht durch Konstruktion."[3]

Lorenzen zeigt dann, wie diese Konstruktion zustandekommt: wir malen einfach für „1" einen Strich |, für „2" zwei Striche: ||, für „3" drei Striche: |||, und so fort. Nach dieser „Konstruktionsvorschrift" ist es „theoretisch möglich", beliebig viele Zeichen für natürliche Zahlen herzustellen.[4]

Lorenzen erklärt nun ausdrücklich die „axiomatische" Mathematik für eine „unverstandene" Mathematik und die „konstruktive" Mathematik für eine „verstehbare" Mathematik.[5]

Das entscheidende Merkmal der konstruktiven Mathematik ist also, daß sie *verstehbar* ist.

Wir sehen: der mathematische Konstruktivismus geht, anstatt von vorausgestellten Sätzen, den Axiomen, von unserem *Alltagsverständnis* der Zahlen aus und entwickelt hieraus schrittweise den Aufbau des Zahlensystems. Hierzu meint Detlef Laugwitz:[6]

„Der Axiomatizist wird versucht sein, einzuwenden, daß die natürlichen Zahlen hier nicht definiert werden. In der Tat appelliert der Konstruktivist an das allgemeine Empfinden dafür, was eine Zahl ist. Der Axiomatizist braucht das nicht: Er hat sein Peanosches Axiomensystem und will gern auf die inhaltliche Deutung verzichten. Ich glaube, das Beispiel zeigt deutlich, daß der Konstruktivist wesentlich näher an der ursprünglichen Bedeutung der mathematischen Begriffe ist als der Axiomatizist."

Wenn man die Wörter „einsehbar" und „verstehbar" als gleichbedeutend mit dem aus der Axiomendiskussion altvertrauten Wort „evident" betrachtet, kann man also durchaus sagen, daß der Konstruktivismus das Prinzip der „Selbstevidenz" der Axiome in neuer Weise wieder aufgenommen hat. Die „Evidenz" wird nur anders begründet: nicht als geheimnisvolle „Anschauung" oder „Intuition", sondern durch das konstruierende Herstellen von Gegenständen.

So sagt Hans Hermes: „In neuerer Zeit hat man die Idee praktisch aufgegeben, daß die Geometrie auf evidenten Axiomen beruhe. Man hat jedoch versucht, die Arithmetik auf eine evidente Basis zu stellen. Die natürlichen Zahlen lassen sich durch Strichfolgen |, ||, |||, . . . darstellen."[7] „In diesem Zusammenhang gewinnt das Wort ‚Evidenz' einen neuen Sinn: Es ist z.B. evident, daß eine" nach der Konstruktionsvorschrift für natürliche Zahlen „ableitbare Figur durch einen endlichen Prozeß gewonnen wird, der in der Anwendung" der Konstruktionsregeln „besteht [. . .]."[8]

Hiermit wäre die *mathematische* Bedeutung des konstruktiven Denkens andeutungsweise umschrieben.

Für uns eigentlich interessant wird das konstruktive Denken natürlich erst dann, wenn wir zeigen können, daß es auch außerhalb der Mathematik eine Rolle für die allgemeine Logik und Wissenschaftstheorie spielt.

Das ist nun in der Tat der Fall. Ohne daß wir ausdrücklich davon gesprochen haben, sind wir beim Aufbau unserer logischen Propädeutik im ersten Teil, hierin Wilhelm *Kamlah* und Paul *Lorenzen* folgend,[9] konstruktiv vorgegangen.

Wir haben versucht, die Sprache unserer logischen Propädeutik von Grund auf zu konstruieren: „Das Prinzip ist immer dieses, daß beim methodischen Aufbau niemals auf eine schon vorhandene Sprache zurückgegriffen werden darf."[10]

Mit Kamlah und Lorenzen begannen wir beim Aufbau unserer Terminologie daher auch nicht mit der vorhandenen, durch die zweitausendjährige Geschichte der Philosophie vorbelasteten Wissenschaftssprache, sondern mit der *Umgangssprache* – so wie Kamlah und Lorenzen es formulieren:

Wir beginnen „‚vertrauensvoll inmitten', indem wir immer schon [...] unsere *Umgangssprache* gebrauchen. Unser skeptisches Mißtrauen richtet sich gegen die *Bildungssprache*, in der von ‚Werten' oder von ‚Fundamentalontologie' gesprochen wird, dagegen nicht gegen die Sprache des Alltags, in der von ‚Gemüse', ‚Abreise', ‚Sprechen' gesprochen wird [...]"[11]

Demgemäß führten auch wir das „Prädizieren" als eine Handlung der *Umgangssprache* ein: man „spricht" einem Gegenstand einen „Prädikator" „zu", etwa: „dies ist ein Buch", „dies ist ein Haus". Indem wir so den Grundvorgang der Prädikation an der Umgangssprache erläutern, konnten wir in allmählichem, systematischem Aufbau auch wieder zur Wissenschaftssprache vordringen. Wir haben also die Wissenschaftssprache nicht einfach als vorhanden vorausgesetzt, sondern aus elementaren sprachlichen Gegebenheiten heraus entwickelt, das heißt: wie wir jetzt auch sagen können, *konstruiert* oder *rekonstruiert:* So konnten wir mit Kamlah/Lorenzen „[...] rückgreifend, an bereits Bekanntes und Gekonntes appellierend, von der Umgangssprache Gebrauch machen, [...] einfache sprachliche Handlungen [...] *rekonstruieren* [...] in einer Weise," die uns zu der Auffassung „berechtigt, daß wir gleichsam nachträglich ihrer Geburtsstunde beigewohnt haben."[12]

Es ist „kein bloßer Zufall, daß uns [...] die Umgangssprache schon längst die Möglichkeit anbietet, *über* die Sprache vernünftig zu sprechen. Insbesondere die Prädikation als sprachliche Handlung ist ja keine späte Erfindung des menschlichen Geistes wie in gewisser Weise die Arithmetik und die Geometrie, sondern eine sprachliche Grundoperation. Wenngleich wir bildungssprachlich *über* diese Operation mancherlei Richtiges und mancherlei Falsches traditionell zu *sagen* gewöhnt sind, so sind wir doch zugleich umgangssprachlich daran gewöhnt, die Prädikation selbst richtig *auszuführen,* und haben insofern das Recht und die Möglichkeit, in einer bloßen *Rekonstruktion* an die natürliche Sprache als sicher funktionierende Umgangssprache anzuknüpfen.

[...] Wir haben rekonstruiert, was wir umgangssprachlich schon immer tun, aber nicht, was wir bildungssprachlich schon immer darüber sagen."[13]

Man kann die konstruktive Methode des Aufbaues des Denkens etwa so charakterisieren:

In Bezug auf die herkömmliche Wissenschaftssprache versucht man einen Aufbau von Grund auf. Man ignoriert zunächst die Wissenschaftssprache ganz, hält sich nur an die Umgangssprache und baut nunmehr ganz allmählich eine neue Wissenschaftssprache auf.

Aus der Perspektive der Wissenschaftssprache gesehen, beginnt man also tatsächlich am absoluten Nullpunkt.

Aus der Perspektive der Umgangssprache gesehen, ist die Situation freilich etwas anders. Denn die Umgangssprache ist *immer schon da.* Wir sprechen sie von klein auf. Daher können wir nicht hinter die Umgangssprache zurückgehen.[14] Einen „absoluten Nullpunkt“ kann es hier nicht geben.

C. Konstruktives Denken und Hermeneutik

Damit hat die Philosophie die bisher wohl einleuchtendste Lösung des Anfangsproblems gefunden.

Zeichnen wir den Weg dieses Problems kurz nach.

Der erste Versuch, es zu lösen, waren die „selbstevidenten“ Axiome. Als sich herausstellte, daß die Axiome gar nicht einsehbar sein müssen, arbeitete man auch mit willkürlich gesetzten Anfangssätzen, von denen man gar nicht mehr verlangte, daß sie verstehbar sein sollten. Das Anfangsproblem schien damit auf Eis gelegt.

Gleichzeitig aber kam eine grundsätzliche Skepsis gegenüber dem Anfangsproblem von einer ganz anderen Seite, nämlich von den Geisteswissenschaften und ihrer Methode, der sogenannten *Hermeneutik.*

Wir können an dieser Stelle noch nicht systematisch über die Hermeneutik sprechen, da sie unserem Gedankenaufbau zufolge ja an einen späteren Ort gehört.

Hier sei nur so viel vermerkt: die Hermeneutik ist für unseren gegenwärtigen Zusammenhang wichtig, weil sie es war, die das Stichwort *„immer schon“*[15] aufbrachte. Wir sprechen „immer schon“ – wir wissen „immer schon“, was ein „Baum“ und was ein „Haus“ ist, auch wenn wir das wissenschaftlich nicht „definieren“ können.

Es kann daher, so behauptet nun die Hermeneutik, in der Philosophie keinen absoluten logischen Anfang geben, weil wir immer nur über Gegenstände sprechen können, die wir praktisch schon kennen.

Wir können „den Begriff“ des Baumes, des Hauses usw. nicht „ab ovo“ einführen, weil wir nicht so tun können, als ob das noch kein Mensch wüßte und wir daher die Mitmenschen darüber erst systematisch informieren müßten und könnten.

Zwar können wir einen Baum wissenschaftlich erforschen, wenn wir wissen wollen, was er (aus wissenschaftlicher Perspektive) „ist". Aber dazu müssen wir schon vorher wissen, was ein Baum (aus der Perspektive des praktischen Lebens) „ist", weil wir sonst ja nicht wüßten, *was* wir wissenschaftlich erforschen sollen. Ganz pointiert gesagt: Wenn wir wissen wollen, was ein Baum ist, dann müssen wir schon wissen, was ein Baum ist. In diesen Zusammenhang gehört auch die Tatsache, daß ja niemand als Fachwissenschaftler auf die Welt kommt. Auch der spezialisierteste Gelehrte hat sein Fachgebiet ursprünglich aus der vorwissenschaftlichen Sphäre des interessierten Schülers kennengelernt und somit zuerst einen vorwissenschaftlichen Begriff von seinem Gegenstand gehabt, ehe er ihn wissenschaftlich erforschte: ein Junge interessiert sich für Tiere und wird deshalb Zoologe.

Diese Tatsache, daß wir immer schon von einem vorwissenschaftlichen Wissen über den Gegenstand ausgehen müssen, den wir dann wissenschaftlich erforschen, nennt man auch den *„hermeneutischen Zirkel"*: was ich wissen will, muß ich schon wissen.

„Wir müssen ‚immer schon' sprechen, wenn wir Wissenschaft oder Philosophie treiben. Wir existieren ‚immer schon' in einem ‚Vorverständnis' der Welt und unserer selbst, ehe wir nachzudenken und zu forschen beginnen, und dieses Vorverständnis artikuliert sich sprachlich. Wie sollen wir also beginnen, die Sprache [...] zu untersuchen, wenn wir keinerlei Untersuchung beginnen können, ohne bereits zu sprechen?"[16]

Dieses Argument des hermeneutischen Zirkels führte nun die geisteswissenschaftlichen Methodologen dazu, die Möglichkeit eines absoluten Anfangs überhaupt zu leugnen – was übrigens vorzüglich in ihr irrationales Konzept paßte, demgemäß Klarheit ohnehin keine vordringliche Eigenschaft wissenschaftlichen Denkens darstellt: alles, was nach „System" oder systematischem Denken aussah, war verpönt, und so traf es sich ausgezeichnet, daß man auch die Problematik des Anfanges der Wissenschaft unter Hinweis auf den hermeneutischen Zirkel beiseiteschieben konnte.

Gegenüber diesem „Anfangs-Skeptizismus" der orthodoxen Hermeneutik stellt nun der „Konstruktivismus" insofern eine elegante Lösung dar, als er sich von vornherein auf zwei Beine stellt.

Einerseits – hinsichtlich der Umgangssprache – bejaht er den zirkelhaften Anfang und umgeht damit einen fragwürdigen und leicht als naiv zu verdächtigenden „Apriorismus".

Andererseits – hinsichtlich der Wissenschaftssprache – hingegen hält er an der Forderung nach einer anfänglichen „tabula rasa" fest und identifiziert sich insoweit mit dem uralten Streben des Menschen nach der Klärung des absoluten Anfanges aller Wissenschaft.

Paul Lorenzen diskutiert das Vorgehen des Konstruktivismus an dem (von Otto *Neurath* stammenden[17]) Bild eines Schiffes auf hoher See.

Einen absoluten Anfang setzen können, würde bedeuten: Wir sind an Land und bauen in aller Ruhe das Schiff auf der Werft. In der Zirkelsituation sein, bedeutet: Das Schiff ist immer schon fertig und auf hoher See: „Alle Reparaturen oder Umbauten [...] sind auf hoher See auszuführen."[18] Ein Anfang ist also unmöglich.

Die konstruktive Methode nun erscheint auch in diesem Bild als eine Kombination beider Möglichkeiten.

Wir sind zwar auf hoher See und können daran nichts ändern; aber wir können trotzdem ein Schiff von Anfang an bauen:

„Betrachten wir die natürliche Sprache als ein auf See befindliches Schiff, so können wir unsere Situation auch folgendermaßen darstellen:

Wenn es kein erreichbares Festland gibt, muß das Schiff schon auf hoher See gebaut sein; nicht von uns, aber von unseren Vorfahren. Diese konnten also schwimmen und haben sich – irgendwie aus etwa herumtreibendem Holz – wohl zunächst ein Floß gezimmert, dieses dann immer weiter verbessert, bis es heute ein so komfortables Schiff geworden ist, daß wir gar nicht mehr den Mut haben, ins Wasser zu springen und noch einmal von vorn anzufangen.

Für das Problem der Methode unseres Denkens müssen wir uns aber in einen Zustand ohne Schiff, d.h. ohne Sprache versetzen und müssen versuchen, die Handlungen nachzuvollziehen, mit denen wir – mitten im Meer des Lebens schwimmend – uns ein Floß oder gar ein Schiff erbauen könnten."[19]

Wir sind also „Schiffbrüchige" und müssen „uns, mitten im Meer, ein Schiff [. . .] erbauen. Die ersten Planken sind Prädikate, mit denen wir irgendwelche sich uns zufällig anbietende Unterschiede zunächst an einigen Beispielen fixieren. Durch Regeln verbinden wir die Prädikate zu Begriffssystemen. [. . .]"[20]

Konstruktives Denken bedeutet demgemäß:

1. Wir können keinen absoluten Anfang setzen, sondern befinden uns immer schon mitten im Leben und der *Umgangs*sprache (= auf hoher See).

2. Trotzdem aber können wir es unternehmen, die *Wissenschafts*sprache von Anfang an systematisch aufzubauen (= auf hoher See schwimmend ein neues Schiff zu zimmern).

DRITTER TEIL

DIE INDUKTION

1. KAPITEL

DIE INDUKTION IN DEN NATURWISSENSCHAFTEN

A. Was ist Induktion?

Was man unter „Induktion“ versteht, machen wir uns zunächst am besten am Beispiel der – uns bereits vertrauten – Deduktion klar.

Aus der Geometrie kennen wir den Satz, daß die Winkelsumme im Dreieck immer 180° beträgt. Das ist ein Satz aus einem deduktiven System. Denn wir können diesen Satz für jedes beliebige Dreieck beweisen (mit Hilfe voraufgegangener Sätze über Winkel an parallelen Geraden):

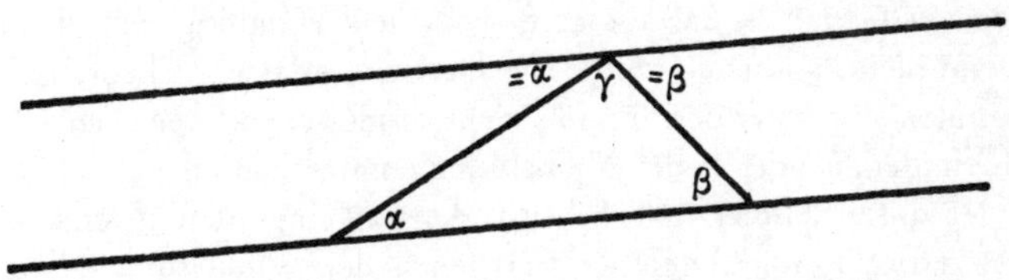

Nun nehmen wir einmal an, es gäbe keine deduktive Methode, mittels derer wir den Satz von der Winkelsumme im Dreieck allgemeingültig oder erfahrungsunabhängig oder a priori (diese drei Ausdrücke können wir hier gleichsetzen) beweisen können. In diesem Fall müßten wir zu einer *Erfahrungs*methode (oder, wie man auch sagt, zu einer empirischen oder aposteriorischen Methode) greifen.

Wir könnten dann nur so vorgehen, daß wir bei jedem Dreieck, das wir in der Erfahrungswelt vorfinden oder das wir uns selber zeichnen oder basteln, die Winkel messen und so die Winkelsumme feststellen. Wir werden dann immer – unter Berücksichtigung der Tatsache, daß die Dreieckseiten vielleicht nicht ganz gerade sind und unsere Meßergebnisse in einem bestimmten Bereich auch ungenau – feststellen können, daß die Summe der Winkel 180° beträgt.

Im Schulunterricht ist ein sehr hübsches Verfahren üblich, die Winkelsumme „empirisch" zu demonstrieren: man schneidet ein Dreieck aus Papier aus, reißt die Ecken ab und klebt sie Seite an Seite nebeneinander; die äußeren Seiten müssen dann eine gerade Linie bilden:

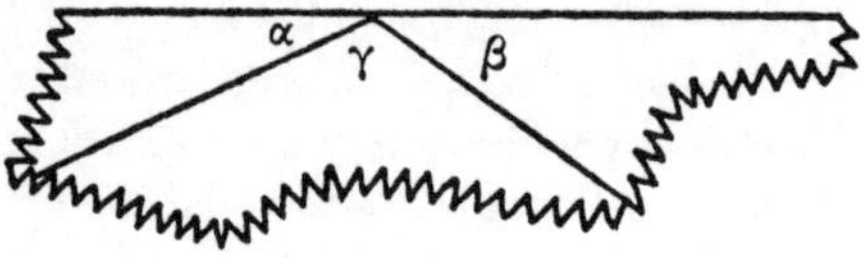

Wenn wir nun den Satz von der Winkelsumme im Dreieck dadurch zu beweisen unternehmen, daß wir eine große Zahl von Dreiecken, ja alle Dreiecke, deren wir überhaupt habhaft werden können, in der Wirklichkeit vermessen – dann kommt uns plötzlich der Gedanke, daß dieser Beweis nicht endgültig sein kann. Denn niemals können wir ja alle Dreiecke erfassen. Theoretisch könnten sich unter den von uns nicht vermessenen Dreiecken solche finden, bei denen der Winkelsummensatz nicht gilt.

Da unser Beispiel in Wahrheit ja den Fall eines deduktiven Satzes darstellt, sind Dreiecke, bei denen der Winkelsummensatz nicht gilt, nicht möglich. Aber: das läßt sich eben nur deduktiv beweisen. Ein empirischer Beweis durch das Vermessen aller vorgefundenen Dreiecke wäre niemals stichhaltig. Deshalb lernt der Schüler auch sehr bald, daß es mit dem Winkelmesser und dem Zusammenlegen der Ecken nicht getan ist – daß allein der deduktive mathematische Beweis unanfechtbar ist.

Die Methode nun, die Richtigkeit eines Satzes durch Überprüfen von Einzelfällen in der Wirklichkeit zu beweisen, nennen wir die *induktive* Methode oder *Induktion.*

„Induktion" heißt also: das Schließen von Einzelfällen auf allgemeingültige Sätze. „Wenn alle Dreiecke, die ich gemessen habe, eine Winkelsumme von 180 Grad zeigen, dann werden wohl alle Dreiecke überhaupt diese Winkelsumme besitzen" – so würde unser induktiver Schluß lauten.

Im Gegensatz zu den deduktiven Schlüssen der Mathematik und der formalen Logik sind nun aber solche induktiven Schlüsse immer unsicher. Denn solange wir nicht jeden Einzelfall überprüft haben, müssen wir immer damit rechnen, daß es Einzelfälle gibt, bei denen sich unser Satz nicht bestätigen würde.

Es ist aber ausgeschlossen, alle Einzelfälle zu überprüfen. Das zeigt bereits das Beispiel der Dreiecke sehr schön: Unmöglich können uns alle Dreiecke der Erfahrungswelt zugänglich sein. Und selbst wenn das der Fall wäre – die Dreiecke, die *früher* einmal bestanden haben und jetzt vernichtet sind, oder die Dreiecke, die *künftig* entstehen werden, könnten wir unter keinen Umständen in unsere Überprüfung mit einbeziehen.

Der Ausweg der deduktiven Ableitung eines Satzes bietet sich uns aber nur in den Wissenschaften, die es mit deduktiven Systemen zu tun haben: also etwa in der Mathematik oder der formalen Logik.

In den *Erfahrungswissenschaften* jedoch – und zu ihnen zählen bereits zwei der Mathematik scheinbar so nahestehende Wissenschaften wie die Astronomie und die Physik – sind nur induktive Schlüsse möglich. Denn wir haben es hier mit einzelnen Erfahrungsfällen zu tun, die wir zwar als solche mehr oder weniger genau registrieren, beobachten, messen können – aber diese Fälle machen niemals die Gesamtanzahl aller möglichen gleichartigen Fälle aus, so daß wir streng genommen über die nicht registrierten gleichartigen Fälle nichts aussagen können. Zum Beispiel: wenn alles Kupfer, das wir bisher untersucht haben, die Elektrizität leitet, so kann es theoretisch doch irgendwo Kupfer geben, gegeben haben oder geben werden, das Elektrizität nicht leitet.[1] Der Satz: „Alles Kupfer leitet die Elektrizität" ist also induktiv gewonnen. Er gilt für jede bisher untersuchte Kupfermenge, aber theoretisch könnte unter dem nicht untersuchten und dem nicht untersuchbaren Kupfer solches sein, das die Elektrizität nicht leitet. Das ist zwar unwahrscheinlich, aber es ist denkbar.

Die Aufgabe der Lehre von der Induktion besteht daher darin, zu untersuchen, unter welchen Umständen Induktionsschlüsse möglich sind, wie groß die Sicherheit ist, mit der sie aufgestellt werden können, und wie man mit ihnen arbeiten kann.

B. Ein astronomisches Grundmodell der Induktion

Zu diesem Zweck wollen wir an einem Grundmodell sämtliche Teilschritte – und damit Begriffe – der induktiven Methode kennenlernen, um daran weitergehende Gedanken zu knüpfen. Dieses Grundmodell entnehmen wir der Astronomie.

I. Beobachtung und Protokollaussage

Wir beobachten viele Nächte hindurch den Sternenhimmel.
1. Das erste, was wir dabei feststellen, ist, daß die Sterne, genau wie Sonne und Mond, sich innerhalb einer Nacht scheinbar von Osten nach Westen bewegen, und zwar so, daß sie in ungefähr 24 Stunden den Himmel einmal umrunden und an der gleichen Stelle wieder erscheinen.
2. Setzen wir unsere Beobachtungen über mehrere Wochen und Monate hinweg fort, so stellen wir fest, daß der Sternenhimmel nicht an jedem Tag zur gleichen Uhrzeit gleich aussieht, sondern daß der gleiche Sternenstand jeden Tag ein paar Minuten eher wiederkehrt, und zwar um so viel, daß das Früherkommen etwa zwei Stunden im Monat ausmacht. Ein Himmelsanblick, der sich uns am 1. Dezember um 22 Uhr darbietet, zeigt sich uns am 1. Januar bereits um 20 Uhr, am 1. Februar um 18 Uhr usw.
3. Bei all diesen scheinbaren Bewegungen des Sternenhimmels fällt uns jedoch auf, daß die Sterne ihre Stellung zueinander nicht verändern. Bestimmte Sternbilder (Konstellationen) bleiben immer erhalten. Die Sterne bewegen sich also nicht einzeln jeder für sich, sondern gleichsam in einem starren Rahmen; sie scheinen wie helle

Punkte, die an eine schwarze Kugel gemalt sind, in deren Inneren wir uns befinden und die sich im ganzen um uns bewegt. Aus diesem Grunde nennen wir auch die Sterne, deren Stellung zueinander sich nicht verändert, „Fixsterne“, das heißt: an die gedachte Himmelskugel fest angeheftete Sterne. Der Ausdruck Fixstern bedeutet also nicht etwa, daß diese Sterne immer an absolut der gleichen Stelle unseres Himmels erscheinen, sondern nur, daß ihre gegenseitigen Konstellationen fest sind.

Nun bemerkte man jedoch bald, daß es einzelne (im allgemeinen sehr helle und auffällige) Sterne gab, die ihre Stellung unter den Fixsternen dauernd änderten, also nicht nur die scheinbare Bewegung der gesamten Himmelskugel mitmachten, sondern außerdem noch eine Eigenbewegung gegen die Fixsternkonstellationen hatten. Diese Eigenbewegung konnte man verhältnismäßig leicht beobachten: man brauchte nur ein Gebiet der starren Himmelskugel abzuzeichnen und nun Abend für Abend den Stand eines solchen beweglichen Sternes einzutragen. Tat man das längere Zeit hindurch, so ergaben sich bestimmte Wege dieser Sterne durch die Konstellationen der Fixsterne hindurch. Man nannte diese relativ zu den Fixsternen beweglichen Sterne „Wandelsterne“ oder „Planeten“. Die Planeten hießen ursprünglich also nicht etwa deswegen Planeten, weil sie „tatsächlich“ um die Sonne wandeln (denn das wußte man zur Zeit ihrer ersten Beobachtung ja noch gar nicht!), sondern nur, weil sie sich „scheinbar“ gegen den Fixsternhintergrund verschieben.

Die Wege, die die Planeten unter den Sternen zurücklegten, sahen nun sehr sonderbar aus. Es waren nicht immer einfache gerade Linien, sondern oft merkwürdige Schleifen und Zickzackbewegungen. Im großen und ganzen liefen sie im Vergleich zum Fixsternhimmel von rechts nach links; manchmal wurden sie jedoch auch „rückläufig“, das heißt sie liefen eine kurze Zeit von links nach rechts, um dann wieder umzukehren.

Alles bisher Beschriebene konnte mit bloßem Auge durch regelmäßige Beobachtung festgestellt werden.

Damit haben wir den ersten grundlegenden Terminus der induktiven Methode besprochen: die *Beobachtung.*

Grundlage der Erfahrungswissenschaft ist die Beobachtung. Man beobachtet Tatsachen in der Erfahrungswelt, so wie sie sich eben der Wahrnehmung darbieten, und hält sie fest, indem man seine Beobachtungen aufschreibt oder aufzeichnet. Eine solche Aufzeichnung könnte also so aussehen: „Am 1. März befand sich der Planet Jupiter unmittelbar links vom Fixstern Regulus im Löwen. Am 5. März ging er dicht an Regulus vorbei. Im April und Mai befand er sich rechts von Regulus, und zwar entfernte er sich zunächst von ihm, um am 22. April umzukehren und sich ihm wieder zu nähern. Am 9. Juni ging Jupiter – in Richtung nach links – wiederum an Regulus vorbei und befand sich am 1. Juli bereits ein ganzes Stück links von ihm."

Die Aufzeichnung von Beobachtungen nennen wir ein *Protokoll*, die in diesem Protokoll stehenden Sätze bzw. Aussagen daher *Protokollsätze* bzw. *Protokollaussagen.*

Die Aufgabe der empirischen Wissenschaften ist es also zunächst, Protokollaussagen aufzustellen und sie so „richtig" und genau wie möglich zu formulieren. Hierzu würde also gehören, die scheinbaren Bewegungen der Sterne so zuverlässig wie möglich zu beobachten, ihre Örter gegebenenfalls möglichst exakt zu messen (was auch vor der Erfindung des Fernrohrs schon möglich war) und das Beobachtete oder Gemessene so genau wie möglich aufzuzeichnen, etwa an Hand einer Fixsternkarte, in die die Planetenörter von Tag zu Tag eingetragen werden.

II. Gesetzmäßigkeiten (allgemeine Sätze)

1. Erklärung und Hypothese

Nun drängt sich natürlich schon längst die Frage auf: wie *erklären* wir uns das alles, was wir da sehen? Die sonderbaren und sehr vielfältigen Bewegungserscheinungen am Sternhimmel geben uns ja Rätsel auf, über die wir nachdenken und die wir lösen wollen.

Aussagen oder Sätze, in denen der Mensch (seiner Neigung folgend, Probleme zu lösen) versucht, etwas Beobachtetes zu erklären, nennen wir *Hypothesen.* „Hypothese" heißt wörtlich „Unterstellung", also soviel wie Annahme, Vermutung. Eine Hypothese ist also noch keine sichere Erklärung für etwas Beobachtetes, sondern nur eine vorläufige Vermutung: „Es *könnte* so oder so zu erklären sein." Um diesen vorläufigen Charakter der Hypothese hervorzuheben, sagt man oft auch „*Arbeits*hypothese". Eine Hypothese ist also eine Erklärung, mit der wir vorläufig arbeiten – solange, bis sie entweder erhärtet oder widerlegt ist.

Mit welchen Hypothesen können wir nun die beobachteten Himmelserscheinungen erklären?

Eine solche Hypothese wurde bereits im Altertum aufgestellt und ist als das sogenannte ptolemäische System bekannt geworden. Hiernach stand die Erde im Mittelpunkt der Welt, und man erklärte sich das Zustandekommen der scheinbaren Sternbewegungen durch ein kompliziertes Ineinander von Kreisbewegungen mit Hilfe von „Epizykeln".[2]

Bereits durch dieses ptolemäische System ließen sich die scheinbaren Bewegungen der Planeten recht gut erklären – im ganzen so gut wie durch ein primitives kopernikanisches System mit der Annahme genau kreisförmiger Planetenbahnen. Warum, liegt auf der Hand: die relativen Bewegungen der Planeten zu der sich – genau wie sie – um die Sonne bewegenden Erde lassen sich ebensogut als sekundäre Kreisbewegungen der Planeten um eine Sonne erklären, die sich ihrerseits um die Erde bewegt. Es muß genau die gleiche Bewegungsbeziehung herauskommen. Das ist nicht anders als auf dem Bahnhof, wo wir oft nicht wissen, ob unser eigener oder der Zug auf dem Nachbargleis abfährt, weil das für die beobachtete relative Bewegung beider Züge zueinander gleichgültig ist.[3]

Die Schwäche des ptolemäischen Systems bestand also keineswegs darin – wie der Laie gern geneigt ist zu meinen –, daß es die scheinbaren Bewegungen am Himmel nicht hätte erklären können. Als Annäherung war es vielmehr sehr brauchbar.[4] Seine Mängel zeigten sich erst bei näherer Betrachtung.[5]

Vor allem war es sehr kompliziert. Infolgedessen wurde – das ist allgemein bekannt – das „geozentrische" ptolemäische System als erklärende Hypothese verworfen und durch das „heliozentrische" kopernikanische System ersetzt, nach welchem die Sonne im Mittelpunkt des Planetensystems steht und die Erde mitsamt den übrigen Planeten um die Sonne kreist. Hierdurch lösten sich viele Komplizierungen des ptolemäischen Systems auf. Das Sonnensystem als Ganzes erschien nun als ein sehr einfacher Mechanismus: die Bewegungen der Erde und der anderen Planeten sind einander analog; die komplizierten scheinbaren Bewegungen erklären sich aus der Perspektive eines sich selbst bewegenden Planeten gesehen ganz einfach.[6]

Aber auch das ursprüngliche kopernikanische System wurde dem tatsächlich Beobachteten noch nicht gerecht. Daher wurde es durch die drei Keplerschen Gesetze präzisiert, die etwa besagen:

1. Die Planetenbahnen sind nicht kreis-, sondern ellipsenförmig; in einem der beiden Brennpunkte der Bahnellipsen steht die Sonne.

2. Je näher ein Planet auf seiner elliptischen Bahn der Sonne ist, um so schneller läuft er, und umgekehrt.

3. Zwischen Entfernung und Umlaufzeit eines Planeten besteht ein bestimmtes für alle Planeten gleiches Verhältnis.[7]

(4. Später stellte man auch noch die sogenannte Titius-Bodesche Regel auf, die eine Formel für den Vergleich der Abstände aller Planeten von der Sonne lieferte.[8])

Zusammengefaßt, erklären sich die scheinbaren Bewegungen der Sterne durch das kopernikanisch-keplersche System wie folgt:

a. Die Erde dreht sich in 24 Stunden (in der Richtung von Westen nach Osten) einmal um sich selbst. Dadurch scheint sich die gesamte Himmels-Hohlkugel mit Sonne, Mond, Planeten und Fixsternen einmal am Tage (von Osten nach Westen) um die Erde zu bewegen. (Die scheinbaren Bewegungen der Himmelskörper gegeneinander, also von Sonne, Mond und Planeten gegenüber der Fixsternkugel, sind demgegenüber geringfügig; sie werden von dieser Großbewegung weitgehend überdeckt.)

b. Die Erde bewegt sich – als Planet – einmal im Jahr um die Sonne. Hierdurch erscheint die Sonne jeweils vor einem anderen Himmelshintergrund, was bewirkt, daß sie scheinbar in einem Jahr auf

einem Großkreis, genannt die Ekliptik, vor der Himmelskugel vorbeiläuft. Dadurch, daß die Sonne ständig vor einer anderen Stelle der Himmelshohlkugel steht, muß zu einer bestimmten Tageszeit – etwa um 21 Uhr – die Himmelskugel zu jeder Jahreszeit eine andere Stellung zeigen. Da nach einem Jahr dieselbe Stellung wiederkehrt, die Verschiebung also auf 12 Monate 24 Stunden ausmacht, beträgt sie 2 Stunden im Monat oder 4 Minuten pro Tag.
c. Die scheinbaren Bewegungen der Planeten vor der Kulisse des Fixsternhimmels erklären sich durch die Addition der Eigenbewegung dieser Planeten und der Bewegung der Erde. Wenn zum Beispiel der Planet Jupiter in jedem Jahr etwa ein Zwölftel des Himmelsumfanges nach links rückt, so ist das seiner Eigenbewegung zuzuschreiben, da er in etwa 12 Jahren die Sonne einmal umkreist. Wenn er dagegen jedes Jahr um die Zeit seiner „Opposition" (das heißt, wenn die Erde zwischen ihm und der Sonne steht) eine Strecke zurückläuft, so rührt das von der Erde selbst her, die schneller läuft als Jupiter und ihn daher von rechts nach links überholt, so daß er sich vor dem Fixsternhintergrund einige Zeit (entgegen seiner Eigenbewegung) von links nach rechts zu bewegen scheint. – Daß die scheinbaren Planetenbahnen nicht einfache Geraden sind, auf denen sich die Planeten hin- und herbewegen, sondern daß die rückläufigen Bewegungen häufig in Form von Schleifen oder Zickzackbewegungen auftreten, erklärt sich wiederum dadurch, daß die Ebenen der Bahnen der einzelnen Planeten zueinander ein wenig geneigt sind, so daß wir unsere Mitplaneten einmal gleichsam von „oben" und dann wieder von „unten" erblikken, weshalb sie sich in ihrer Bahn scheinbar ein wenig ab und auf bewegen.

Das kopernikanisch-keplersche System ist so verfeinert worden, daß es auch heute noch befriedigende Erklärungen für die scheinbare Bewegung der Planeten abgibt; so findet man in jedem Himmelsjahrbuch maßstabgetreue Skizzen des „von oben" gesehenen Sonnensystems, die gestatten, die scheinbaren Bewegungen der Planeten aus ihren tatsächlichen Örtern im Sonnensystem anschaulich abzuleiten.

Das kopernikanisch-keplersche System war für uns bislang also das Beispiel einer *Hypothese.* Eine Hypothese ist – so sahen wir – eine Vermutung darüber, welche Sachverhalte hinter etwas Beobachtetem stehen. Diese Sachverhalte können das Beobachtete also deshalb „erklären", weil es aus ihnen „folgt". Aus dem Aufbau des Sonnensystems „folgen" die scheinbaren Bewegungen der Sterne, und weil sie das tun, kann ich sie aus jenem Aufbau „erklären".

Die nach der induktiven Methode betriebene Forschung muß also den „logischen" Ablauf der Ereignisse zunächst sozusagen umkehren. „An sich" ist es so, daß „zuerst" das Sonnensystem da ist, daß durch seine gegebenen Bewegungsverhältnisse die scheinbaren Bewegungen der Planeten gegeneinander erst hervorruft. In der Praxis der erfahrungswissenschaftlichen Forschung hingegen ist dem beobachtenden Menschen zunächst nur das „Spätere", nämlich die scheinbaren Bewegungen, zugänglich. Aus ihm muß er das „Frühere" erst „im Rückwärtsgang" erschließen. Und erst, wenn das geleistet ist, kann er die „logisch" richtige Reihenfolge herstellen und sagen: „*Wenn* das Sonnensystem so und so beschaffen ist, *dann* muß der und der Planet zu dem und dem Zeitpunkt da und da stehen."[9] Die sich hier ergebenden Probleme erörtert der folgende Abschnitt.

2. *Gesetz*

Unsere Hypothese über das Sonnensystem lautete etwa so: „Die Erde dreht sich in 24 Stunden um sich selbst, und in einem Jahr bewegt sie sich auf einer elliptischen, aber sehr kreisähnlichen Bahn um die Sonne. Die anderen Planeten tun das ebenfalls. Die Reihenfolge der Planeten ist von innen nach außen: Merkur, Venus, Erde, Mars, Jupiter, Saturn. Der Mond umkreist in vier Wochen einmal die Erde."

Nachdem wir aus unseren Beobachtungen des Sternhimmels diesen Sachverhalt als Hypothese erschlossen haben, können wir nun – so sahen wir soeben – dem Ablauf die richtige Richtung geben und die Beschaffenheit des Sonnensystems als „Voraussetzung" für die tatsächlichen Einzelbewegungen der Planeten annehmen. Das heißt: nachdem wir die erklärende Hypothese einmal gefunden haben, leiten wir aus ihr *alle* Planetenbewegungen ab, das heißt: *auch solche, die wir gar nicht beobachtet haben.* Wenn unsere Hypothese also stimmt, dann müssen wir sowohl nachträglich sagen können, wo Jupiter am 1. März des Jahres 10000 vor Christi Geburt gestanden haben muß (obwohl das vielleicht noch kein Mensch beobachtet hat und wir jedenfalls nicht wissen, ob das der Fall war), als auch *voraussagen* können, wo Jupiter am 1. März 1999 stehen wird.

Für die Praxis der induktiven Forschung sind die aus den Hypothesen abgeleiteten *Voraussagen* natürlich deshalb von besonderer Wichtigkeit, weil wir es selbst in der Hand haben, vorausgesagte, also in der Zukunft liegende Vorfälle durch Beobachtung zu kontrollieren, während wir für die Vergangenheit auf zufällige Augenzeugenberichte angewiesen wären.

Wir können also jetzt sagen: „Wenn die Hypothese über das Sonnensystem richtig ist, dann müssen auch in Zukunft alle Planeten scheinbar zu dem und dem Zeitpunkt an der und der Stelle des Fixsternhimmels stehen. Tun sie das, so soll unsere Hypothese als vorläufig bestätigt gelten." Vorläufig: denn ich könnte ja immer noch eine Beobachtung machen, die zu der Hypothese im Widerspruch steht.

Eine solche vorläufig bestätigte Hypothese nennen wir ein *Gesetz.* Wenn wir also von den Keplerschen „Gesetzen" sprechen, so meinen wir damit, daß sie nicht mehr nur Hypothesen aussprechen, sondern daß sie durch nachträgliche Ableitungen, also sowohl durch Rekonstruktionen vergangener Konstellationen, die anderweitig bezeugt waren, als auch durch eingetroffene Voraussagen bestätigt worden sind und damit den Charakter von Gesetzen angenommen haben.

Um genau zu sein, müssen wir bereits hier folgendes bemerken: Eine bestätigte Hypothese können wir nur dann als „Gesetz" bezeichnen, wenn die Hypothese ein allgemeiner Satz ist und nicht nur eine Aussage über individuelle (Einzel-) Sachverhalte. Solche Hypothesen, die allgemeine Sachverhalte zum Gegenstand haben, nennen wir genauer „Gesetzeshypothesen".

Gesetzeshypothesen führen, wenn sie bestätigt sind, zu Gesetzen, zum Beispiel: „Die Planeten laufen auf elliptischen Bahnen."

Hypothesen über individuelle (Einzel-) Sachverhalte führen, wenn sie bestätigt sind, zu bestätigten Individual- oder Einzelaussagen, zum Beispiel: „Die Erde bewegt sich um die Sonne."

Nach Aufstellung des kopernikanisch-keplerschen Systems ergab sich nun freilich doch, daß Beobachtungsvoraussagen nicht genau eintrafen; Planeten wichen um ein geringes von Positionen ab, die sie eigentlich hätten einnehmen müssen. Man sah jedoch zunächst noch keinen Anlaß, die Gültigkeit der gefundenen Gesetze anzuzweifeln.[10] Vielmehr stellte man eine ergänzende (Einzel-) Hypothese auf: außer den bereits bekannten Planeten mußte es noch einen bisher nicht beobachteten Planeten geben, dessen Existenz die Bahnen auch der bisher schon bekannten Planeten beein flußt, das heißt, etwas anders verlaufen läßt, als sie verliefen, wenn dieser zusätzliche Planet nicht existierte.

Die Entdeckung des Planeten Neptun im 19. Jahrhundert war das Musterbeispiel einer aus einer solchen (Einzel-) Hypothese abgeleiteten und dann bestätigten Voraussage. Aus den Störungen anderer Planetenbahnen berechnete man den Ort des noch unbekannten Planeten Neptun – und in der Tat wurde er nahe dem vorausberechneten Ort auch gefunden.[11]

An dieser Stelle ist folgendes wichtig zu betonen: Zwischen einer „Gesetzeshypothese" und einem „Gesetz" besteht keinerlei logischer, sprachlicher oder inhaltlicher Unterschied. Eine Hypothese und ein Gesetz unterscheiden sich nur darin, ob bzw. wie weit sie bestätigt sind oder nicht. Daher wäre *ein und dieselbe Aussage*, zum Beispiel:

„Die Bahnen von Planeten sind Ellipsen, in deren einem Brennpunkt der Zentralkörper steht"

eine Hypothese, solange ihre Wahrheit noch nicht bestätigt ist, jedoch ein Gesetz, wenn dieses bestätigt ist.

3. *Theorie*

Was ist nun aber eine *Theorie?*

Wie zwischen den Begriffen „(Gesetzes-) Hypothese" und „Gesetz", besteht auch zwischen den Begriffen „Gesetz" und „Theorie“ eine große Ähnlichkeit. Nur bezieht sie sich auf ein anderes Merkmal. Die Theorie hat mit dem Gesetz nämlich das Merkmal gemeinsam, daß wir nur *bestätigte* Aussagen eine „Theorie“ nennen können. Eine Theorie ist grundsätzlich also nichts anderes als ein Gesetz, das heißt, eine durch Beobachtungen bestätigte allgemeine Aussage. Sehr oft werden die Termini „Gesetz“ und „Theorie“ daher auch durcheinander gebraucht. Das zeigt uns schon die weitere Erörterung unseres Grundbeispiels:

Im Zusammenhang mit den Entdeckungen von Kepler über die Gesetzmäßigkeiten im Sonnensystem wurde ein Aussagensystem entwickelt, das uns als das Gravitationsgesetz oder die Gravitationstheorie von Newton bekannt ist.[12] Diese Gravitationstheorie besagt in einfacher Fassung: „Alle Körper mit einer ‚Masse‘ ziehen einander in bestimmter Weise an.“

Aus dieser allgemeinen Gravitationstheorie ableitbare Sonderfälle sind einerseits die „Schwerkraft“, wie wir sie auf der Erde kennen, und andererseits die Anziehungs- und Bewegungsverhältnisse im Sonnensystem, wie die Keplerschen Gesetze sie darstellen. Die Gravitationstheorie gilt also für alle Körper, und damit auch für alle Himmelskörper. Wenn sie aber für alle Himmelskörper gilt, dann gilt sie nicht nur für das uns genauer bekannte Sonnensystem, sondern für alle denkbaren Sternsysteme überhaupt.

Man kann das Verhältnis zwischen einem „Gesetz“ und einer „Theorie“ also auf zweierlei Weise beschreiben.

Einmal kann man sagen: eine Theorie ist die *Zusammenfassung* mehrerer Gesetze zu einem „Obergesetz“. So könnte man zum Beispiel sagen, daß die beiden ersten Keplerschen Gesetze in der Gravitationstheorie zusammengefaßt sind, weil sie beide je für sich nur einen Teilaspekt der Gravitationstheorie erfassen (1. Bahnellipse; 2. Zusammenhang zwischen Sonnenabstand und Geschwindigkeit, als Ausgleich von Anziehungs- und Fliehkraft!).

Aus unserem Beispiel könnte man nun noch einen anderen Unterschied zwischen Gesetz und Theorie herauslesen. Die Keplerschen Gesetze beziehen sich nämlich zunächst nur auf die Verhältnisse im Sonnensystem, während die Gravitationstheorie sich allgemein auf alle Körper überhaupt bezieht. Man könnte daher versucht sein, zu meinen, eine Theorie unterscheide sich von einem Gesetz auch dadurch, daß sie *allgemeiner* sei. Mit solchen Feststellungen müssen wir freilich zunächst etwas vorsichtig sein, weil es sich hier um Gegebenheiten handelt, die zu sehr von den zufälligen besonderen Verhältnissen des gewählten Beispiels abhängen. Hätten wir also ein anderes Beispiel für die Veranschaulichung des Verhältnisses zwischen Beobachtung, Hypothese, Gesetz und Theorie gewählt, so hätten wir möglicherweise gar nicht den Tatbestand angetroffen, daß sich „Gesetz" und „Theorie" zueinander verhalten müßten wie „speziellere Aussage" und „allgemeinere Aussage". Dazu kommt noch, daß man ja zunächst die Keplerschen Gesetze als solche allgemeiner fassen kann, indem man nicht von „Planeten" und „Sonne", sondern ganz allgemein von Körpern sprechen kann, die nach dem Gesichtspunkt des Ausgleiches von Schwer- und Fliehkraft umeinander kreisen.

Im übrigen ist das Verhältnis von „Allgemeinem" und „Speziellem" ein Problem von solcher Schwierigkeit und Wichtigkeit, daß wir es im nächsten Abschnitt noch gesondert behandeln werden.

Wir können uns daher im Augenblick darauf beschränken, eine Theorie als Zusammenfassung mehrerer Gesetze zu einem „Obergesetz" zu betrachten.

Dieser Vorgang kann nun aber wiederum als das erste Glied einer Stufenfolge von Operationen betrachtet werden, in deren Verlauf eine „Zusammenfassung" wiederum Bestandteil einer neuen Zusammenfassung höherer Ordnung wird. So könnten wir uns vorstellen, daß mehrere Theorien sozusagen eine „Obertheorie" bilden, und daß mehrere solcher „Obertheorien" dann wieder zu einer „Generaltheorie" zusammengefaßt würden. Ein Gesetz würde dann nur die unterste Stufe eines solchen Aufbaues abgeben; ein prinzipieller Unterschied zwischen „Gesetz" und „Theorie" brauchte nicht mehr angenommen zu werden, da auch Theorien niederer Stufe im Vergleich zu den sie zusammenfassenden Theorien höherer Stufe dann als „Gesetze" angesehen werden könnten. Zumindest hängt diese Unterscheidung so sehr von den speziellen Gegebenheiten der jeweiligen Wissenschaftsdisziplin ab, daß eine allgemeine Festlegung des Sprachgebrauchs nicht möglich ist.

Ein sehr glückliches Schema zur Veranschaulichung des Verhältnisses zwischen „Protokollaussage", „Hypothese", „Gesetz" und „Theorie" hat I. M. *Bochenski*[13] angegeben. Wir wollen es, mit einigen Modifikationen versehen, hierhersetzen:

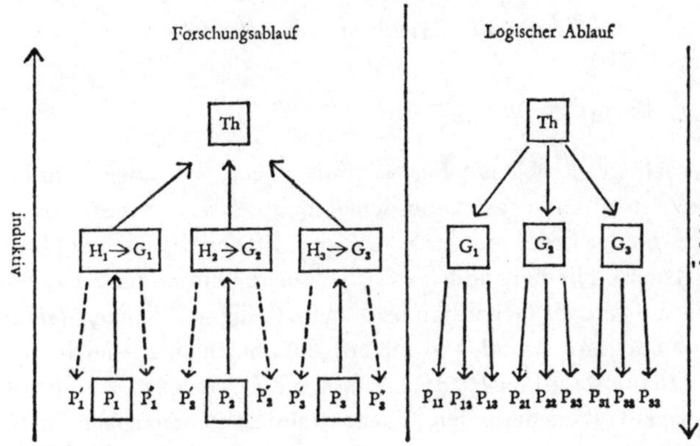

Die Abkürzungen bedeuten: Th = Theorie, G = Gesetz, H = Hypothese, P = Protokollaussage.

Das Diagramm zeigt links, in der Richtung von unten nach oben, die Richtung der induktiven Forschung. Über vorgefundene Beobachtungen machen wir Protokollaussagen, die zu Hypothesen führen. Diese Hypothesen werden dadurch geprüft, daß wir aus ihnen Sachverhalte erschließen, die Gegenstand einer Beobachtung sein könnten und müßten, wenn unsere Hypothese zutrifft. Wenn diese entsprechenden Beobachtungen tatsächlich gemacht werden, gilt unsere Hypothese als (vorläufig) bestätigt, und wir erheben sie zum Gesetz, aus dem nun natürlich weiter laufend Protokollaussagen erschlossen werden. „Nach oben hin" werden die Gesetze zu einer Theorie zusammengefaßt.

Die rechte Seite des Diagramms zeigt, in der Richtung von oben nach unten, den „logischen" Zusammenhang: Aus der umfassenden Theorie „ergeben" sich Gesetze als ihre Bestandteile, und aus den Gesetzen lassen sich die Protokollaussagen ableiten. Diese Richtung von oben nach unten ist in allen *deduktiv* aufgebauten Wissenschaften tatsächlich gegeben, während sie in den *induktiv* vorgehenden Wissenschaften nachträglich erschlossen wird.

III. Randbedingungen (besondere Sätze)

1. Was ist eine Randbedingung?

Ein wichtiges Problem haben wir bisher überhaupt noch nicht beachtet. In unserem astronomischen Beispiel war immer nur die Rede von der Erde, von der Sonne und von den Planeten des Sonnensystems. Hierbei handelt es sich eindeutig um *individuelle*, einmalig auftretende Gegenstände. Nicht zufällig sind *Sonne, Merkur, Venus* und so fort und – in diesem Zusammenhang – auch *Erde* im Sinne unserer logischen Terminologie *Eigennamen*, die als solche jeweils einem besonderen Gegenstand zukommen. Alle Aussagen über unser Planetensystem, mögen sie nun von Ptolemäus oder Kopernikus stammen, sind daher zunächst Aussagen, die einmalige, individuelle Gegenstände betreffen: „Die Bahn des Uranus ist gestört, also muß es dahinter noch einen Planeten [Neptun] geben."

So gesehen ist also unser Sonnensystem nur ein individueller Sonderfall. Es ist zufällig, daß es nun gerade neun Planeten (und dazu zwischen Mars und Jupiter den Planetoidengürtel) hat. Ein Sternsystem könnte offenbar mehr, es könnte auch weniger Planeten haben (darauf deuten schon die – jedenfalls nach unserer derzeitigen Kenntnis – ganz unterschiedlichen Satellitenzahlen der einzelnen Planeten hin). Ferner ist zum Beispiel die gegebene Größe der einzelnen Planeten (und der Sonne selbst) ein offenbar individuelles Moment. Es gehört nicht zur Gravitationstheorie als solcher, daß und warum der und der Planet gerade so und so groß sein „muß" – oder, daß und warum einer der Planeten, nämlich Saturn, einen Ring hat, und daß und warum es gerade der (von innen gezählt) 6. Planet ist, der den Ring trägt – oder, daß und warum gerade zwischen Mars und Jupiter ein Planetoidengürtel sein muß, und so fort.[14]

Hiermit kommen wir zu einer in der modernen Wissenschaftstheorie äußerst wichtigen Unterscheidung. Das ist die zwischen den „Gesetzen" und den sogenannten *„Randbedingungen"*, wie Karl Raimund *Popper*[15] sagt.

Die Gesetze betreffen den allgemeinen Sachverhalt, die Randbedingungen jedoch die jeweils gegebenen individuellen, einmaligen, von Fall zu Fall wechselnden Sachverhalte.

Dieser Unterschied läßt sich an unserem astronomischen Beispiel sehr präzis verdeutlichen.

Die Keplerschen Gesetze (in ihrer allgemeinen Formulierung, also wenn wir nicht von den Planeten und der Sonne, sondern von kreisenden Körpern und Zentralkörpern sprechen) und das Gravitationsgesetz wären hiernach allgemeine „Gesetze"; die besonderen, individuellen, einmaligen Gegebenheiten des Sonnensystems dagegen wären die „Randbedingungen".

Wenn also zu einem bestimmten Zeitpunkt der Planet Jupiter scheinbar an einer bestimmten Stelle des Himmels erscheint, etwa am 5. März 1968 dicht neben Regulus im Löwen, so ist das ein Zusammenwirken von Gesetzen und Randbedingungen:

a. Die wirkliche und damit auch die „scheinbare", das heißt die von der Erde aus wahrgenommene relative Bewegung Jupiters erklärt sich aus den allgemeinen Gravitationsgesetzen.

b. Damit aber gerade ein von den Bewohnern der Erde „Jupiter" genannter „Mitplanet" zu einer bestimmten Zeit an einem bestimmten Ort gesehen wird, eine bestimmte Größe, Helligkeit, Farbe usw. aufweist, müssen im Sonnensystem bestimmte individuelle Bedingungen herrschen, die so nur hier gegeben sind. Denn wie wir uns bereits überlegten, ist es nicht zu erwarten, daß andere Planetensysteme genaue Kopien des Sonnensystems sind – vielmehr dürften Zahl, Zentralsternabstand, Durchmesser, physikalisch-chemische Beschaffenheit der einzelnen Planeten und nicht zuletzt ihre jeweiligen augenblicklichen Stellungen zueinander tatsächliche Eigenschaften sein, die in weiten Grenzen variieren können.

Wie wir sehen, ist die Annahme solcher „Randbedingungen" selbst für die Naturwissenschaften, die doch so stark mit allgemeinen Gesetzmäßigkeiten befaßt sind, von beträchtlicher Bedeutung. Denn: die Gesetze selbst sind rein formal. Sie können zwar erklären, warum und wie bestimmte Vorgänge sich vollziehen, aber nicht, daß und warum sich diese Vorgänge an bestimmten Zeiten und Orten und unter Beteiligung bestimmter Gegenstände mit bestimmten Eigenschaften vollziehen. Hier hilft also in der Tat zunächst nur die Annahme von „Randbedingungen", die eine – zunächst nicht weiter erklärbare und zurückführbare – Konstellation individueller Gegebenheiten beschreiben.

Der Ausdruck „Randbedingungen" ist freilich etwas unglücklich, da er den Eindruck erweckt, es handele sich um im Grunde unwesentliche, „nur am Rande mitlaufende" Gegebenheiten. Davon kann keine Rede sein. Denn erst infolge bestimmter individueller Gegebenheiten kann ein Vorgang ja so ablaufen, wie er abläuft. Wäre das Sonnensystem individuell anders beschaffen, als es nun gerade beschaffen ist, müßten ja – trotz gleicher Gesetzmäßigkeiten – die Vorgänge am Himmel anders ablaufen als sie es tatsächlich tun; es gäbe keinen Jupiter als größten Planeten, keinen Saturn mit Ring – und last not least nicht unbedingt eine Erde, wie wir sie kennen.

Es wäre daher besser, statt „Randbedingung" den – auch häufig gebrauchten[16] – Terminus „Anfangsbedingung" (oder „Ausgangsbedingung") zu benutzen; noch besser wäre vielleicht: „individuelle Bedingung" oder „individuelle Gegebenheit".

2. *(Allgemeine und besondere) Aussagen und Hypothesen*

Sowohl den Gesetzen wie den Randbedingungen entsprechen jeweils Aussagen: den Gesetzen die allgemeinen Sätze, und den Randbedingungen die besonderen Sätze.[17]

Daher können die Astronomen aus ihren Beobachtungen des Sternhimmels und den nach ihnen niedergelegten Protokollsätzen *zwei Reihen* von Sätzen herausziehen: allgemeine und besondere (oder individuelle).

Allgemeine Sätze wären zum Beispiel das erste und zweite Keplersche Gesetz.

1. „Die Planeten bewegen sich in Ellipsen, in deren einem Brennpunkt der Zentralkörper steht."
2. „Der ‚Leitstrahl' eines Planeten überstreicht in gleichen Zeiten gleiche Flächen."[18]

Individuelle Sätze wären etwa:

1. „Hinter Uranus muß es noch einen weiteren Planeten geben."
2. „Der Mond ist 384 000 km von der Erde entfernt."
3. „Die Sonne hat einen Durchmesser von 1 400 000 km."

Unter einer *Hypothese* versteht man, so sahen wir, ganz allgemein eine Aussage im Stadium der Vermutung oder der Annahme. Dabei ist es gleichgültig, ob diese Aussage eine allgemeine oder eine individuelle Aussage ist. Infolgedessen können wir sämtliche soeben als Beispiele genannten Sätze, sowohl die allgemeinen, als auch die individuellen, solange sie noch nicht bestätigt sind, als „Hypothesen" bezeichnen.

Es gibt also allgemeine Hypothesen, die das Bestehen einer allgemeinen Gesetzmäßigkeit vermuten (zum Beispiel: „Die Planeten bewegen sich vermutlich auf Ellipsen, in deren einem Brennpunkt der Zentralkörper steht"), und es gibt individuelle Hypothesen, die das Bestehen einer individuellen, einmaligen Tatsache vermuten (zum Beispiel: „Die Erde bewegt sich um die Sonne", „Hinter Uranus muß es noch einen weiteren Planeten geben").

Wir können daher sowohl von allgemeinen Hypothesen als auch von individuellen (singulären, partikulären[19]) Hypothesen sprechen.

Die allgemeinen Hypothesen nennen wir auch *Gesetzeshypothesen,* da sie eine Vermutung über Gesetzmäßigkeiten aussprechen.

Unsere Feststellung, daß sowohl allgemeine Gesetzmäßigkeiten wie auch spezielle Randbedingungen – jene in der Form allgemeiner Sätze, diese in der Form besonderer Sätze – zum Gegenstand von *Hypothesen* gemacht werden können, das heißt von Aussagen, von denen zunächst nur *angenommen* oder *vermutet* wird, daß sie wahr sind, ist nun sehr wichtig.

Denn hier herrschen in der wissenschaftstheoretischen Diskussion beträchtliche Mißverständnisse. Es gibt Leute, die meinen, alle Hypothesen müßten *Gesetzes*hypothesen sein, also Vermutungen über allgemeine Gesetzmäßigkeiten darstellen.

Das ist – wie wir schon andeuteten – jedoch nicht der Fall. Auch eine Vermutung über eine Einzeltatsache – also eine Randbedingung – kann eine Hypothese sein: „Über den allgemeinen Hypothesen sind die nichtallgemeinen, die singulären und partikulären, methodologisch vernachlässigt worden." Das bemerkt Victor *Kraft* mit Recht und widmet daher den individuellen Hypothesen seine besondere Aufmerksamkeit.[20]

Wenn es schon in den Naturwissenschaften, wie der Astronomie, solche individuellen Hypothesen gibt wie: „Hinter Uranus muß noch ein Planet laufen", so erst recht natürlich in den geschichtlichen Wissenschaften, deren Aufgabe ja darin besteht, zunächst Einzeltatsachen festzustellen. Solange das Bestehen solcher Einzelsachverhalte noch nicht geklärt ist, müssen darüber Vermutungen angestellt werden, und solche Vermutungen nennen wir eben auch Hypothesen.

Als Beispiel für eine solche Hypothese aus der Geschichtswissenschaft erörtert Kraft ausführlich den Satz: „Mentor von Rhodos war der Grabherr des Mausoleums von Belevi."[21]

Ein anderes Beispiel wäre etwa die Hypothese: „Die Kantate Nr. 217: ‚Gedenke Herr' ist vermutlich nicht von Johann Sebastian Bach."[22]

Ebenso haben wir natürlich solche Einzelhypothesen vor uns, wenn ein Detektiv oder der Leser des Kriminalromans Mutmaßungen darüber anstellen, ob nun wohl Jack Smith oder John Brown der Mörder von Charly Miller ist.

Hier wird ganz deutlich: Individuelle Sätze (als Gegenstände von individuellen Hypothesen) sollen gar nichts „erklären", wie das nach unseren Erörterungen für allgemeine Sätze oder Gesetze (als Gegenstände allgemeiner Hypothesen) gilt. Vielmehr sind sie im Gegenteil selber Endpunkt und Endzweck der Forschung. Hier wollen wir eben ganz einfach wissen, wie es sich in diesem Einzelfall verhält, wer der Grabherr, wer der Komponist, wer der Mörder war, auch etwa: wie weit der Mond von der Erde entfernt ist und so fort.

Die Hypothesen über die Bewegung der Planeten, die dann zu den Keplerschen Gesetzen führten, sollten allerdings – als allgemeine Gesetzeshypothesen – etwas „erklären", nämlich die scheinbaren Bewegungen der Planeten.

Aber das gilt eben nicht für jede Hypothese.

Hypothesen, so lautet unser Fazit, sind nichts als *Aussagen* „im Aggregatzustand der Vermutung", wobei es im übrigen völlig gleichgültig ist, ob es sich hierbei um allgemeine oder individuelle Aussagen handelt. Jede bestätigte Hypothese wandelt sich in ein Gesetz oder in einen bestätigten individuellen Satz des jeweils gleichen Wortlautes um.

3. *Protokollaussagen und Randbedingungen*

In unseren bisherigen Ausführungen hat sich der Unterschied zwischen „Protokollaussagen" und „Randbedingungen" in Form individueller Aussagen ein wenig verwischt. Denn in beiden Fällen handelt es sich ja um einmalige Sachverhalte, die als solche der Gegenstand individueller Sätze sein können.

Trotzdem kann man folgenden Unterschied zwischen beiden Begriffen annehmen.

Wenn wir am 5. März 1968 den Planeten Jupiter in der Nähe von Regulus im Löwen beobachten, so handelt es sich hier um eine einmalige individuelle Gegebenheit, die als solche Gegenstand einer Protokollaussage ist.

Diese *einmalige* Gegebenheit ist jedoch das komplexe Resultat zweier Gruppen von Komponenten: einerseits von *allgemeinen* Gesetzmäßigkeiten wie dem Gravitationsgesetz und den Keplerschen Gesetzen und andererseits von *anderen einmaligen* Gegebenheiten, nämlich der Tatsache, daß Jupiter und Erde in diesem Augenblick gerade so in ihren Bahnen stehen, daß die Bewohner der Erde den geschilderten Himmelsanblick haben. Eben diese „anderen" einmaligen Gegebenheiten aber nannten wir Randbedingungen.

Eine Randbedingung könnten wir also definieren als eine individuelle Gegebenheit, die – im Zusammenwirken mit Gesetzmäßigkeiten – andere individuelle Gegebenheiten zur Folge hat.

Hierin steckt scheinbar eine logische Schwierigkeit: wir haben nämlich nunmehr individuelle Gegebenheiten einerseits (als Randbedingungen) zum gleichberechtigten Partner von Gesetzmäßigkeiten gemacht, andererseits jedoch (als Gegenstände von Protokollaussagen) zum Resultat eben dieses Zusammenwirkens von Gesetzen und Randbedingungen.

Das heißt: die besondere Gegebenheit von Jupiter- und Erdbahn wäre eine Randbedingung, die zu den Keplerschen Gesetzen gewissermaßen zusätzlich als selbständige Komponente hinzutritt; die besondere Gegebenheit des scheinbaren Ortes Jupiters zu einem bestimmten Zeitpunkt hingegen wäre – als Produkt eines Gesetzes und einer Randbedingung – eine gleichsam unselbständige Gegebenheit.

Diese Unterscheidung ist aber fragwürdig. Denn: stimmt es überhaupt, daß in der Randbedingung „Beschaffenheit der Jupiter- und Erdbahn" keine Gesetzmäßigkeit mehr steckt, welche diese individuelle Gegebenheit erst geschaffen hat? Offenbar nicht. Denn die Planetenbahnen müssen ja so, wie sie sind, ihrerseits aus Gesetzmäßigkeiten und Randbedingungen entstanden sein – nämlich aus den gegebenen Verhältnissen eines „Urnebels" im Sinne der Hypothesen über die Entstehung des Sonnensystems.[23]

Verallgemeinern wir das, so kommen wir zu einer sonderbaren Kette: aus dem Zusammentreten eines Gesetzes und einer Rand-

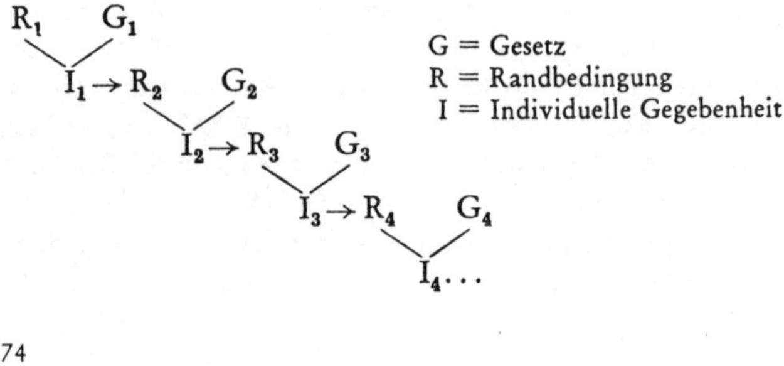

bedingung entsteht eine individuelle Gegebenheit (die als solche Gegenstand einer Protokollaussage sein kann). Diese individuelle Gegebenheit kann aber wiederum mit einer Gesetzmäßigkeit zusammentreten und so eine neue individuelle Gegebenheit bilden, der gegenüber sie als „Randbedingung" anzusprechen wäre.

Prinzipiell kann also jede Randbedingung als individuelle Gegebenheit angesehen werden und umgekehrt.

4. Gesetze und Randbedingungen

So wie nun innerhalb der individuellen Gegebenheiten der Unterschied zwischen Randbedingungen und Gegenständen von Protokollaussagen relativ ist, so ist es unter Umständen auch der zwischen *allgemeinen* und *individuellen* Sachverhalten überhaupt.

Genau genommen müßten nämlich auch die Randbedingungen oder individuellen Gegebenheiten auf allgemeine Gesetzmäßigkeiten zurückgeführt werden können. Denn wie sollte es sonst ausgerechnet zu den *gegebenen* und zu keinen anderen Randbedingungen oder individuellen Tatbeständen gekommen sein? Sie müssen sich ja irgendwo herleiten lassen!

Das läßt sich wiederum an unserem astronomischen Beispiel sehr deutlich machen: man könnte sich einen „*Urzustand*" der Welt denken, in dem es gewissermaßen noch keine Randbedingungen, sondern nur Gesetze gab. Nach diesen Gesetzen entwickelte sich die Welt sozusagen auseinander, und erst das Ergebnis solcher Auseinanderentwicklung waren dann bestimmte individuelle Gegebenheiten, die dazu führten, daß jedes Sternsystem individuell anders aussah, sich jeder einzelne Planet anders entwickelte und so fort.

In dieser Hinsicht interessant sind natürlich die verschiedenen Theorien (genauer: Hypothesen) über die Entstehung des Sonnensystems, angesichts derer sich die Frage stellt: wie weit „*mußten*" sich die uns bekannten Gegebenheiten aufgrund allgemeiner Gesetze bilden – wie weit gab es einen Spielraum für die Entstehung von Randbedingungen?

Die „Randbedingungen" – ja man könnte sagen: alles Individuelle überhaupt – wären hiernach gewissermaßen „universumshistorisch" an Hand allgemeiner Gesetzmäßigkeiten exakt auf einen „Urzustand" zurückzuführen, in dem es nur eine „Weltformel" gab, aus der sich alles andere entwickelte.

Hiermit gelangen wir freilich schon sehr bedenklich in die Bereiche metaphysischer Spekulation. Lassen wir jedoch unserer Phantasie an dieser Stelle ausnahmsweise noch ein wenig freien Lauf, so könnte sie den bisher entwickelten Gedanken, daß die heute gegebenen Randbedingungen aus einem „gesetzlichen" Urzustand hervorgegangen sind, auch durch sein Gegenteil ergänzen: daß nämlich umgekehrt alle unsere „allgemeinen Gesetzmäßigkeiten" in Wahrheit auch nur *riesige „Randbedingungen"* darstellen. Denn: jedes (in einer Aussage sprachlich ausdrückbare) Gesetz bezeichnet ja einen Sachverhalt, den man sich auch anders beschaffen denken könnte. Die Gesetze, wie sie in der uns gegebenen Welt beschaffen sind, sind ja, wenn man so will, zufällige Verwirklichungen einer „Sachverhalts-Variablen", die auch andere „Werte" annehmen könnte. So spricht das Gravitationsgesetz die Tatsache aus, daß alle Körper aneinander in bestimmter Weise anziehen. Es wäre aber auch eine Welt denkbar, in der alle Körper einander in bestimmter Weise abstießen, und schließlich eine, in der beide Möglichkeiten in bestimmter Weise abwechselten.

Man könnte also das Gravitationsgesetz in eine abstrakte Formulierung etwa dieser Art überführen: „Zwischen Körpern bestehen bestimmte Beziehungen." Dann wäre eine Aussage, die angibt, welcher Art diese Beziehungen in der uns bekannten Welt tatsächlich sind, *relativ zu* der abstrakten Fassung des Gravitationsgesetzes bereits eine Aussage über eine *individuelle* Gegebenheit!

Ja, man könnte sogar so weit gehen, zu sagen: die bei Logikern manchmal zu findende Behauptung, logische Gesetze seien solche Gesetze, die für „jede mögliche Welt" gelten,[24] weil sich die verschiedenen möglichen Welten nur durch ihre empirischen Gegebenheiten unterscheiden könnten, ist durchaus fragwürdig. Denn die logischen Gesetzmäßigkeiten, wie wir sie kennen, sind zunächst ja selber Bestandteil unserer gegebenen Welt. Es ist nicht einzusehen, warum in anderen möglichen Welten nicht auch andere logische Gesetze herrschen könnten. Daß wir uns das nicht „vorstellen" können, wäre kein Gegenargument; denn zum Beispiel schon die vierte Dimension können wir uns ja nicht „vorstellen". Allerdings ist diese These doch recht spekulativ. Es ist daher sehr begreiflich, wenn die modernen Wissenschaftstheoretiker zwischen dem „a priori" und dem „a posteriori", zwischen Logik und Erfahrung strikt unterscheiden. Aber alle Aussagen über den erfahrungsunabhängigen Charakter der Logik ändern nichts an der empirischen Tatsache, daß uns bislang nur die Logik der Erdenmenschen bekannt ist.[24]

Wenn wir das Problem des Verhältnisses von Gesetz und Randbedingung, von Allgemeinem und Individuellem, solchermaßen bis an die Grenze ausdehnen, wo die Spekulation beginnt, können wir formulieren:

Einerseits ist die uns gegebene Welt, so wie sie beschaffen ist, eine einzige riesige „Randbedingung". Andererseits jedoch beinhaltet diese Randbedingung die Existenz allgemeiner Gesetzmäßigkeiten, die zunächst allein vorhanden sind und die Randbedingungen (im engeren Sinne) aus sich hervortreiben.

In einem gegebenen späten Weltzustand – also in der Erdgegenwart, in der wir leben und forschen – nehmen wir nun einerseits Gesetzmäßigkeiten wahr und andererseits diejenigen Randbedingungen, die sich uns als das Ergebnis eines uns weitgehend unbekannten, weil – im Vergleich zu unserer Lebensspanne und der der Menschheit überhaupt – unendlich langen Prozesses präsentieren. Da es uns nicht möglich ist, mit exakten wissenschaftlichen, nicht spekulativen Methoden den zur Zeit gegebenen individuellen Zustand unserer Welt auf einen „Urzustand" zurückzuführen, nehmen wir die Randbedingungen in ihrer Komplexheit hin wie sie sind und unterscheiden sie der Einfachheit halber von den allgemeinen Gesetzmäßigkeiten.

C. Das Problem des Induktionsschlusses

I. Die Schritte der Forschung

1. Die Forschungstechniken

Am Anfang der Forschung, die nach der induktiven Methode vorgeht, die also, wie wir sahen, von Einzelerfahrungen ausgeht und aus ihnen Gesetzmäßigkeiten erschließen will, steht die *Beobachtung* in der Erfahrungswelt. Diese Beobachtung führt zu Aussagen über das Beobachtete, zu den sogenannten *Protokollsätzen.*

An dieser Stelle nun müßte gewissermaßen ein ganzes dickes Lehrbuch für sich eingeschaltet werden: ein Buch nämlich, in dem die Methoden oder besser: *Forschungstechniken* erörtert werden, die es uns überhaupt erst möglich machen, unanfechtbare Protokollsätze aufzustellen.

Davon kann in unserer allgemein wissenschaftstheoretischen Darstellung natürlich nicht näher die Rede sein. Vielmehr können wir hier nur kurz andeuten, um was es dabei geht.

Die ursprünglichste Technik der Erfahrungswissenschaft ist die *Beobachtung.* Zunächst nämlich beobachtet der forschende Mensch in der Regel etwas, was ohne sein Zutun vor sich geht. Der Musterschauplatz für die Technik der Beobachtung ist natürlich wieder die Astronomie. Denn der Mensch kann Vorgänge am Himmel nicht herbeiführen oder beeinflussen (wenn wir von der Existenz der Raketen, künstlichen Satelliten usw. hier einmal absehen), sondern er kann sie nur wahrnehmen, wie sie sich ohne seine Zutun vollziehen – eben „beobachten".

Aber auch der Sozialwissenschaftler ist weitgehend auf Beobachtungen von Vorgängen angewiesen, die er nicht selbst herbeiführen kann.[25] Anders ist es in der Physik, der Chemie, den anderen Naturwissenschaften und manchmal auch in den Sozialwissenschaften. Hier kann der Forscher Vorgänge, die er beobachten will, um allgemeine Gesetzmäßigkeiten zu finden, selber herbeiführen. Dieses Herbeiführen nennen wir *Experiment.*

Auch in den Sozialwissenschaften kommt das Experiment gelegentlich vor. Hier tritt es auch in Sonderformen mit eigener Bezeichnung auf, zum Beispiel „Test" (vor allem in der Psychologie) oder „Befragung" (vor allem in der Sozialforschung).

Alle empirischen Forschungstechniken, wie Beobachtung, Experiment, Test und Befragung, stellen besondere methodische Probleme, die in einer eigenen Methodenlehre bearbeitet werden müssen.[26]

Da vor allem Beobachtungen, Experimente und Tests, aber auch Befragungen es oft mit quantitativen Größen zu tun haben, die exakt erfaßt werden müssen, ist die Lehre vom *Messen* ein zentraler Bereich der empirischen Methodenlehre.[27] Auf die Probleme der *Statistik* werden wir unten noch ausführlich zu sprechen kommen müssen.

2. *Hypothese, Erklärung, Voraussage*

Aufgrund unserer empirischen Beobachtungen stellen wir *Hypothesen* auf, das heißt allgemein: Vermutungen über Sachverhalte, die hinter den beobachteten Sachverhalten stehen.

Diese Hypothesen beziehen sich in den Naturwissenschaften in der Regel auf allgemeine Gesetzmäßigkeiten, sind also Gesetzeshypothesen; in anderen Wissenschaften, etwa einer geschichtlichen Wissenschaft, können sie sich, wie wir sahen, auf Einzelsachverhalte beziehen, also etwa auf die Frage, von welchem Autor ein anonym überliefertes Kunst- oder Literaturwerk stammt.

Soweit es sich um Hypothesen hinsichtlich allgemeiner Gesetzmäßigkeiten oder Gesetzeshypothesen handelt, tritt jetzt ein besonderer Schritt auf.

Wir hatten gesehen: wenn man aus bestimmten scheinbaren Bewegungen der Sterne deren tatsächliche Bahnen berechnet, kann man umgekehrt diese Bahnbewegungen wieder in scheinbare Örter am irdischen Sternhimmel umsetzen und auf diese Weise *voraussagen*, daß ein bestimmter Planet zu einem bestimmten zukünftigen Zeitpunkt an einem bestimmten Ort stehen muß.

Steht der Stern dann wirklich an diesem Ort, so können wir unsere Hypothese als bestätigt ansehen; steht er nicht dort, so müssen wir unsere Hypothese abändern.

(Hierbei kann die Situation im einzelnen natürlich ganz verschieden sein. Entweder wir haben die Gesetzeshypothese als solche falsch formuliert. Oder wir haben uns einfach verrechnet. Oder – und diesen Fall besprachen wir schon – es sind uns „Randbedingungen", das heißt individuelle Sachverhalte, verborgen geblieben, die das Ergebnis beeinflussen, obwohl das hypothetisch unterstellte allgemeine Gesetz zutrifft; es gibt einen uns noch unbekannten Planeten, der die Bahnbewegungen der bereits bekannten Planeten „stört", wodurch zwar die ursprüngliche Voraussage im einzelnen unrichtig wird, die Gesetzmäßigkeit als solche aber eher bestätigt wird, da die „Störungen" ja gerade ein Ergebnis dieser Gesetzmäßigkeit (der Gravitation) sind – nur eben angewendet auf andere Randbedingungen.)

Man kann also sagen: wenn wir einen Einzelvorgang durch eine allgemeine Gesetzmäßigkeit *erklären,* so bedeutet das auf der anderen Seite, daß wir andere Einzelvorgänge aus dieser Gesetzmäßigkeit auch *ableiten* können müßten.

Wir gehen also den Weg, der uns zur Hypothesenbildung geführt hat, wieder rückwärts, indem wir aus der Gesetzeshypothese neue, von uns bisher nicht beobachtete Einzelvorgänge ableiten. Greifen wir dazu auf unser Anfangsbeispiel von der Winkelsumme im Dreieck zurück. Nehmen wir noch einmal an, es handele sich hierbei um einen empirischen, das heißt durch Induktion zu gewinnenden Satz. Wir messen also eine Anzahl Dreiecke, finden, daß jedesmal die Winkelsumme 180 Grad beträgt, stellen daher die Gesetzeshypothese auf: „Vermutlich beträgt in allen Dreiecken die Winkelsumme 180 Grad" und leiten daraus nunmehr die *Voraussage* ab: „Also werden auch Dreiecke, die wir zukünftig messen, diese Winkelsumme aufweisen."

Wir nehmen also gewissermaßen eine Art „Deduktion innerhalb der Induktion" vor, indem wir aus dem aufgestellten vermutlichen Gesetz Einzelfälle ableiten, so wie wir aus dem (in Wirklichkeit allerdings a priori und nicht bloß empirisch richtigen) Satz von der

Winkelsumme Aussagen über die Winkelsumme beliebiger einzelner Dreiecke erschließen können.

Die Forschungsrichtung der Induktion kehrt sich an dieser Stelle also um und wird zu einer Art Deduktion: wir leiten aus einem vermuteten Gesetz Einzelfälle so ab, *als ob* das Gesetz in einem deduktiven System stünde.

Wir haben hier – als Gegenstück zu der oben besprochenen „regressiven Deduktion", etwa dem mathematischen Beweisverfahren – eine „progressive Induktion" vor uns.

Während die gewöhnliche „Induktion" vom Einzelvorgang zu einer Erklärung aus einer Gesetzmäßigkeit zurückgeht,

leitet die „progressive Induktion" oder das Voraussageverfahren aus der zunächst induktiv erschlossenen Gesetzmäßigkeit noch nicht eingetretene Einzelfälle ab.[28]

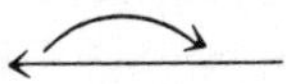

Über das Problem der Voraussage werden wir später noch eingehend zu sprechen haben. An dieser Stelle sei nur so viel bemerkt: Die Voraussage in den induktiv-empirischen Wissenschaften hat zunächst nur *heuristische* Bedeutung.[29] Das heißt: wir machen keine Voraussagen, um Voraussagen zu machen, sondern um Hypothesen auf ihre Richtigkeit zu prüfen. Wir wollen nur feststellen, ob die aufgrund der vermuteten Gesetzmäßigkeit abgeleiteten Vorgänge wirklich eintreffen oder nicht.

Die zeitliche Spanne für eine solche „Voraussage" braucht nur wenige Minuten zu betragen, oder gar nur Sekunden. So sagen wir zum Beispiel aufgrund einer Hypothese eine bestimmte chemische Reaktion voraus. Wir brauchen nun nur ein Reagenzglas zu nehmen, zwei Substanzen zusammenzuschütten – und schon können wir feststellen, ob unsere Voraussage richtig war. Von einer „Voraussage" im gewichtigen Sinne einer „Prognose" kann hier also nicht die Rede sein.

II. Wahrscheinlichkeitssätze (Teils-Teils-Sätze)

1. Sind alle Schwäne weiß?

Nehmen wir einmal an, wir haben unsere Gesetzeshypothesen alle bestätigt gefunden. Jeder untersuchte Einzelfall folgt tatsächlich der vermuteten Gesetzmäßigkeit. Wir können also unsere Hypothese zum Gesetz „befördern“, und wir können mehrere solcher bestätigten Gesetzmäßigkeiten zu einer Theorie zusammenfassen.

Im Falle unseres astronomischen Beispiels also: anhand der scheinbaren Bewegungen der Sterne stellen wir die Gesetze der Himmelsmechanik auf und berechnen danach zukünftige Örter von Planeten. Es zeigt sich, daß die Planeten tatsächlich stets an den berechneten Stellen erscheinen. Also sind unsere Gesetze zutreffend; sie gelten überall und immer – in Vergangenheit, Gegenwart und Zukunft.

So denken wir. Genau genommen stimmt das aber nicht. Schon bei der Erörterung des Winkelsummenbeispiels am Anfang dieses Teils sahen wir ja, daß man gar nicht an allen Fällen nachprüfen kann, ob ein Induktionsschluß stimmt. So können wir auch in der Astronomie, streng genommen, immer nur die bisher realisierten Sternörter prüfen. Ob auch in Zukunft die Sterne da stehen werden, wo sie nach den von uns erschlossenen Gesetzen stehen müßten, können wir nicht wissen. Ebenso können wir nicht wissen, ob die Gesetze in anderen Planetensystemen als dem Sonnensystem wirklich zutreffen, denn diese anderen Planetensysteme konnte man bis heute nicht beobachten. Man weiß noch nicht einmal, ob es sie gibt. (Beobachten kann man freilich Systeme aus mehreren „Sonnen“, etwa Doppelsternsysteme).

Also könnte es sein, daß wir künftig Sternbewegungen finden, auf die die gefundenen Gesetze nicht zutreffen. Das ist zwar unwahrscheinlich, aber möglich.

(In der Praxis kommt es freilich gerade auf die *Wahrscheinlichkeit* des Eintreffens der von einer Theorie behaupteten Ereignisse und ihren Grad an, wie wir gleich sehen werden.)

Das bereits klassisch gewordene Beispiel für die Unsicherheit induktiver Schlüsse ist das folgende:

Schwäne sind im allgemeinen weiß. Daher könnte man auf den Gedanken kommen und sagen: „*Alle Schwäne sind weiß.*"[30]

Das wäre ein Induktionsschluß. Das heißt: wir beobachten einige Schwäne und sehen, daß sie weiß sind. Hieraus leiten wir die Annahme ab, daß alle Schwäne weiß sein müssen. Jedermann weiß, daß diese Annahme falsch wäre, denn es gibt auch schwarze Schwäne.[31] Nur sind sie nicht so häufig wie weiße Schwäne. Die Hypothese „Alle Schwäne sind weiß" und die aus ihr abgeleitete Voraussage: „Also werden wir auch in Zukunft nur weiße Schwäne sehen" erweisen sich also als falsch. Wir können daher den Satz: „Alle Schwäne sind weiß" nicht zum „Gesetz" erheben. Schlüsse von einigen Fällen auf sämtliche Fälle sind also unsicher. Aus der Tatsache, daß etwas in diesem und jenem Fall so ist, können wir noch nicht mit Sicherheit schließen, daß es in jedem Fall so sein muß.

Angenommen nun, wir hätten bis heute nur weiße Schwäne entdeckt, obwohl es auch schwarze gibt. Dann würden wir ganz beruhigt das „Gesetz" aufstellen: „Alle Schwäne sind weiß" – obwohl es gar nicht zutrifft. Als vorsichtige Erfahrungswissenschaftler könnten wir aber auch in diesem Falle sagen: „*Bisher* scheint es so, daß alle Schwäne weiß sind – aber es können ja jederzeit auch andersfarbige entdeckt werden."

In genau dieser Lage ist die Wissenschaft bei den vielen „*Allsätzen*" (das heißt: für allgemeingültig gehaltenen Aussagen, allgemeinen Gesetzen), die sie heute tatsächlich als richtig annimmt, also etwa bei den Gesetzen der Himmelsmechanik. Da es sich um auf induktiv-empirischem Wege gewonnene Sätze handelt, muß stets damit gerechnet werden, daß sie nicht immer und überall gelten.

Nun ist jedoch zu bedenken: Im Falle der Schwäne ist es ja wirklich so, daß die *meisten* Schwäne weiß sind. Der Satz „Alle Schwäne sind weiß" ist also insofern nicht unbedingt falsch, als man ihn sozusagen als eine „*Aufrundung*" des Satzes „Die meisten Schwäne sind weiß" „auf 100 Prozent" ansprechen kann.

Nun können wir aber folgendes machen. Wir registrieren eine größere Anzahl Schwäne und stellen ihre Farbe fest. Von tausend Schwänen beispielsweise, so finden wir, sind 950 weiß und 50 schwarz.

Daher könnten wir nun einen anderen induktiv gewonnenen Satz aufstellen. Er lautet: „95% aller Schwäne sind weiß, und 5% sind schwarz."

Diesen Satz können wir nun auch in die Form einer Voraussage bringen: „Wenn ich in Zukunft einen Schwan sehen werde, so wird er mit 95% Wahrscheinlichkeit weiß und mit 5% Wahrscheinlichkeit schwarz sein."

Diese Wahrscheinlichkeitsaussage wird solange richtig sein, bis wir eines Tages feststellen, daß es auch rote Schwäne gibt, oder daß es – in Bezug auf die Gesamtzahl aller Schwäne – eben doch mehr oder weniger schwarze Schwäne gibt als nun gerade 5%. *Aber:* während der Satz: „*Alle* Schwäne sind weiß" bereits durch das Auffinden eines *einzigen* schwarzen Schwans widerlegt würde, kann der Satz: „95% der Schwäne sind weiß, 5% sind schwarz" niemals durch die Auffindung eines einzelnen weißen oder schwarzen Schwans bestätigt oder widerlegt werden. Denn hier kommt es ja nur darauf an, daß das Prozentverhältnis im ganzen ungefähr bewahrt bleibt.

Wenn wir also einen Satz wie: „Alle Schwäne sind weiß" einen *Allsatz* nennen, dann könnten wir einen Satz wie „Schwäne sind teils weiß, teils schwarz" einen *Teils-Teils-Satz* nennen.

2. *Die Bedeutung der Statistik für die Induktion*

Wir werden auf das Problem der Teils-Teils-Sätze bald ausführlich zurückkommen. An diesem Punkte müssen wir jedoch kurz auf ein Sachgebiet eingehen, das für die folgenden Erörterungen wichtig sein wird; das ist die *Statistik.*[32]

Die Statistik ist nicht eine Forschungstechnik unter anderen. Sie gehört also nicht in die Reihe Beobachtung, Experiment, Test, Befragung und so fort. Sie ist vielmehr die Methode, die uns hilft, aus Feststellungen einzelner Tatbestände *induktive Schlüsse* zu ziehen

– gleichgültig, mit welcher Forschungstechnik diese Feststellungen zustandegekommen sind.

Hier sei nun lediglich kurz erklärt, welche Funktion die Statistik im Rahmen der induktiven Forschungsmethode hat.

Der Laie denkt bei „Statistik“ an Volkszählungen, Registrierung von Ein- und Ausfuhrzahlen und ähnliches. Wie man leicht sieht, kann dieser geläufige Begriff von „Statistik“ nicht gemeint sein, wenn man im Rahmen der induktiven Methode von „Statistik“ spricht. Denn die normale Wirtschafts- und Sozialstatistik, grob gesagt also das, womit sich die Statistischen Ämter beschäftigen und was im „Statistischen Jahrbuch für die Bundesrepublik Deutschland“ steht, befaßt sich ja mit sogenannten „*Grundgesamtheiten*“, das heißt mit der direkten vollständigen Erfassung aller Elemente, die zu einer bestimmten Menge gehören: *aller* Einwohner einer Stadt, *aller* Ausfuhrgeschäfte eines Jahres usw.

Die induktive Methode hingegen hat es ja gerade mit dem Schluß von *wenigen* Elementen auf die Gesamtheit zu tun. Wir machen *einige* Sternbeobachtungen und schließen aus ihnen auf die Laufgesetze sämtlicher Himmelskörper des Weltalls; wir machen *einige* physikalische Experimente und erschließen aus ihnen die Gesetze der klassischen Mechanik.

In diesem Sinne versteht man unter „Statistik“ im Zusammenhang der induktiven Forschungsmethodik, oder, wie man erläuternd auch sagt, unter „*Forschungsstatistik*“ etwas ganz anderes als das, was der Laie sich gewöhnlich unter Statistik vorstellt: nämlich *Stichproben*statistik. Das heißt: man wählt aus einer zu untersuchenden Menge von Gegenständen eine Stichprobe aus, untersucht sie und schließt aus den Eigenschaften bzw. Eigenschafts*verteilungen* dieser Stichprobe auf die der Grundgesamtheit.

Das entscheidende methodische Problem ist, wie man leicht sieht: die Stichprobe muß *repräsentativ* sein. Das heißt: sie muß sozusagen ein verkleinertes Abbild der Grundgesamtheit darstellen. Das bedeutet, daß die Elemente, die in die Stichprobe aufgenommen werden sollen, nach bestimmten Gesichtspunkten ausgewählt werden müssen. Mit diesen Gesichtspunkten können wir uns an dieser Stelle nicht allgemein beschäftigen. Vielmehr wollen wir gleich zu unserem Schwan-Beispiel übergehen:

Wenn wir die Farbverhältnisse aller Schwäne der Welt erforschen wollen, müssen wir zunächst eine repräsentative Stichprobe aller Schwäne überall auf der Erde bilden. Jeder Erdteil, jede Landschaft müßte vertreten sein; jeder Schwan müßte, wie man sagt, „die gleiche Chance" haben, in die Stichprobe aufgenommen zu werden.

Auf diese Weise wird eine Stichprobe von, sagen wir, tausend Schwänen zusammengestellt. Von diesen 1000 Schwänen sind 950 weiß und 50 schwarz. Das muß nun natürlich *nicht* bedeuten, daß von *allen* Schwänen der Welt *genau* 95% weiß und *genau* 5% schwarz sind. Denn die Werte der Stichprobe können auch dann, wenn die Stichprobe methodisch korrekt entnommen, das heißt also repräsentativ ist, durch den *Zufall* ihres Zustandekommens von dem „wahren" Wert in der Grundgesamtheit abweichen. Diese Abweichung kann mathematisch berechnet werden, da sie nicht von dem jeweiligen Forschungsgegenstand, sondern nur von der Wahrscheinlichkeitsverteilung der Abweichungen abhängt.

So läßt sich im Falle unseres Beispiels ganz konkret angeben: Wenn unsere Stichprobe 950 weiße und 50 schwarze Schwäne ergibt, dann wird der wirkliche Anteil der weißen Schwäne in der Grundgesamtheit, also in der Gesamtheit aller Schwäne der Welt, mit großer Wahrscheinlichkeit zwischen 930 und 970 Schwänen auf 1000 Schwäne schwanken; kleinere oder größere Werte sind möglich, aber unwahrscheinlich. Und umgekehrt: Angenommen, der wirkliche Anteil der weißen Schwäne wäre von uns durch eine Vollauszählung aller Schwäne der Welt mit 950 auf 1000 Schwäne festgestellt worden, so würde eine nachträglich aufgestellte repräsentative Stichprobe rein durch Zufall etwa zwischen 930 und 970 weiße Schwäne aufweisen.

Hieraus ergibt sich, was wir schon andeuteten: selbst verschiedene, von dem Verhältnis 95% : 5% abweichende Stichprobenwerte müßten nicht unbedingt das Bestehen eines allgemeinen Verhältnisses von 95 : 5 widerlegen, da Schwankungen normal sind. Ein einzelner weißer oder schwarzer Schwan hat daher auf die Richtigkeit unserer statistischen Teils-Teils-Feststellung überhaupt keinen Einfluß – und zwar nicht nur deswegen nicht, weil eine Abweichung um eine oder wenige Einheiten nach oben oder unten bei der Riesenmenge aller tatsächlich vorhandenen Schwäne prozentual überhaupt nicht ins Gewicht fallen würde, sondern schon deshalb nicht, weil die Stichprobenstatistik solche Abweichungen von vornherein einkalkuliert; so daß verschiedene Stichprobenergebnisse noch nicht einmal auf die Verschiedenheit der dahinterstehenden Grundgesamtheiten schließen lassen müssen. Erst dann, wenn wir eine Stichprobe erhalten, die weniger als 930 oder mehr als 970 weiße Schwäne enthält, können wir sagen, daß der tatsächliche Wert vermutlich nicht 95% beträgt, weil eine Abweichung um mehr als 20 Schwäne nach oben oder unten als unwahrscheinlich (aber nicht unmöglich) angesehen werden müßte.

Soviel nur zur Methodenlehre der Statistik.

3. Allsätze und Existenzsätze

Wir können nunmehr unsere Erörterungen zur Reichweite der induktiven Methode wie folgt zusammenfassen.

Sogenannte *Allsätze* wie:

„Die Bewegung aller Körper, die eine Masse besitzen, erfolgt nach der Gravitationstheorie"

„Alles Kupfer leitet die Elektrizität"

„Alle Schwäne sind weiß"

können nie endgültig als richtig bestätigt, oder, wie man auch sagt, *verifiziert* werden, da wir nicht alle gegenwärtigen und vergangenen sowie überhaupt keinen zukünftigen Fall, der unter einen solchen Allsatz subsumiert werden müßte, überprüfen können. Denn wenn nur ein einziger Körper sich anders bewegt, nur ein einziges winziges Kupferdrahtstückchen keine Elektrizität leitet und nur ein einziger Schwan schwarz ist, können wir ja nicht mehr sagen: „*Alle* ... sind ..." (Dagegen ist der Satz „Alle Dreiecke haben eine Winkelsumme von 180 Grad" mit Sicherheit richtig, da er nicht induktiv durch das Messen einzelner Dreiecke, sondern deduktiv durch einen mathematischen Beweis abgeleitet worden ist.)

Aber: wir sind ja im Bereich der induktiven Forschungsverfahren überhaupt nicht darauf angewiesen, unanfechtbare Allsätze aufzustellen. Denn an die Stelle solcher Allsätze können wir jederzeit *statistische* Sätze setzen.[33]

Solche statistischen Sätze rechnen von vornherein damit, daß es verschiedene Möglichkeiten gibt. So wie etwa die Einwohner einer Stadt verschiedenen Konfessionen angehören, verschiedene Schulbildung aufweisen und verschiedenen Berufstätigkeiten nachgehen können, ohne daß irgendjemand daran etwas Ungewöhnliches fände – genau so können auch Schwäne weiß oder schwarz sein und sogar irgendwelche Mikroteilchen sich einmal so und einmal so verhalten, ohne daß deshalb die Natur in sich zusammenstürzte.

Als Forscher haben wir also immer die Möglichkeit, auf induktivem Wege statistische Sätze aufzustellen. Diese statistischen Sätze nannten wir *Teils-Teils-Sätze,* weil sie von vornherein mehrere Möglichkeiten vorsehen und daher nicht durch den Eintritt der einen oder anderen dieser Möglichkeiten gleich ins Wanken geraten.

Solche statistischen Sätze bieten uns also keine „Gesetze", nach denen unter bestimmten Umständen stets dasselbe sich ereignen *muß,* sondern *Wahrscheinlichkeiten.* Der statistische Teils-Teils-Satz: „95% aller Schwäne sind weiß, 5% sind schwarz" würde besagen: Wenn ich irgendwo einen Schwan treffe, so wird er mit 95% Wahrscheinlichkeit weiß und mit 5% Wahrscheinlichkeit schwarz sein.

Rote oder blaue Schwäne sind nach diesem Satz zunächst nicht ausdrücklich vorgesehen. Aber selbstverständlich könnten sie jederzeit auftreten. Wenn sich nun zum Beispiel herausstellt, daß unter hunderttausend Schwänen einer rot ist, so wird dadurch unser Teils-Teils-Satz noch nicht ungültig, da er ohnehin auf Durchschnittsverhältnisse abstellt. Ein tausendstel Prozent roter Schwäne – das wäre ein so geringer Anteil, daß man ihn, wie ein bezeichnenderweise in Mathematik und Naturwissenschaften sehr geläufiger Ausdruck lautet, „vernachlässigen" kann. Die Grenze, bis zu der man etwas vernachlässigen kann und ab welcher nicht mehr, muß in jedem Fall praktisch durch Vereinbarung festgelegt werden. So könnte man etwa sagen: „Ein Anteil von weniger als einem Zehntelprozent Schwäne einer dritten Farbe kann hinsichtlich der Gültigkeit unseres Weiß-Schwarz-Satzes vernachlässigt werden. Erst wenn sich herausstellen sollte, daß vermutlich mehr als ein Schwan unter tausend auch rot sein kann, müssen wir den Teils-Teils-Satz ändern, indem wir auch die rote Farbe als mögliche Eigenschaftsausprägung aufnehmen."

Aus unseren Erörterungen folgt, daß die These: „Im Bereich der induktiven Methode sind Allsätze nie endgültig verifizierbar (denn es kann jederzeit ein Gegenfall auftreten), aber stets endgültig falsifizierbar (denn sobald ein Gegenfall aufgetreten ist, können wir eben nicht mehr: ‚Alle ...' sagen)" zwar *richtig*, für die Forschungspraxis aber *belanglos* ist. Wir brauchen nämlich gar keine absoluten Allsätze, sondern nur Wahrscheinlichkeitssätze.

Abgesehen davon haben jedoch in der Praxis der Naturwissenschaften (jedenfalls im „Normal"bereich, das heißt im Geltungsbereich der Gesetze der klassischen Naturwissenschaften, also außerhalb sowohl des „Makro"bereiches der Sterne als auch des „Mikro"bereiches der Atome) die bisher aufgefundenen Gesetze praktisch Allsatzcharakter. Daß die Himmelskörper des Sonnensystems (und auch die von Menschen gebauten Raketen und Satelliten der letzten zwanzig Jahre) sich tatsächlich nach den Gravitationsgesetzen bewegen und daß alles Kupfer die Elektrizität tatsächlich leitet, braucht zunächst nicht bezweifelt zu werden.

Man hat öfter von der „Asymmetrie" des Verifizierungsproblems gesprochen, indem man sagt: Zwischen Verifizierung (Bestätigung) und Falsifizierung (Widerlegung) eines Allsatzes besteht eine Asymmetrie insofern, als ein Allsatz nie endgültig verifiziert, jedoch potentiell immer (durch Auffindung nur eines einzigen Gegenfalles) falsifiziert werden kann.[34]

Das ist richtig. Aber es ist nur die eine Seite der Medaille. Denn dieser Asymmetrie bei den Allsätzen steht die genau entgegengesetzte Asymmetrie bei den sogenannten *„Existenzsätzen"* gegenüber – und beide Asymmetrien zusammen ergeben insgesamt wieder eine Symmetrie.

Ein Existenzsatz ist ein Satz, der die Existenz *mindestens eines*

Gegenstandes von bestimmter Beschaffenheit behauptet, zum Beispiel: „Es gibt *mindestens einen* schwarzen Schwan." Dieser Satz kann nie endgültig falsifiziert werden, denn es kann ja jeden Augenblick ein schwarzer Schwan auftreten – selbst wenn man hunderttausend Jahre hindurch keinen gesehen hat. Daher können wir niemals mit Sicherheit behaupten: „Es gibt keine schwarzen Schwäne."

Dagegen ist dieser Existenzsatz in dem Augenblick endgültig verifiziert, wo wir auch nur einen einzigen schwarzen Schwan entdecken – selbst wenn ein zweiter schwarzer Schwan nicht mehr auftauchen würde. Denn ein Existenzsatz verlangt nur das Auftreten eines einzigen Gegenstandes, der unter ihn fällt. Dann ist er erfüllt.[35]

Diese Feststellung ist wichtig für unsere von uns so genannten *„Teils-Teils"-Sätze.* Diese Sätze sind nämlich *Kombinationen aus mehreren Existenzsätzen.* Der Satz: „Schwäne sind teils weiß und teils schwarz" kann nie falsifiziert werden. Auch nicht durch das Auffinden roter Schwäne. Denn er behauptet nicht: *„Alle* Schwäne müssen *entweder* weiß *oder* schwarz sein." Dann wäre er nichts als ein (modifizierter) Allsatz. Vielmehr behauptet er nur: „Zur Zeit gilt, daß von den bisher aufgefundenen Schwänen 95% weiß und 5% schwarz sind. Rote und blaue Schwäne mag es geben, aber ihre Anzahl fällt zur Zeit prozentual nicht ins Gewicht."

Teils-Teils-Sätze können also nicht widerlegt, sondern nur empirisch-statistisch *korrigiert* werden. Stellt sich eines Tages heraus, daß der Anteil der schwarzen Schwäne sinkt, der der roten dagegen ansteigt, wird man den Teils-Teils-Satz nach aufzunehmenden Farben und nach Prozentsätzen abändern. Aber auch hier bleibt noch folgendes offen: wenn wir unter „100% aller Schwäne" nicht nur alle lebenden Schwäne verstehen, sondern alle Schwäne, die je gelebt haben, und es drei Jahrtausende lang nur weiße und schwarze Schwäne gegeben hat, so ist der Prozentsatz der etwa im Jahre 1990 neu auftauchenden roten Schwäne natürlich noch wesentlich geringer, als wenn nur die 1990 lebenden Schwäne gezählt werden.

Oder nehmen wir an, das Kupfer leite auf einmal die Elektrizität nicht mehr. Auch dann könnten wir sagen, daß die Multiplikation der Anzahl der Zeiteinheiten, in denen bisher Kupfer Strom leitete, mit der Anzahl der Mengeneinheiten Kupfer, die bisher leitfähig waren, zunächst noch eine überwältigende „Mehrheit" für die Leitfähigkeit des Kupfers ergeben würde, so daß ein Teils-Teils-Satz noch sinnvoll wäre.

Zum Schluß dieses Abschnittes noch ein Wort zum Begriff der „*Kausalität*". Wie wir diesen in der philosophischen und naturwissenschaftlichen Diskussion der letzten Jahrhunderte so grundlegenden Begriff umschreiben können, ist nach dem Erörterten nicht mehr schwierig zu verstehen. Das Problem der Kausalität ist unmittelbar mit dem der Gesetze bzw. der induktiven Allsätze identisch. Denn: daß auf eine bestimmte „Ursache" eine bestimmte „Wirkung" folgt, das ist so sicher, wie das jeweils zuständige „Gesetz" (bzw. der betreffende Allsatz) „sicher" ist. Da es im Bereich der Induktion keine absolut sicheren Gesetze gibt, kann es auch keine absolut sichere Kausalität geben. Dagegen können wir ohne weiteres von einer „Kausalität" im statistischen Sinne sprechen, die besagt, daß mit hoher Wahrscheinlichkeit auf das Ereignis A das Ereignis B eintreten muß: daß zum Beispiel ein elektrischer Strom durch einen Draht fließen kann, „weil" der Draht an eine Stromquelle angeschlossen ist und „weil" er aus Kupfer und nicht aus Hanf ist.[36]

(Um Mißverständnisse zu vermeiden, müssen wir hier eines noch anmerken: Von „Kausalität" sprechen wir nur im Bereich der *Induktion*, nicht etwa im Bereich der Deduktion. Das ist insofern etwas paradox, als „Folge"-Verhältnisse ja gerade und nur in deduktiven Systemen absolut Allsatzcharakter tragen. Aber der Begriff der „causa" ist im Rahmen der *Natur*philosophie entwickelt worden und daher auf deduktive formallogische und mathematische Ableitungsketten nicht anwendbar.)

III. Die Paradoxie der Voraussage

An dieser Stelle sei noch einiges über die Bedeutung der *Voraussage* in den induktiven Wissenschaften angemerkt.

Wir hatten gesehen, daß die Voraussage innerhalb des induktiven Forschungsprozesses eine „heuristische" Funktion hat: man erklärt eine bestimmte Tatsache durch die Annahme eines dahinterstehenden Gesetzes, also durch eine (Gesetzes-) Hypothese. „Wenn diese Hypothese stimmt", so sagt der Forscher dann, „so muß dem durch sie vermuteten Gesetz zufolge auch in Zukunft unter den und den Umständen das und das Ereignis eintreten."

Hier wird deutlich, daß der Zusammenhang mit der Zukunft hier ein sehr äußerlicher und zufälliger ist. Um die Richtigkeit von Hypothesen zu prüfen, brauchen wir gar keine Voraussagen über in der Zukunft liegende Ereignisse zu machen. Genausogut können wir gegenwärtige oder vergangene Ereignisse zum Gegenstand unserer Kontrolle machen. So kann man etwa mit Hilfe astronomischer Gesetzmäßigkeiten nicht nur künftige Konstellationen voraussagen, sondern auch vergangene rekonstruieren. Man kann also sagen: „Wenn mein Gesetz stimmt, muß Jupiter vor zehn Jahren an meinem Geburtstag abends 22 Uhr da und da gestanden haben." Und wenn ich nun meine Aufzeichnungen von jenem Tag vergleiche, kann ich die Richtigkeit meiner Hypothese wenigstens so weit prüfen. Von einer „Voraussage" könnte hier allenfalls in dem Sinne die Rede sein, als ich *zunächst* meinen Schluß ziehe und ihn *sodann* an der Kenntnisnahme längst vergangener Ereignisse prüfe.

Voraussagen machen wir innerhalb des induktiven Forschungsprozesses also nicht, um Voraussagen zu machen, sondern um Hypothesen auf ihre Richtigkeit zu prüfen.

Lassen sich in der Wissenschaft überhaupt Voraussagen machen? Kurzfristige und einfache sicherlich. Wenn ich jetzt sage: „In einer Sekunde wird der Sekundenzeiger meiner Armbanduhr um einen Teilstrich weitergerückt sein", so ist das eine ziemlich sichere Voraussage, da sie einerseits von unübertreffbarer *Trivialität* ist und es andererseits *unwahrscheinlich* ist, daß meine Uhr gerade in dieser Sekunde stehenbleibt oder eine Explosion mein Haus, mich und meine Uhr vernichtet. Demgegenüber ist die Voraussage: „Morgen abend um zwanzig Uhr werde ich das und das tun" ungleich unsicherer, da einerseits der vorausgesagte Sachverhalt in sich sehr *differenziert* ist und andererseits bis dahin *zu viele Ereignisse* eintreten könnten, die geeignet sind, das Eintreffen der Voraussage zu verhindern.

Nehmen wir nun aber die Voraussage: „Am 1. März 1999 wird Jupiter an der und der Stelle des Himmels zu finden sein."

Jedermann weiß, daß astronomische Voraussagen die sichersten sind, die es überhaupt gibt, da sie sich auf gut bestätigte, langfristige und vom Menschen – soviel wir zur Zeit wissen – nicht beeinflußbare Gegebenheiten stützen. (Man braucht astronomische nur mit Wettervorhersagen zu vergleichen.) Trotzdem ist keineswegs sicher, daß Jupiter zur genannten Zeit wirklich am genannten Ort zu sehen ist. Es kann ja eine kosmische Katastrophe dazwischenkommen, von der wir heute noch nichts ahnen. Ja – es könnte sein, daß die Menschen bis dahin ihren Erdball selbst in die Luft gesprengt haben. Das hätte zwei Konsequenzen: einmal würde hierdurch vielleicht das ganze Sonnensystem durcheinandergebracht, also auch die Jupiterbahn verändert werden. Zum anderen aber: selbst wenn das nicht der Fall wäre und Jupiter, absolut gesehen, an der vorausgesagten Raumstelle stehen würde, gäbe es doch keine Erde mehr, *von der aus* Jupiter an einer bestimmten Himmelsstelle *erschiene.*

Selbst astronomische Voraussagen kann man also immer nur unter der Klausel „rebus sic stantibus" (so wie die Dinge jetzt stehen) oder „ceteris paribus" (wenn alles Übrige gleich bleibt) machen. Das bedeutet: selbst wenn die Gesetze als solche „sicher" sind, können sich die „Randbedingungen" so verschoben haben, daß das vorausgesagte Ereignis nicht mehr eintreten kann: „Realwissenschaftliche Theorien ermöglichen [. . .] Prognosen, die allerdings Geltung immer nur für entsprechend vorliegende Anwendungsbedingungen der Theorie beanspruchen können, wobei diese Anwendungsbedingungen ihrerseits durchaus nicht voraussagbar sein müssen."[37] Aber: das eigentlich Interessante an einer Voraussage wäre gerade nicht das „ceteris paribus", sondern das Voraussehenkönnen dessen, was *nicht* „par" bleibt. Daß Jupiter, *wenn die Welt dann noch steht,* am 1. März 1999 dort und dort zu sehen sein wird – das zu wissen ist zweifellos erheblich weniger interessant als die Information, *ob* wir dann überhaupt noch leben und wie es uns dann ergehen mag. Gerade das jedoch kann uns weder die Astronomie noch irgendeine andere Erfahrungswissenschaft sagen.

Voraussagen sind also prinzipiell unsicher. Eben deshalb fragt sich aber, ob sie *überhaupt Gegenstand der Wissenschaft* sein können.

Die Wissenschaft hat es mit Sachverhalten zu tun, und zwar mit bestehenden Sachverhalten, also mit *Tatsachen.* Bestehende Sachverhalte kann es aber – infolge der Unumkehrbarkeit des Zeitablaufes – nur in der Gegenwart und in der Vergangenheit geben, *nicht* in der *Zukunft.*[38]

Zwar braucht ein Sachverhalt, um Gegenstand der Wissenschaft zu sein, nicht jetzt zu bestehen. Er kann auch früher bestanden haben. Auch dann kann er – mit geeigneten Methoden – als Tatsache exakt ermittelt werden und insoweit Gegenstand der Wissenschaft sein. Ein zukünftiger Sachverhalt hingegen kann niemals Gegenstand der Wissenschaft sein, da niemand sagen kann, ob er überhaupt bestehen wird oder nicht.

Natürlich sind Voraussagen trotzdem üblich, möglich und sinnvoll.

Aber Voraussagen sind nicht wissenschaftliche, sondern praktische Aussagen. Voraussagen haben ihre Funktion für die Praxis, nicht jedoch für die Wissenschaft.

Daß Voraussagen tatsächlich lediglich praktische Bedeutung haben, zeigt gerade das Beispiel der astronomischen Voraussagen recht deutlich. Astronomische Voraussagen sind nicht um der Astronomie als Wissenschaft willen da, sondern für die Praxis. Sie gestatten zum Beispiel, den Ostertermin für Jahrhunderte im voraus festzulegen, da der Ostersonntag als der erste Sonntag nach dem ersten Vollmond nach Frühjahrsbeginn definiert ist. Auch für den praktischen Betrieb der Astronomie sind ihre eigenen Voraussagen nützlich: wenn die Astronomen wissen, wann und wo die nächste totale Sonnenfinsternis sichtbar sein wird, können sie rechtzeitig Beobachtungsexpeditionen vorbereiten. Aber alles das bewegt sich im außerwissenschaftlichen Rahmen.

Im Bereich der Sozialwissenschaften – wenn dieser Vorgriff hier erlaubt ist – hat die reine Voraussage (als Vor-Aussage) noch weniger Bedeutung. Denn im sozialen Bereich wollen wir nicht wissen, was ohne unser Zutun eintreten würde, sondern was wir tun können, um einen gewünschten Zustand herbeizuführen oder einen unerwünschten Zustand zu verhindern. Der sozial handelnde Mensch ist kein Kaninchen, das exakt voraussagt, daß es in 15 Sekunden von der Schlange gefressen werden werde, sondern ein Tier, das wegspringt, ehe die Schlange zuschnappt. Prognosen als solche interessieren daher gar nicht. Denn wenn wir das Ereignis, das sie vorhersagen, nicht wünschen, werden wir uns bemühen, seinen Eintritt zu verhindern. Dann ist aber die Prognose keine Prognose mehr, da ja das, was sie vorhergesagt hat, gar nicht eintrifft. Eine Prognose wäre nur dann das, was sie zu sein vorgibt, wenn die Verwirklichung der Ereignisse, die sie voraussagt, dem Handeln des Menschen entzogen wäre.

Daß eben dies nicht der Fall ist, zeigt schon die Tatsache, daß man die Begriffe „self fulfilling“ und „self destroying prophecy“, also: „sich selbst erfüllende“ und „sich selbst vernichtende Prophezeiung“ einführen konnte.[39]

Das klassische Beispiel für eine sich selbst erfüllende Voraussage ist die Behauptung, eine bestimmte Firma werde demnächst in Konkurs gehen. *„An sich“* ist diese Voraussage *falsch*, das heißt: ohne die Tatsache, daß diese Voraussage überhaupt ausgesprochen wird, würde diese Firma gar nicht in Konkurs gehen. Aber: *weil* diese Behauptung in die Welt gesetzt wird, verlieren Gläubiger und Kunden das Vertrauen in die Firma, brechen den Geschäftsverkehr mit ihr ab und veranlassen so tatsächlich den Konkurs der Firma.

Eine sich selbst vernichtende Prophezeiung läge zum Beispiel vor, wenn mir vorausgesagt wird, daß ich mit einem Flugzeug, das mich nach Amerika bringen soll, abstürzen werde. Also fliege ich nicht mit diesem Flugzeug und bleibe am Leben.

An dieser Stelle wird die Paradoxie der Voraussage deutlich. Nehmen wir an, das Flugzeug, mit dem ich fliegen wollte, aber nicht geflogen bin, stürzt tatsächlich – ohne mich an Bord – ab. Dann haben wir den merkwürdigen Fall, daß die Vorhersage zwar *insofern* eingetroffen ist, als das *Flugzeug* ja tatsächlich abgestürzt ist – daß sie aber in anderer Hinsicht *nicht* verwirklicht wurde, *insofern,* als *ich nicht* unter den Opfern der Flugzeugkatastrophe war. Also war die Voraussage zumindest insoweit nicht exakt – und sie konnte es auch nicht sein, da es mir freistand, die Unglücksmaschine nicht zu benutzen.

Das eigentliche Problem der Voraussage – und das scheinen viele Autoren nicht zu bedenken – liegt demnach in ihrer *Genauigkeit.* Welchen Grad von Genauigkeit muß man eigentlich von einer Voraussage verlangen, damit sie an Exaktheit mit einer „Nach-Aussage", das heißt einer Aussage über gegenwärtige oder vergangene Tatsachen, überhaupt konkurrieren kann?

Popper[40] unterscheidet zwei Arten von Vorhersagen:

„Wir können *(a)* das Auftreten eines Taifuns vorhersagen", so daß „die Menschen [. . .] rechtzeitig einen Schutzraum aufsuchen können; wir können aber *(b)* auch vorhersagen, daß ein Schutzraum, wenn er dem Taifun widerstehen soll, auf bestimmte Art gebaut sein muß, [. . .]"

Die Vorhersage von der Art (a) nennt Popper eine *„Prophezeiung".* „Ihr praktischer Wert liegt darin, daß sie uns vor dem prognostizierten Ereignis warnt, so daß wir ihm ausweichen oder vorbereitet entgegentreten können."

Die Vorhersagen von der Art (b) nennt Popper *„technologische* Prognosen", „da Voraussagen dieser Art eine Grundlage der *Technik* bilden. Sie sind sozusagen konstruktiv und teilen uns mit, welche Maßnahmen wir ergreifen können, *wenn* wir bestimmte Resultate erzielen wollen."

Popper sieht nicht, daß weder die eine noch die andere Gattung von Voraussagen diesen Namen strenggenommen wirklich verdient.

(a) Die Voraussage: „Nächste Woche wird es einen Taifun geben" ist viel zu unbestimmt. Von einer Voraussage, die hinsichtlich ihrer Exaktheit mit einer Aussage über ein bereits eingetretenes Ereignis einigermaßen mithalten soll, müßte man weit mehr verlangen: nämlich: daß sie genaue Einzelheiten über den Ablauf des Taifuns mitteilt und angibt, welche Häuser durch ihn zerstört und welche Menschen durch ihn umkommen werden. Genau dazu ist die Voraussage über den Taifun aber nicht imstande. Denn selbst wenn sie genaue Aussagen machen wollte, erwiese sie sich doch als self destroying prophecy: weil die Menschen wissen, daß ein Taifun kommt, können sie ihre Schutzräume aufsuchen und dadurch ihrem sonst sicheren Tod entgehen. Der Taifun findet zwar statt, tötet aber keine Menschen.

(b) Die Voraussage: „Wenn du einen Schutzraum von der und der Stärke baust, wirst du vor dem Taifun sicher sein" ist dagegen, genaugenommen, überhaupt keine Voraussage, sondern die Formulierung einer ohnehin zeitpunktunabhängigen Gesetzmäßigkeit. Studieren wir das an einem etwas einfacheren Beispiel:

„Wenn ich jetzt den Ofen anzünde, wird es im Zimmer warm werden." Auch einen solchen Satz wird man kaum im Ernst als eine „Voraussage" deklarieren können. Denn hier haben wir nur die tautologische Anwendung einer induktiv erschlossenen Gesetzesaussage auf einen grundsätzlich beliebigen Zeitpunkt vor uns, der nur zufällig in die nahe Zukunft gelegt wurde. Wenn es wirklich so ist, daß das Zimmer *immer dann* warm wird, wenn ich den Ofen anzünde, so ist es eine Binsenweisheit, daß das nicht nur gestern und im vorigen Winter, sondern auch in zwei Stunden und in vierzehn Tagen der Fall sein wird. Für einen – im Rahmen der empirisch ermittelten Wahrscheinlichkeit seines Eintretens – ohnehin immer gleich ablaufenden Vorgang ist es offenbar gleichgültig, ob wir diesen Ablauf in die Vergangenheit, die Gegenwart oder die Zukunft setzen.

Aber wie wir schon sahen,[41] ist dieser „ceteris paribus" ohnehin abrollende „Kausal"vorgang gar nicht das Interessante bei der Sache. Das ist vielmehr die Frage, *ob* die Anfangsbedingung überhaupt eintritt. Und eben das ist nicht voraussagbar, obwohl es gerade hierauf ankäme. Daß das Zimmer warm wird, *wenn* ich den Ofen anzünde, das ist nicht schwierig zu prophezeien. Aber: *ob* ich am nächsten Mittwoch den Ofen wirklich anzünde oder stattdessen verreist oder tot bin – das kann niemand vorherwissen.

Aus unseren Erörterungen ergibt sich: die Voraussage kann in der Methodologie der Induktion nur deshalb ihre erstaunlich große Rolle spielen, weil man sich einen äußerst primitiven Begriff von „Voraussage" zurechtgemacht hat.

So nennt man bereits eine Aussage „Voraussage", die lediglich in vager Form Ereignisse pauschal ankündigt, wie: „Nächste Woche wird es einen Taifun geben!" Eine Voraussage jedoch, die diesen Namen wirklich verdiente, müßte über zukünftige Ereignisse genau so präzise Aussagen machen können wie das über gegenwärtige und vergangene Ereignisse tatsächlich möglich ist.

Sie müßte also bis in Einzelheiten genau und im übrigen unabänderlich sein, also zum Beispiel lauten:

„Herr X wird am x. x. 19xx um x Uhr xx im Flughafen Frankfurt ein Flugzeug nach New York besteigen und um xx Uhr xx dort und dort unter den und den Umständen ums Leben kommen" – Und Herr X dürfte sich dem durch nichts in der Welt entziehen können, obwohl er alles *genau so vor sich sieht,* wie wir uns tatsächlich an vergangene Ereignisse *erinnern.* Nur in diesem Fall wären „Vor-Aussagen" in ihrer logischen Struktur den „Nach-Aussagen" gleichgestellt.

Derartig präzise Voraussagen würden uns natürlich unweigerlich das Schicksal der Cassandra aufbürden: etwas klar vorauszusehen, was wir nicht abändern können, obwohl es in der Zukunft liegt und daher an sich abänderbar wäre.[42]

Der unaufhebbare innere Widerspruch der präzisen „Vor-Aussage" liegt also darin, daß der Mensch einerseits – in gewissen Grenzen – durch sein Handeln zukünftige Ereignisse selbst mitbestimmen kann, andererseits aber durch genaue Voraussagen künftiger Abläufe in dieser Selbstbestimmung gelähmt wäre: ein Herr X, der weiß, was ihm bevorsteht, und der trotzdem nicht das Geringste tut und logischerweise auch nicht tun kann, um es zu vermeiden oder zu verhindern, ist unvorstellbar.

Umgekehrt steht die Tatsächlichkeit vergangener Ereignisse zu dieser Fähigkeit der Selbstbestimmung nicht in Widerspruch, da ich ja auch solche Ereignisse nachträglich als geschehen registrieren kann, an deren Eintreten ich selbst handelnd beteiligt war.

Hieraus ergibt sich: Voraussagen können niemals den Erkenntnisvorgang auf zukünftige Sachverhalte anwenden. Erkennen können wir immer nur gegenwärtige und vergangene Ereignisse.

Voraussagen haben lediglich praktischen Wert als rohe Anhaltspunkte für das, was *unter Umständen* in Zukunft geschehen könnte, *wenn* einerseits die und die Bedingungen gegeben sind, und *wenn* andererseits die Menschen nicht in bestimmter Weise handeln und damit die vorausgesagten Ereignisse beeinflussen würden.

Daß diese Voraussagen dann auch eintreffen, ist also überhaupt nicht gesagt: Es ist auch gar nicht nötig – ja es ist noch nicht einmal wünschenswert. Denn die Menschen sollen durch solche Voraussagen ja zu vernünftigem Handeln veranlaßt werden.

Ein letztes Beispiel soll das noch deutlich machen. Wenn eine sozialökonomische Voraussage etwa lautet: „1990 wird es so viele Autos geben, daß alle Straßen verstopft sind", dann wird dieses Ereignis vermutlich gar nicht eintreten. Denn entweder werden bis dahin der dritte Weltkrieg oder eine kosmische Katastrophe ausgebrochen sein, die alle Vorhersagen, die stillschweigend eine friedliche Weiterentwicklung der Menschheit voraussetzen, ohnehin illusorisch machen. Oder es werden bis dahin so viele Straßen neugebaut sein, daß sie die erhöhte Autozahl ohne weiteres verkraften. Oder es werden neuartige Stadtwagen konstruiert werden,die weniger Platz in Anspruch nehmen als die heute üblichen Autos, so daß das Verhältnis Autozahl : verfügbare Gesamtstraßenlänge viel günstiger aussieht als heute. Oder die Herstellung und der Verkauf von Autos werden vom Staat so stark gedrosselt werden, daß auch im bisherigen Straßennetz der Verkehr nicht zusammenbricht. Oder eine wirtschaftliche Rezession drosselt die Benutzung von Autos schon über den Marktmechanismus.

Eine Aussage über den Straßenverkehr im Jahre 1990 kann also niemals eine wissenschaftliche Aussage sein, da niemand dafür garantieren kann, daß der in ihr ausgesprochene Sachverhalt überhaupt bestehen wird.

Dagegen hat eine solche Voraussage sehr wohl *praktischen* Wert, da sie die Menschen *warnt* und zur *Planung* veranlaßt.

Wenn Popper[43] also sagt: „Vom Standpunkt der praktischen Nützlichkeit der Wissenschaft ist die Bedeutung wissenschaftlicher Prognosen ziemlich klar", so kann das nur so viel heißen: Zwar brauchen wir wissenschaftliche Methoden (der Astronomie, der Meteorologie, der Ökonomie usw.), um solche Prognosen machen zu können; aber die Prognosen selber sind keine wissenschaftlichen Aussagen und haben daher für die Wissenschaft selbst keinerlei Bedeutung.

2. KAPITEL

DIE INDUKTION IN DEN SOZIALWISSENSCHAFTEN

Die Sozialwissenschaften stehen zwischen den Naturwissenschaften und den historischen Wissenschaften. Ihr Gegenstand ist ein anderer als der der Naturwissenschaften. Daher kann das naturwissenschaftliche Modell der induktiven Methode nicht ohne Vorbehalte auf die Arbeit in den Sozialwissenschaften übertragen werden.

Die induktive Forschungsmethode, wie sie ursprünglich für die und im Bereich der Naturwissenschaften entwickelt wurde, kann für die Sozialwissenschaften nicht die einzig verbindliche Anweisung zum Vorgehen sein. Vielmehr haben im sozialen Bereich auch nichtnaturwissenschaftliche Methoden, wie die „phänomenologische", die „hermeneutische" (historisch-philologische) und schließlich auch die sogenannte „dialektische" Methode, ihren Platz.

Diese Methoden sollen später besprochen werden. Erst nachdem das geschehen ist, kann man sich daran wagen, eine umfassende *Sozialtheorie* in Angriff zu nehmen.

Im vorliegenden Kapitel können wir daher die Methodologie der Sozialwissenschaften noch nicht abschließend besprechen. Vielmehr wollen wir hier nur solche Probleme der Sozialwissenschaften erörtern, die mit der Anwendung der induktiven Methode zusammenhängen. Gezeigt werden sollen Sinn und Grenzen der induktiven Methode in den Sozialwissenschaften – mehr nicht. Was die phänomenologische, die hermeneutische und die dialektische Methode für die Arbeit der Sozialwissenschaften beitragen können, wird erst später deutlich werden. Das vorliegende Kapitel muß daher in manchem fragmentarisch erscheinen. Er verweist auf

Späteres, ohne doch dieses Spätere schon völlig erläutern zu können.

Das Grundproblem der Induktionsmethode, wie wir sie am Beispiel der Naturwissenschaften kennengelernt haben, lautet: „Wie sind induktive Allsätze möglich?" Das heißt: wie können wir aus einzelnen Beobachtungen allgemeingültige Gesetze ableiten? Diese Fragestellung der Naturwissenschaften nun wurde von den Sozialwissenschaftlern, soweit sie selber naturwissenschaftlichen Denkgewohnheiten nahestanden, auf die Sozialwissenschaften übertragen.

Diese Richtung innerhalb der Sozialwissenschaften könnte man als die „analytisch-induktive Sozialwissenschaft" bezeichnen. Da wir im folgenden weder von der eigentlichen Psychologie, noch von den Wirtschaftswissenschaften sprechen wollen, sondern aus den Fächern, die analytischen Gedankengängen vor allem geöffnet sind, lediglich eine Disziplin, die der Soziologie nahesteht, nämlich die Sozialpsychologie, herausgreifen wollen, werden wir im folgenden sozialpsychologische Beispiele stellvertretend für Zeugnisse der analytischen Denkweise in der Sozialwissenschaft überhaupt nehmen.

Die Sozialpsychologie übernahm von den Naturwissenschaften die Frage nach den „Allsätzen" oder allgemeinen Gesetzen.

Hierhinter steht die Grundauffassung, daß alle Menschen sich in vergleichbaren sozialen Situationen gleich verhalten, und daß es daher möglich sein muß, *allgemeine Gesetze des sozialen Verhaltens* abzuleiten.

Da es nun in den Naturwissenschaften ein Induktionsproblem gibt, glaubt man, auch in den Sozialwissenschaften müsse das Induktionsproblem im Vordergrund stehen, und man müsse sich daher vordringlich mit Problemen der Verifizierung oder Falsifizierung allgemeiner Sätze beschäftigen.

Bevor wir uns dem eigentlichen Gegenstand dieses Kapitels zuwenden, müssen wir zunächst die Erörterung einiger Begriffe nachholen, die an sich in den Zusammenhang der naturwissenschaftlichen Induktion gehörten, dort aber für uns noch nicht so aktuell waren.

Es handelt sich hierbei vor allem um das Problem der „intersubjektiven Nachprüfbarbeit" von Beobachtungen, Gesetzen und Theorien und um die Frage nach dem Verhältnis zwischen Beobachtungssprache und theoretischer Sprache.

I. Intersubjektive Nachprüfbarkeit

Die Frage der „intersubjektiven Nachprüfbarkeit" von Forschungsergebnissen (also sowohl von Beobachtungen als auch von daraus abgeleiteten Gesetzen und Theorien) stellt sich in den Naturwissenschaften zwar auch. Aber ihre Erörterung ist dort nicht so dringlich, weil sich die Antwort darauf von selbst versteht.

Wenn ein Astronom am Sternhimmel einen Sternort bestimmt, so ist es grundsätzlich jedem anderen Astronomen möglich, diese Bestimmung auf ihre Richtigkeit zu überprüfen, da er nur selbst in den Himmel zu schauen braucht. Selbst dann, wenn er dies nicht zur gleichen Stunde tut und der betreffende Stern am nächsten Tag schon weitergewandert ist, hätte er doch grundsätzlich die Möglichkeit gehabt, die gleiche Beobachtung zu machen. (Abgesehen davon, könnte man im übrigen auch zurückliegende Beobachtungen insofern prüfen, als man einen festgestellten scheinbaren Sternenweg auch „nach rückwärts" verlängern (extrapolieren) und diese Extrapolationen dann mit Beobachtungen anderer vergleichen könnte.)

In Physik und Chemie ist die Möglichkeit der intersubjektiven Nachprüfbarkeit sogar noch eindeutiger, weil wir es hier nicht, wie in der Astronomie, mit einmaligen, sich so nicht wiederholenden Stellungen aller Körper des Weltalls zueinander zu tun haben, sondern mit beliebig wiederholbaren Reaktionen im Laboratorium, so daß jede Beobachtung eines früheren Wissenschaftlers aufgrund der Herstellung der gleichen Bedingungen wiederholt werden kann.

„Intersubjektive Überprüfbarkeit" in den exakten Wissenschaften heißt also ganz klar: Jeder, der ein normales Wahrnehmungsvermögen hat, der denken gelernt hat und der die entsprechende wissenschaftliche Ausbildung genossen hat, kann von einem anderen Forscher gemachte Beobachtungen und daraufhin abgeleitete Theorien auf ihre Richtigkeit nachprüfen.

Das Kriterium ist also – außer den Fähigkeiten, die mit Selbstverständlichkeit für jedes Individuum vorausgesetzt werden („sehen" und denken können) – die Ausbildung in der betreffenden wissenschaftlichen Methode. Jeder, der die jeweils einschlägige Methode zu handhaben gelernt hat, kann Forschungsergebnisse nachprüfen.

Dieses Methodenkriterium gilt nun nicht nur für die Naturwissenschaften, sondern für jede andere Wissenschaft auch. Denn alle Disziplinen haben ihre Methoden, die jedem zugänglich sind, der sie lernen will, und die eindeutige Kriterien dafür liefern können, was jeweils als richtig oder falsch anzusehen ist.

Jedenfalls kann man nicht einfach darauf abstellen, ob etwas für „jedermann" zu überprüfen ist. Gewiß: ob draußen Schnee liegt oder nicht, das kann jeder feststellen, der sehen kann und der außerdem der weißen Masse, die er sieht, den Prädikator „Schnee" zusprechen kann. Dagegen kann – um ein instruktives Beispiel von Wilhelm *Kamlah*[1] zu übernehmen – natürlich nicht jedermann beurteilen, ob ein bestimmter unter dem Namen Platons überlieferter Brief wirklich von Platon stammt oder nicht. Das bedeutet aber keineswegs, daß die Entscheidung hierüber völlig subjektiv sein muß. Denn die einschlägigen philologisch-historischen Wissenschaften haben für eine solche Entscheidung Methoden geliefert, die *jeder* – aber natürlich auch *nur* derjenige – handhaben kann, der sie gelernt hat, das heißt: der in dem betreffenden Fach

„sachkundig" ist: „Hier kommt als sachkundiger Beurteiler offenbar nur ein philologisch, historisch und philosophisch kompetenter Gelehrter in Betracht."[2] Die Tatsache also, daß ein Physiker oder ein Sozialpsychologe die Richtigkeit der Aussage: „Dieser Brief stammt nicht von Platon" nicht überprüfen kann, weil er die Methode, die man für diese Überprüfung kennen muß, nicht gelernt hat (sondern stattdessen andere Methoden), kann selbstverständlich niemals besagen, daß diese Aussage nicht überprüfbar wäre.

Wir werden uns mit dem Problem der intersubjektiven Überprüfbarkeit noch ausführlich zu beschäftigen haben. An dieser Stelle kam es lediglich darauf an, vorläufig zu zeigen, daß die bei der Nachprüfung verwendeten Kriterien immer von der Methode der *jeweils zuständigen* Wissenschaft abhängen und daher nicht für alle Wissenschaften durch den Richterspruch eines Wissenschaftstheoretikers bestimmter Observanz festgelegt werden können.

II. Beobachtungssprache und theoretische Sprache

Im vorigen Kapitel sahen wir, daß der Erfahrungswissenschaftler die von ihm gemachten Beobachtungen in Hypothesen, Gesetze und Theorien umsetzen muß.

Dabei steht er nun vor folgender Schwierigkeit: er muß Begriffe für beobachtbare Gegenstände in Begriffe für nicht beobachtbare Gegenstände (nämlich in die Begriffe seiner Hypothesen und Theorien) umwandeln.

So kann etwa der Astronom Sterne und ihre scheinbaren Bewegungen direkt beobachten; in den Theorien, die er aufstellt, braucht er aber Begriffe wie „Bahnellipse", „Gravitation" und andere. Die diesen Begriff entsprechenden Gegenstände kann er nicht direkt beobachten.

Daher entsteht das Problem der „Übersetzung" von Beobachtungsbegriffen in theoretische Begriffe – und umgekehrt.[3]

1. Theoretisches Konstrukt und operationale Definition

In diesem Zusammenhang werden nun in der modernen Wissenschaftstheorie zwei ungeläufige Termini gebraucht, die jedoch sehr wichtig sind und die daher erklärt werden müssen: das *„theoretische Konstrukt"* und die *„operationale Definition"*.[4]

Diese Begriffe können wir uns so verständlich machen:

Das theoretische Konstrukt dient der Übersetzung von der Beobachtungssprache in die theoretische Sprache.

Die operationale Definition umgekehrt der Übersetzung aus der theoretischen Sprache in die Beobachtungssprache.

„Konstrukte" wären hiernach zum Beispiel:
In der Physik: „Atom", „Gravitation", „Elektron", „Feld";[5]
in der Psychologie: „Bewußtsein", Sympathie";[6]
in den Wirtschaftswissenschaften: „Konjunktur", „Inflation";[7]
in der Soziologie: „glückliche Ehe", „Bildung", „Wohnkultur".
Für die Beziehung zwischen Beobachtungsbegriffen und theoretischen Begriffen sind natürlich zwei Richtungen möglich.

a. Von der Beobachtung zur Theorie. Wir nehmen in der Erfahrungswelt Beobachtungen vor. Aus diesen Beobachtungen wollen wir Hypothesen, Gesetze und Theorien ableiten. Wir müssen also von der Beobachtungssprache der Protokollaussagen zur theoretischen Sprache der Hypothesen, Gesetze und Theorien übergehen. Das tun wir mit Hilfe *„theoretischer Konstrukte"*. Wir ersetzen das, was wir beobachtet haben, durch etwas, was wir nicht beobachten können, sprechen also von „Bahnellipse", „Gravitation", „Feld" und so fort.

b. Von der Theorie zur Beobachtung. Sehr oft ist es aber auch so, daß uns ein theoretischer Begriff, also ein Konstrukt, bereits vorschwebt, und daß wir nun umgekehrt überlegen: wie können wir das erfassen, was diesem Konstrukt in der Beobachtungswelt entspricht? In diesem Falle wenden wir die *„operationale Definition"* an, das heißt: wir übersetzen das uns vorschwebende „Konstrukt" in Beobachtungsbegriffe; wir ersetzen also etwas, das wir nicht beobachten können, durch etwas, das unseren Sinnen oder unseren Meßgeräten zugänglich ist.

Der Begriff der „operationalen Definition" ist nicht nur neuartig und ungewohnt, sondern auch recht schwierig zu beschreiben und zu verstehen. Eine „operationale Definition" ist keineswegs eine „Definition" in dem von uns im 1. Teil entwickelten allgemeinen Sinne des Wortes. Denn es handelt sich hier nicht um eine strenge Gleichsetzung zweier Ausdrücke oder Wortgruppen, die dann beliebig füreinander gebraucht werden können, sondern um eine gegenseitige Zuordnung von Begriffen, deren Gegenstände keineswegs in einem exakt bestimmbaren Verhältnis zueinander stehen. Logisch und sachlich ist die operationale Definition daher eine sehr problematische Angelegenheit, wie wir später noch sehen werden. Zunächst aber müssen wir mehrere Beispiele für „operationale Definition" bringen, da sonst nicht verständlich wird, was man hierunter überhaupt versteht.

1. Wir beginnen mit einer sozusagen im wortwörtlichen Sinne „operationalen" Definition. Wenn ein Chirurg an einem Patienten eine komplizierte Operation ausgeführt hat, stirbt der Patient oft zwar nicht gleich, aber einige Zeit danach. Die Frage ist dann, ob man die Operation als „gelungen" oder als „nicht gelungen" bezeichnen soll. Das heißt: wie lange muß eigentlich der Patient nach der Vornahme einer Operation noch am Leben bleiben, damit man sagen kann, die Operation war „erfolgreich"? Der „abstrakte" Begriff „erfolgreich" wird daher durch die meßbare Größe „Zeitraum zwischen Operation und Tod" ersetzt. Man kann dann willkürlich – je nach Sachlage und aufgrund einer Vereinbarung in dem jeweiligen Fachgebiet – zum Beispiel einen Zeitraum von zwei Jahren als Kriterium setzen. Das heißt: wenn der Patient noch mindestens zwei Jahre gelebt hat, gilt die Operation als „erfolgreich".

2. In ähnlicher Weise vermögen wir den Begriff „glückliche Ehe" operational zu definieren. Nach Auffassung vieler Sozialwissenschaftler kann man nicht direkt feststellen, ob eine Ehe „glück-

lich" ist oder nicht. Daher wird man in einer Untersuchung „glückliche Ehen" operational definieren etwa als „alle Ehen, die mindestens zehn Jahre bestanden haben, ohne geschieden zu sein". Wie man leicht sieht, hätte eine operationale Definition dieser Art eine doppelte Schwäche: einmal erfaßt sie nicht die Ehen, die später geschieden wurden und daher offensichtlich doch unglücklich waren; und zum anderen wird man auch Ehen, die überhaupt nicht geschieden werden, nicht ohne weiteres als „glücklich" bezeichnen dürfen. Diese Nachteile nimmt man aber bei der operationalen Definition bewußt in Kauf, da man sich an ein beobachtbares Datum halten will und in diesem Fall die Grenze ja irgendwo ziehen muß.

3. Ob jemand „gebildet" ist oder nicht, das kann man – so sagt der analytische Sozialwissenschaftler – nicht unmittelbar feststellen. „Bildung" ist ein bloßes „Konstrukt". Daher ersetzen wir den Begriff „Bildung" in empirischen Untersuchungen durch etwas exakt Feststellbares, nämlich durch den *Schulabschluß* einer untersuchten Person. Denn von jedem Individuum läßt sich ja eindeutig feststellen, ob es Volksschul- oder Realschulabschluß, mittlere Reife einer höheren Schule, Abitur, Hochschulbildung usw. hat.

4. Wir wollen feststellen, welche Mitglieder einer Gruppe welche anderen Mitglieder sympathisch finden und welche nicht. „Sympathie" – so sagen wir wiederum – kann man nicht direkt beobachten; es handelt sich um ein „theoretisches Konstrukt". Jedoch können wir nun folgendes tun. Wir sagen zu den untersuchten Personen: „Nehmen Sie an, Sie hätten heute Geburtstag. In Ihrer Wohnung haben Sie so wenig Platz, daß Sie nur drei Gäste einladen können. Welche drei von Ihren Kollegen (Klassenkameraden usw.) würden Sie dann einladen?" Von den daraufhin genannten Personen wird der Forscher dann annehmen können, daß sie dem Befragten „sympathisch" sind. Der Begriff „Sympathie" wird also operational in den Begriff „zum Kaffee einladen" übersetzt.

5. Ein anderes Konstrukt, das wir hier auch deshalb als Beispiel einführen wollen, weil es später noch für unsere Erörterungen interessant werden wird, ist der Begriff der „Wohnkultur", also eine gewisse gepflegte Häuslichkeit. Auch diesen Begriff können wir

operational definieren, etwa indem wir die Preise der Möbel, ihr Anschaffungsjahr, bestimmte eindeutig zu bestimmende Merkmale, wie kubische Gestaltung, den verwendeten Werkstoff (etwa Teak) registrieren und daraus einen „Index" für die Höhe der „Wohnkultur" bilden.

Aus unseren Beispielen für „operationale Definitionen" wird deutlich, wie schwierig dieser Begriff zu fassen ist.

2. *Kritik*

Die Trennung zwischen „Beobachtungsbegriffen" (operationalen Definitionen) und „theoretischen Begriffen" (Konstrukten) geht von der Voraussetzung aus, daß es wirklich Begriffe gibt, deren Gegenstandskorrelate nicht beobachtet werden können. Die Berechtigung dieser Trennung hängt somit aber davon ab, was man für beobachtbar hält und was nicht.

Wenn wir einen bestimmten Begriff zum „Konstrukt" erheben, so können wir das natürlich nur unter der Voraussetzung tun, daß wir den Gegenstand dieses Begriffes tatsächlich für nicht beobachtbar halten. Denn sonst handelt es sich eben nicht um ein „Konstrukt", sondern um einen Beobachtungsbegriff.

Hier liegen nun aber gewisse Probleme. Und zwar sind sie zweierlei Art.

Einmal geht es um die Frage der Relativität dessen, was auch im Sinne einer analytischen Wissenschaftsauffassung „beobachtbar" ist; und ferner handelt es sich darum, daß es andere sozialwissenschaftliche Auffassungen gibt, denen zufolge die Grenzen der direkten Beobachtbarkeit von Gegenständen sehr viel weiter zu ziehen sind, als das die analytische Wissenschaftsauffassung tut.

Beide Punkte wollen wir nacheinander an Beispielen verdeutlichen.

a. Die Beobachtungsmöglichkeiten in den Naturwissenschaften stehen unter dem Gesetz unaufhaltsamen Fortschrittes. Daher dürfte es häufig vorkommen, daß Gegenstände zunächst, weil sie (noch) nicht beobachtet werden können, zum Objekt von Konstrukten gemacht werden, dann aber, durch die Verbesserung der Forschungstechniken, direkt beobachtbar werden und die ihnen zugeordneten Begriffe nunmehr als Beobachtungsbegriffe anzusprechen sind.

Verdeutlichen wir uns das wieder an unserem astronomischen Beispiel.

Kepler hatte in seinen Gesetzen ausgesprochen, daß die Planetenbahnen Ellipsen seien, in deren einem Brennpunkt die Sonne stehe, und daß sich die Planeten so auf dieser Bahn bewegten, daß sie in Sonnennähe schneller und in Sonnenferne langsamer liefen.

Die in den Keplerschen Gesetzen vorkommenden Begriffe „Ellipse", „Brennpunkt", „wechselnde Bahngeschwindigkeit" und andere haben für uns bis heute den Charakter von „Konstrukten". Denn wir können die Bahnbewegung der Planeten nicht direkt beobachten, sondern nur indirekt aus den uns allein zugänglichen scheinbaren Bewegungen der Planeten erschließen.

So weit, so gut. Nun brauchen wir uns aber nur vorzustellen, daß die Astronautik eines Tages so weit entwickelt sein könnte, daß ein Mensch das gesamte Sonnensystem „von außen", also etwa senkrecht zur Bahnebene der Planeten in angemessener Entfernung schwebend, beobachtet und die Planeten um die Sonne ihre Bahnen ziehen sieht. Alles das, was für Kepler das Ergebnis eines bloßen Induktionsschlusses war, ist für diesen künftigen Augenzeugen dann Gegenstand einer einfachen, direkten Beobachtung.

Hieraus ergibt sich: die Eigenschaft, ein „Konstrukt" zu sein, ist keinem Begriff „sein Leben lang" auf den Leib geschrieben; vielmehr kann diese Eigenschaft in manchen Fällen einfach vom Stand unserer Beobachtungstechnik abhängen.

Wir sehen: selbst innerhalb der analytisch-induktiven Wissenschaftsauffassung kann man mit dem Wort „Konstrukt" gar nicht vorsichtig genug sein.

Offenbar hat sich hier eine Art Hyper-Skeptizismus entwickelt. Aus lauter Furcht, etwas für „wirklich" zu halten, was es nicht ist – ein an sich philosophisch sehr anerkennenswerter Grundsatz –, hat man nun doch wohl oft das Kind mit dem Bade ausgeschüttet, indem man vor lauter Korrektheit manchen Begriff ein „Konstrukt" nennt, dessen Gegenstand in Wahrheit sehr gut direkt beobachtbar ist.[8]

Wir werden uns mit solchem Überskeptizismus noch im Zusammenhang der sogenannten „Reifizierungs-Frage" auseinanderzusetzen haben.

b. Unser erstes Argument gegen die Trennung von Beobachtungs- und theoretischen Begriffen bewegte sich im Rahmen der Wissenschaftsauffassung selber, die diese Trennung fordert.

Ganz anders steht es mit der nun folgenden Erörterung. Man kann den Unterschied zwischen Beobachtungs- und theoretischen Begriffen noch viel radikaler in Frage stellen, wenn man sich auf den Boden einer Wissenschaftsauffassung begibt, die diese Trennung rundweg leugnet, das heißt: für die es in gewissem Sinne überhaupt nur „Beobachtungs"begriffe gibt.

Auch das soll wieder an einem einfachen Beispiel erläutert werden.

Was „Liebe" ist, weiß jeder, der schon einmal verliebt war, unmittelbar aus persönlicher Erfahrung.

Die empiristische Wissenschaftsauffassung und ihre psychologische Spielart, der sogenannte *„Behaviorismus"* (von englisch ‚behaviour', amer. ‚behavior' = ‚Verhalten'), sagen nun jedoch: Was der einzelne Mensch für sich in seinem Innern erlebt und fühlt, kann nicht Gegenstand der Psychologie als Wissenschaft sein. Denn darüber kann man viel fabulieren. Was in einem Menschen vorgeht, können andere Menschen ja nicht beobachten. Infolgedessen ist es *nicht intersubjektiv prüfbar.*

Gegenstand der psychologischen Forschung kann daher nur das an den seelischen Äußerungen des Menschen sein, was für andere Menschen, für Meßgeräte und sonstige außerhalb des Subjekts liegende Instanzen zugänglich ist. Der Psychologe kann daher nur das von außen wahrnehmbare *Verhalten* des Menschen beobachten. Die Verbindung zwischen diesem beobachtbaren Verhalten des Menschen und dem, was möglicherweise in ihm vorgeht, muß daher, genau wie in den anderen analytischen Wissenschaften auch, durch die Anwendung von „operationalen Definitionen" einerseits und von „theoretischen Konstrukten" andererseits hergestellt werden.

„Liebe" ist ein bloßes Konstrukt, nicht etwas direkt Beobachtbares. Dieses Konstrukt „Liebe" muß daher operational definiert, das heißt in Begriffe für beobachtbare Gegenstände umgesetzt werden.

Daher wird der behavioristische Psychologe sagen: ob ein Mensch „verliebt" ist, kann ich nicht direkt, sondern nur mit Hilfe beobachtbarer Indizien feststellen, etwa physiologischer: Erröten, schnellerer Puls, oder sozialer: Häufiges Zusammensein zweier Personen verschiedenen Geschlechts, Hand in Hand gehen usw. Je nach dem Grade solcher Indizien könnten wir dann – auch etwa im Vergleich verschiedener beobachteter Individuen – eine schwächere oder stärkere Verliebtheit feststellen.

Nun gibt es aber in Soziologie und Psychologie eine ganz andere Auffassung von den seelischen Vorgängen im Menschen. Das ist – wie wir sie andeutend nennen wollen – die geisteswissenschaftlich-phänomenologische Auffassung.

Nach ihr gilt die sogenannte „Introspektion" (also das In-sich-selbst-Hineinsehen des einzelnen Individuums) als legitime wissenschaftliche Methode.

Hier sagt man also: da jeder Mensch – auch der Wissenschaftler – aus eigener innerer Erfahrung weiß, was „Liebe" ist und was in einem vorgeht, wenn man verliebt ist, bedarf es offenbar gar nicht des Umweges über von außen feststellbare Indizien, um etwas über die Liebe zu erfahren. Vielmehr genügt es völlig, in sich selbst hineinzusehen und das aufzuschreiben, was man an psychischen Zuständen, Gefühlen usw. in sich entdeckt. Ob das, was ein bestimmtes Individuum so zu Papier bringt, „richtig" ist oder nicht, kann ein anderes Individuum sehr wohl beurteilen, obwohl es nicht in dem anderen „drinsteckt". Denn es hat selbst ähnliche Erlebnisse gehabt und kann diese Erfahrungen mit dem vergleichen, was andere darüber zu Protokoll geben. (Über die hier natürlich auftretenden Probleme der sprachlichen Formulierung von Introspektionsergebnissen brauchen wir an dieser Stelle nicht zu sprechen. Es geht nur um das Grundsätzliche.)

Einerseits ist also auch das Beobachtungsprotokoll einer Introspektion sehr wohl intersubjektiv überprüfbar. Zum anderen ist die Introspektion der bloßen Beobachtung von außen offensichtlich darin überlegen, daß sie die gegebenen Sachverhalte viel feiner und differenzierter erfaßt.

Hieraus folgt, daß für die phänomenologische Auffassung „Liebe" kein „Konstrukt" ist, das erst durch eine „operationale Definition" der Beobachtung zugänglich gemacht werden müßte, sondern selbst ein „Beobachtungsbegriff", der in der Erfassung eigener seelischer Zustände unmittelbar zugänglich ist.

Diese Argumentation läßt sich natürlich auf alle möglichen anderen Gegenstände übertragen. Das Ergebnis wäre, daß für eine geisteswissenschaftlich-phänomenologisch verfahrende sozialwissenschaftliche Methode die Begriffe „operationale Definition" und „theoretisches Konstrukt" entbehrlich wären, weil hier völlig andere Prinzipien der Begriffsbildung angezeigt sind. In den späteren Teilen unserer Darstellung werden wir uns mit dieser Frage noch ausführlich zu beschäftigen haben; wichtig ist es aber, uns schon jetzt vor Augen zu halten, daß das analytisch-behavioristische Modell der Sozialwissenschaft nicht das einzig mögliche ist.

B. Die Frage nach den „Allsätzen" in den Sozialwissenschaften

Wie wir bereits sahen, übernahmen die analytisch-induktiv eingestellten Sozialwissenschaftler von den Naturwissenschaftlern die Frage nach den „Allsätzen", das heißt den allgemeinen Gesetzen.

Man sagte sich: genau so, wie die Gegenstände der Naturwissenschaften unter gleichen Bedingungen – gemäß den allgemeinen Naturgesetzen – gleiche Reaktionen zeigen, genau so müßten auch alle Menschen sich in vergleichbaren Sozialsituationen gleich verhalten; es müßte daher möglich sein, aus dem sozialen Verhalten des Menschen allgemeine Gesetze für dieses Verhalten abzuleiten.

I. Verhalten sich die Menschen in gleichen Situationen gleich?

Der Naturwissenschaftler kann mit Fug und Recht der Überzeugung sein, daß gleiche Gegenstände oder Elemente sich unter gleichen Bedingungen auch gleich verhalten müssen. Er wird daher nach möglichst allgemeinen Sätzen suchen dürfen – auch wenn sie nicht auf „Kausalität", sondern auf Wahrscheinlichkeit beruhen. Das erscheint ganz selbstverständlich. Es ist kein Grund einzusehen, warum der Naturwissenschaftler nicht nach Gleichförmigkeiten in seinem Bereich suchen sollte.

Dagegen ist es sehr die Frage, ob das auch für die Sozialwissenschaften gilt. Weshalb soll es eigentlich unbedingt das Ziel der Sozialwissenschaften sein, nachzuweisen, daß die Menschen sich in gleichen Situationen auch gleich verhalten?

Man könnte das Umgekehrte viel interessanter finden: zu zeigen, daß die verschiedenen Menschen sich in gleichen Situationen auch *verschieden* verhalten. Zwar sagt Klaus *Roghmann:*[9] „Nicht die Person ist Gegenstand der Soziologie, sondern das soziale System. Personen interessieren den Soziologen inhaltlich nur als Rollenträger und Akteure in Systemen und methodisch nur als Erhebungsobjekte." Ohne Späterem vorgreifen zu wollen, müssen wir uns schon hier fragen, ob das die einzig mögliche Auffassung von Soziologie ist. Es könnte nämlich sein, daß auch und gerade die Feststellung, daß der Mensch *nicht immer* nur Rollenträger ist, *als solche* eine *soziologische* Aussage ist, weil sie mit der sozialen Wirklichkeit des Menschen zu tun hat.

Nun wird es dem analytisch eingestellten Sozialwissenschaftler keineswegs leicht gemacht, die von ihm gesuchten allgemeinen Gesetze überhaupt aufzuspüren. In der empirischen Einzelforschung findet er nämlich zunächst individuelle Sachverhalte vor, die eher zu der Annahme führen, daß die Menschen unter gleichen Voraussetzungen verschiedene Eigenschaften zeigen.

II. Mengen, Eigenschaften, Variablen (Teils-Teils-Sätze)

Nehmen wir als Ausgangspunkt wieder unser Beispiel von den Schwänen.

Wir hatten gesehen, daß der „Allsatz": „Alle Schwäne sind weiß" nicht zutreffen kann, da es auch schwarze Schwäne gibt. Daher hatten wir an die Stelle dieses Allsatzes einen „Teils-Teils-Satz" gesetzt: „95% aller Schwäne sind weiß, und 5% sind schwarz." Dieser Satz, so hatten wir festgestellt, braucht auch dann noch nicht als widerlegt betrachtet zu werden, wenn der Prozentanteil beider Schwanarten von den genannten Werten geringfügig abweicht; es könnte sogar eine „vernachlässigbare" Anzahl roter oder gar blauer Schwäne verkraftet werden.

Versuchen wir nun, die Überlegungen zu unserem Schwanbeispiel auf die Sozialwissenschaften zu übertragen.

Zunächst wollen wir uns an unsere Begriffsbestimmungen aus dem 1. Teil erinnern.

Wir hatten dort gesehen: eine „Menge" ist die Gesamtheit aller Gegenstände, denen ein bestimmter Prädikator zugesprochen werden kann. Die „Menge aller Schwäne" ist also die Gesamtheit jener Gegenstände, denen der Prädikator „Schwan" zugesprochen wird.

Wir „ernennen" nun die Menge der Schwäne zu unserer „Grundgesamtheit". Diese Grundgesamtheit besteht also aus lauter Gegenständen, denen der Prädikator „Schwan" zukommt, oder die, wie wir bekanntlich auch sagen können, die Eigenschaft haben, ein Schwan zu sein.

In dieser Eigenschaft, ein Schwan zu sein, sind sich alle Elemente der Grundgesamtheit „Schwäne" also gleich. Diese Eigenschaft ist es also gerade *nicht*, die uns interessiert. Vielmehr sprechen wir nunmehr den Gegenständen, denen bereits der Prädikator „Schwan" zugesprochen wurde, einen zweiten Prädikator zu. Dieser Prädikator ist – zunächst ganz allgemein gesagt – ihre „Farbe". Alle Schwäne haben eine Farbe, sie sind „farbig". Diese Eigenschaft „eine Farbe haben" kann nun in verschiedenen *Ausprägun-*

gen auftreten. Schwäne können zumindest weiß oder schwarz sein; wir kennen außerdem noch die sieben „Regenbogenfarben" usw. Wir nennen daher die Eigenschaft „irgendeine Farbe haben" auch eine „*Variable*". Eine Variable ist also eine Eigenschaft, die verschiedene Werte annehmen kann (wie uns das ja bei *quantitativen* Variablen wie Länge, Gewicht usw. sehr vertraut ist). Demnach ist die Farbe der Schwäne also eine Variable, die zunächst die Werte „weiß" und „schwarz" aufweisen kann.

Aus der Grundgesamtheit der Schwäne entnehmen wir nun unsere Stichprobe und zählen aus, wie viele Schwäne weiß und wie viele schwarz sind. Von dem Ergebnis der Stichprobe schließen wir auf die Gegebenheiten in der Grundgesamtheit, indem wir einen Bereich angeben, innerhalb dessen der wahre Anteil der weißen und schwarzen Schwäne wahrscheinlich liegen muß.

Mit Hilfe der Statistik gehen wir also so vor: Aufgrund einer bestimmten Eigenschaft (Schwan-Sein) legen wir die zu untersuchende Menge (Schwäne) fest. Dann nehmen wir eine zweite Eigenschaft (Farbigkeit) und untersuchen, in welcher Ausprägung diese zweite Eigenschaft bei den Elementen, die durch die erste Eigenschaft bestimmt sind, auftreten. Wenn diese zweite Eigenschaft dann zwei oder mehr Ausprägungen (weiß, schwarz) zeigt, also eine Variable mit zwei oder mehr Werten ist, können wir einen Teils-Teils-Satz aufstellen, der angibt, wieviel Prozent der Elemente der Grundgesamtheit welchen Wert der Variablen aufweisen (wie viele Schwäne weiß, wie viele schwarz sind).

Zu beachten wäre noch, daß grundsätzlich alle Prädikatoren gleichberechtigt sind, wie wir ja im Teil 1 bei der Erörterung der „Prädikatoren-Koordinaten" feststellten. Es ist daher im Prinzip gleichgültig, ob wir die Schwäne daraufhin befragen, ob sie weiß oder schwarz sind, oder ob wir umgekehrt alle weißen Gegenstände daraufhin untersuchen, ob sie Schwäne, Gänse, Papierblätter, Schimmel oder Schneebälle sind.

Dieses Modell des Teils-Teils-Satzes können wir nun in den sozialen Bereich übertragen. So können wir etwa alle Einwohner Kölns daraufhin untersuchen, ob sie evangelisch oder katholisch sind, oder ob sie einer sonstigen Konfession angehören. Die

Eigenschaft der Grundgesamtheit wäre hier: „Einwohner Kölns sein", die untersuchte Eigenschaft (Variable mit mehreren möglichen Werten) wäre: „einer Religionsgemeinschaft angehören", und diese Eigenschaft könnte verschiedene Ausprägungen zeigen, wie etwa „katholisch" und „evangelisch".

Auch hier könnten wir, wenn wir wollten, die Rolle der beteiligten Eigenschaften umkehren: so könnten wir etwa die Katholiken als Grundgesamtheit untersuchen und fragen, wieviel Prozent aller Katholiken in Köln wohnen.

Diese Umkehrung der „Prädikatoren-Koordinaten" ist in der Sozialstatistik sogar sehr häufig; so kann man zum Beispiel einerseits fragen, wieviel Prozent der Medizinstudenten Arztkinder sind und andererseits, wieviel Prozent der Arztkinder Medizin studieren.[10]

III. Zur Kritik der Allsätze in den Sozialwissenschaften

Nunmehr können wir zu einigen Beispielen übergehen, um an ihnen die Problematik der Aussagenbildung in den Sozialwissenschaften aufzurollen.

1. Beispiel: Studienräte

Der Soziologe Janpeter *Kob*[11] hat vor einiger Zeit bei einer Befragung in vier norddeutschen höheren Schulen festgestellt, daß 44% der befragten Studienräte eigentlich gar nicht Studienrat werden wollten, sondern bereits in anderen Berufen tätig waren und erst nachträglich in den Beruf des Studienrates hineingingen (sekundäre Berufswahl). Nur die gute Hälfte aller befragten Studienräte also wollte von Anfang an Studienrat werden (primäre Berufswahl).

Nun weiß man im einzelnen natürlich nicht, wie weit Kobs interessantes Ergebnis für das Gebiet der Bundesrepublik *repräsentativ* ist (jedoch spricht viel dafür, daß die Repräsentativität recht gut ist). Aber das braucht uns im einzelnen nicht zu beschäftigen. Vielmehr können wir für die Zwecke unseres Beispiels annehmen, daß das Kobsche Ergebnis in der Tat repräsentativ für die Studienräte der gesamten Bundesrepublik sei.

Da es nun ferner (wie wir unten noch genauer sehen werden) bei solchen Sachverhalten kaum auf eine genaue Quantifizierung ankommt, sondern nur auf einen ungefähren Anhalt, für den eine Genauigkeit von 10 oder gar 20% völlig ausreicht, können wir für unsere Zwecke Kobs Ergebnis auch *abrunden* und einfach sagen. „In den 1950er Jahren wollte rund die Hälfte aller Studienräte in der Bundesrepublik Deutschland eigentlich gar nicht Studienrat werden (sekundäre Berufswahl), und nur die andere Hälfte steuerte von vornherein auf den Beruf des Studienrats zu (primäre Berufswahl)."

Dies wäre also ein typischer sozialwissenschaftlicher Teils-Teils-Satz, in dem von einer Grundgesamtheit, den Studienräten der Bundesrepublik Deutschland um 1955, ausgesagt wird, daß sie hinsichtlich der Variablen „primäre oder sekundäre Wahl des Studienratsberufs" zwei Werte zeigt, die sich etwa zu je der Hälfte auf die Gesamtheit verteilen.

Im Aufbau ist dieser Satz also nicht anders zu beurteilen als es der folgende wäre:

„Die eine Hälfte aller Schwäne ist weiß, die andere Hälfte schwarz."

Kobs Ergebnis als solches ist recht interessant, weil es (so nehmen wir hier an) einen statistisch gesicherten Aufschluß über das Verhältnis der Lehrer der gegenwärtigen deutschen höheren Schule zu Wissenschaft und Pädagogik und überhaupt über die berufspsychologische Situation der Studienräte gibt. Man ist aus diesem Grunde naiverweise geneigt, dieses Ergebnis als solches bereits als Endzweck sozialwissenschaftlicher Bemühungen zu betrachten und etwa als Material in eine beschreibende Soziologie der Bundesrepublik einzubauen oder für praktische Maßnahmen zu verwerten.

Diskutiert man es jedoch mit einem analytisch eingestellten Sozialwissenschaftler, so erfährt man, daß dieser Satz in keiner Weise den Anforderungen genügt, die an allgemeine Sätze der Sozialwissenschaften zu stellen sind.

So enthält dieser Satz zunächst eine raumzeitliche Begrenzung. Er gilt nur für das Gebiet der Bundesrepublik und außerdem nur für die Gegenwart. Er enthält ferner die spezifisch deutsche Bezeichnung „Studienrat“: ‚Lehrer an höheren Schulen der Bundesrepublik Deutschland‘. Selbst die Begriffe „primäre“ oder „sekundäre Berufswahl“ könnte man noch als zu speziell ansehen, da sie auf ein bestimmtes inhaltliches Moment – eben den „Beruf“ – abgestellt sind.

Nehmen wir nun zunächst an, das Bestreben, jede einzelne sozialwissenschaftliche Aussage in einen möglichst allgemeinen Satz zu überführen, sei sinnvoll und berechtigt. Dann müßten wir zunächst versuchen, alle Möglichkeiten durchzuspielen, die sich für diese Umsetzung anbieten.

Zunächst könnten wir an „Allsätze“ denken wie:

„Alle Studienräte wollen zunächst etwas anderes werden.“

Und:

„Alle Studienräte wollen von vornherein Studienrat werden.“

Sätze dieser Art wären schlicht falsch, da sie dem sorgfältig erhobenen empirischen Befund widersprechen würden; sie wären also ein Beispiel für „falsifizierte“ Allsätze im Sinne Poppers. Wenn in einer methodisch einwandfreien Befragung (und das unterstellen wir hier natürlich) die Hälfte der Befragten diese, die andere Hälfte jene Antwort äußert, so ist das für eine sich selbst als „empirisch“ verstehende Sozialwissenschaft ein *„Datum“*, um das sie nicht herumkommt.

Wir könnten daher an eine andere Verallgemeinerung denken. Wir ersetzen den typisch deutschen Terminus „Studienrat“ durch den international normierten Terminus „Lehrer an Sekundarschulen“ und sagen nun:

„Die Hälfte aller Lehrer an Sekundarschulen wählte ihren Beruf primär, die andere Hälfte dagegen erst sekundär.“

Auch diese Verallgemeinerung wäre offensichtlich falsch. Denn die zugrundeliegende empirische Erhebung wurde nur in der Bundesrepublik Deutschland vorgenommen und kann daher nur für die Verhältnisse Westdeutschlands gelten. Es ist unwahrscheinlich, daß Befragungen in anderen Ländern das gleiche Ergebnis bringen würden. Und zwar aus einem nur geschichtlich zu verstehenden Grunde. Daß in Deutschland so viele Studenten der philologischen Fächer alles andere, nur gerade nicht Studienrat werden wollen, hängt mit der Humboldtschen Idee der philosophischen Fakultät zusammen. Eine Ausbildungsstätte für künftige Lehrer an höheren Schulen, die mehr den eigentlichen Berufszweck als die Beschäftigung mit der Wissenschaft um ihrer selbst willen betonen würde, könnte es gar nicht erst dahin kommen lassen, daß so viele Studenten der philologischen Fächer sich Illusionen über rein wissenschaftliche Laufbahnen außerhalb der Schule hingeben würden. In Ländern also, die eine rein praktisch bestimmte Ausbildung der Lehrer für Sekundarschulen kennen, würde der in Deutschland zu beobachtende Tatbestand gar nicht auftreten.

Völlig fehl am Platz wäre auch eine Verallgemeinerung wie diese:

„Die Hälfte aller Berufstätigen ist erst sekundär zu ihrem Beruf gekommen."

Eine solche Verallgemeinerung wäre sogar doppelt unkorrekt, da nur deutsche Studienräte, nicht aber Nichtdeutsche und Nichtstudienräte befragt wurden. Auch hier ist die Übertragbarkeit der Aussage „a priori" unwahrscheinlich, da nicht anzunehmen ist, daß zum Beispiel die Hälfte aller Diplomingenieure eigentlich etwas anderes werden wollte.

Alle diese Überlegungen zeigen uns, daß in der analytischen Sozialwissenschaft an Verallgemeinerungen ganz anderer Art gedacht werden muß. Die Verallgemeinerungen, die man dort im Auge hat, wollen nämlich vom *inhaltlichen* Zusammenhang solcher Sätze völlig *absehen.*

Probleme der Berufswahl oder gar speziell des Studienratsberufes interessieren eine streng analytisch vorgehende Soziologie in letzter Konsequenz gar nicht mehr. Vielmehr sollen empirische Ergebnisse dieser Art nur Bausteine zur Aufstellung allgemeinster sozialpsychologischer Gesetzmäßigkeiten sein. Das Problem der „Induktion" besteht hier also nicht darin, daß relativ spezialisierte Aussagen wie die über die Berufwahl der Studienräte methodologisch-statistisch abgesichert werden sollen, damit man in diesem Einzelfall klar sieht, sondern darin, daß diese Sätze, deren Abgesichertsein bereits vorausgesetzt wird, ihrerseits zu allgemeinen sozialpsychologischen Aussagen, das heißt zu Aussagen über das Verhalten „des" Menschen, verallgemeinert werden sollen.

Ein solcher allgemeiner sozialpsychologischer Satz wäre zum Beispiel: „Der Mensch verhält sich immer so, daß er die größtmögliche *Belohnung* erfährt."[12]

Angewendet auf unser Beispiel würde das heißen: Der Student der Philosophischen Fakultät will zunächst Professor oder Schriftsteller werden, weil er sich davon eine höhere „Belohnung" verspricht als vom Ergreifen des Studienratsberufes. Wenn er dann feststellt, daß dieses Berufsziel sich nicht realisieren läßt, wird er Studienrat, weil ihm das dann immerhin noch „belohnender" erscheint, als überhaupt keinen Beruf auszuüben und zu verhungern.

An dem Wort „Belohnung" sollte man sich in diesem Zusammenhang nicht stoßen. Zwar legt es den Gedanken an die Herkunft der Sozialpsychologie aus Tierversuchen nahe, in denen Ratten, die sich aus einem Käfig befreit haben, Futter winkt – grundsätzlich kann jedoch „Belohnung" alles bedeuten, vom unmittelbar „Materiellen" bis zum Bewußtsein, eine gute Tat vollbracht zu haben.

Andererseits ist es aber gerade diese weite Bedeutung des Begriffes Belohnung, die uns skeptisch stimmen muß. Wenn man nämlich alle möglichen Handlungen des Menschen auf das „Gesetz" zurückführt: „Der Mensch verhält sich immer so, daß er die größtmögliche Belohnung erfährt", müssen ja die sozialwissenschaftlichen Sätze am Ende von allem Inhaltlichen entkleidet werden und nur noch formale Feststellungen von einer Allgemeinheit anzubieten haben, angesichts derer man sich fragt, welchen Hund sie noch hinter dem Ofen hervorlocken sollen.

Diese Frage wird sich angesichts der folgenden Beispiele noch schärfer stellen.

2. Beispiel: Interaktion und Sympathie

Der bekannte amerikanische Sozialpsychologe George Caspar *Homans* hat eine Art „Gesetz" über den Zusammenhang zwischen „Interaktion" (das heißt: Miteinanderhandeln) und „Sympathie" aufgestellt, das in einer der mehreren Formulierungen, die Homans dafür bringt, folgendermaßen lautet:[13]

„Wenn sich die Häufigkeit der Interaktion zwischen zwei oder mehr Personen erhöht, so wird auch das Ausmaß ihrer Neigung füreinander zunehmen, und vice versa."

Das ließe sich etwa so „übersetzen":

„Menschen, die – zum Beispiel als Arbeitskollegen – dauernd miteinander umgehen, werden einander von selbst sympathischer, als sie es wären, wenn sie nichts miteinander zu tun haben (weil auch einem auf den ersten Blick gleichgültige oder gar unsympathische Menschen im näheren Verkehr ihre ‚guten Seiten' offenbaren). Mit Leuten, die einem so sympathisch geworden sind, geht man jedoch wiederum gerne um. Daher kann man also sagen, daß gegenseitiger Umgang zu gegenseitiger Sympathie und diese gegenseitige Sympathie wieder zu einer Verstärkung des gegenseitigen Umgangs führt."

Auch das Homanssche Gesetz bietet – genau wie schon das „Belohnungs"-gesetz – einen Sonderfall der Grundthese der Sozialpsychologie: „In gleichen sozialen Situationen verhalten sich alle Menschen gleich."

Zweifellos trifft diese Grundthese ein Stück sozialer Realität. Jeder von uns entdeckt an sich selber – oft mit Ärger und Beschämung –, daß er in bestimmten Situationen „typisch" reagiert – etwa in Angstsituationen, im Umgang mit Vorgesetzten, beim Versuch, sich gegen Vorwürfe zu rechtfertigen und so fort. Andererseits jedoch sagt uns die Lebenserfahrung auch, daß Menschen in gleichen Sozialsituationen verschieden reagieren können.[14]

Gehen wir dem Homansschen Gesetz etwas nach.

Ein Lehrer kommt neu in ein Kollegium; ein Professor wird in eine Fakultät berufen; ein Kind, dessen Eltern umgezogen sind, kommt als „Neuer“ in eine Klasse. In solchen und ähnlichen Fällen ist die Ausgangssituation des Homansschen Gesetzes besonders klar verwirklicht. In solchen Fällen bestehen zunächst absolut gleiche „Startbedingungen“: die „Interaktions“möglichkeiten des „Neuen“ mit allen vorhandenen untereinander gleichberechtigten Angehörigen des Kollegiums oder der Klasse sind ursprünglich völlig gleich. Der Neuling kennt noch niemanden und steht zu jedem – da es sich um eine Gruppe von lauter Gleichberechtigten handelt – grundsätzlich in der gleichen Beziehung. Wie sich die „Integration“ des „Neuen“ in das gegebene Kollegium in der sozialen Wirklichkeit meist vollzieht, weiß jeder aus persönlicher Erfahrung: *es „kann“ keineswegs jeder mit jedem gleich gut.* Auch bei formaler Startgleichheit differenzieren sich die Beziehungen sofort. Die Sympathiebeziehungen, die sich zwischen dem „Neuen“ und den übrigen Kollegen entwickeln, sind von dem Maß der Interaktion weitgehend unabhängig. – Nun ist natürlich auch in solchen Kollegien der Fall denkbar, daß der „Neue“ zu einzelnen Kollegen formell in ein engeres Interaktionsverhältnis tritt als zu anderen. (Beispiel: ein Studienreferendar bekommt einen „Mentor“ zugeteilt, mit dem er zwangsläufig mehr „interagiert“ als mit den anderen Kollegen.) In diesem Fall können sich die Sympathiebeziehungen geradezu der Homansschen These entgegengesetzt entwickeln: ich fühle mich zu jemanden hingezogen, mit dem ich „offiziell“ gar nichts zu tun habe, während mir diejenigen, mit denen ich „von Amts wegen“ dauernd umgehen muß, völlig gleichgültig bleiben.

Das Homanssche Gesetz erfaßt die soziale Wirklichkeit also insofern nur unvollkommen, als Sympathiebeziehungen nicht einfach vom Interaktionsgrad abhängen, sondern offensichtlich von ganz anderen Faktoren beeinflußt werden können.

Auch die Umkehrung des Ausgangssatzes: „Sympathie führt zu erhöhter Interaktion“ muß keineswegs immer zutreffen. So ist es zum Beispiel möglich, daß manche Personen den Umgang gerade mit den Menschen meiden, die ihnen am sympathischsten sind, weil sie sich nicht aufdrängen wollen, weil sie taktvolle Distanz für das beste Mittel halten, ihre Sympathie zum Ausdruck zu bringen.

Oder: man ist zwar privat zusammen, aber gerade nicht vor den anderen, so daß der die Gruppe als solche beobachtende Sozialforscher von dieser Interaktion nichts bemerkt, obwohl die Sympathie durchaus gegeben ist.

Unser Ergebnis ist: wo Sympathie wirklich entsteht und wo sie nicht entsteht, würde durch ein so allgemeines Gesetz wie das der Wechselwirkung von Interaktion und Sympathie gar nicht erklärt werden können. Es gibt Interaktion ohne (vorangehende oder nachfolgende) Sympathie, und es gibt Sympathie ohne (vorangehende oder nachfolgende) Interaktion.

Aufgabe einer „Sozialpsychologie der Sympathie" müßte es daher sein, die – ohne Zweifel zahlreichen und komplizierten – Faktoren aufzufinden, aufgrund derer im Einzelfall tatsächlich Sympathie entsteht. Grobe Gesetzmäßigkeiten helfen hier nicht weiter. Es kann also nicht nur darum gehen, pauschale Gesetze (mögen sie auch vieles decken) zu formulieren und individuelle Fälle unerklärt zu lassen, sondern eine schmiegsame Analyse der im Einzelfall wirksamen Faktoren müßte erlauben, auch den individuellen Sonderfall aufzuklären. Paradox formuliert: man müßte die *allgemeinen* Faktoren finden, die das *Individuelle* erklären. Bisher kennen wir in den geschichtlichen und in den Sozialwissenschaften nur die Alternative, entweder beim Allgemeinen stehen zu bleiben und das Individuelle nicht mehr zu erklären (so die Sozialpsychologie), oder gleich beim Individuellen als solchem zu bleiben und nicht zum Allgemeinen vorzudringen (so die Geschichtswissenschaft, gerade wo sie anschmiegsam „hermeneutisch" arbeitet).[15] Aber das ist ein umfassendes Problem, das im Zusammenhang der Erörterung der hermeneutischen Methoden noch ausführlicher aufgegriffen werden muß.

3. Beispiel: Selbstmord

Ein anderes für die Ableitung sozialpsychologischer Allsätze aus empirischen Beobachtungen illustratives Beispiel vermittelt uns Robert K. *Merton.*[16] Merton greift die seit Emile *Durkheim* der Sozialforschung geläufige Feststellung auf, daß Katholiken eine geringere Selbstmordrate aufweisen als Protestanten.

Die Erklärung dieser Tatsache läßt sich in historischen Ausdrükken unmittelbar etwa so formulieren:

„Die christliche Religion mißbilligt den Selbstmord. Innerhalb der Christenheit hat die katholische Kirche ihr Kirchenvolk mehr an der Kandare als die evangelischen Kirchen das ihre."

Merton bringt die Erklärung dieser Tatsache auf eine allgemeine sozialpsychologische Form:

„1. Sozialer Zusammenhalt sorgt für seelische Unterstützung von Gruppenmitgliedern, die akuten Druck- und Angstsituationen unterworfen sind.

2. Selbstmordraten sind Funktionen ungemilderter Angst- und Drucksituationen, denen Personen unterworfen sind.

3. Katholiken haben größeren sozialen Zusammenhalt als Protestanten.

4. Daher kann man unter Katholiken geringere Selbstmordraten vorhersagen als unter Protestanten."

Diese Argumentation können wir noch ordnen und straffen:

1. Katholiken haben größeren sozialen Zusammenhalt. (= 3.)
2. Sozialer Zusammenhalt mildert Angstsituationen. (= 1.)
3. Die Milderung von Angstsituationen verhindert Selbstmord. (= 2.)
4. Also begehen Katholiken weniger Selbstmord. (= 4.)

Diese vier ineinander verhakten Sätze können wir auch als einfache Kette darstellen:

Katholisch → Sozialer Zusammenhalt → Milderung von Angstsituationen → Verhinderung von Selbstmord.

In dieser Argumentation steckt ein Denkfehler – und zwar ein für die sozialpsychologische Denkweise sehr bezeichnender Fehler.

In der Reihe:

Sozialer Zusammenhalt → Milderung von Angstsituationen → Verhinderung von Selbstmord

wird zweierlei als allgemeingültig vorausgesetzt, was es gar nicht zu sein braucht, nämlich die beiden Verknüpfungen:

a) Satz 2: Sozialer Zusammenhalt mildert Angstsituationen (und gegenteilig); b) Satz 3: Die Milderung von Angstsituationen verhindert Selbstmord (und gegenteilig).

Zu a) (Satz 2): Ob sozialer Zusammenhalt Angstsituationen mildert, ist insofern schwierig zu prüfen, als nicht genau ersichtlich ist, was man unter „sozialem Zusammenhalt" zu verstehen hat. Sofern hier hinein auch das gehört, was man „soziale Kontrolle" und „sozialen Zwang" nennt, so könnte man sagen, daß „sozialer Zusammenhalt" Angstsituationen gerade fördern kann.

Zu b) (Satz 3): Ob das Fehlen von Angst- und Drucksituationen Selbstmord verhindert oder nicht, hängt von der Einschätzung des Selbstmordes in der jeweiligen Gesellschaft ab. In einer Gesellschaft, die den Selbstmord als höchste Vollendung der Willensfreiheit des Menschen schätzt, würde Selbstmord gerade nicht oder nicht nur durch Angstsituationen ausgelöst, sondern im Gegenteil durch den Willensentschluß starker und sicherer Persönlichkeiten.

Das bedeutet: wenn Katholiken weniger, Protestanten mehr Selbstmord begehen, so kann das auch durch die genauen Umkehrungen von Satz 2 und 3 erklärt werden: Sozialer Zusammenhalt verstärkt Angstsituationen – und eben diese Angst verhindert den (sozial mißbilligten!) Selbstmord – und umgekehrt: Protestanten haben weniger Angst vor der Abweichung von den Sozialnormen ihrer Kirche und nehmen sich daher eher die Freiheit des Selbstmordes.

Hieraus folgt, daß wir an den „Scharnierstellen" der Argumentation nicht nur eine, sondern jeweils zwei Möglichkeiten einsetzen müssen. Für eine Folge von drei Gliedern ergibt sich nach den Regeln der Kombinatorik eine Liste von acht Möglichkeiten, wie „sozialer Zusammenhalt", „Angstsituation" und „Selbstmord" zusammenhängen können:

1. Starker Zus.halt	→ keine Angstsituation	→ kein Selbstmord
2. Starker Zus.halt	→ keine Angstsituation	→ Selbstmord
3. Starker Zus.halt	→ Angstsituation	→ kein Selbstmord
4. Starker Zus.halt	→ Angstsituation	→ Selbstmord
5. Schwacher Zus.halt	→ keine Angstsituation	→ kein Selbstmord
6. Schwacher Zus.halt	→ keine Angstsituation	→ Selbstmord
7. Schwacher Zus.halt	→ Angstsituation	→ kein Selbstmord
8. Schwacher Zus.halt	→ Angstsituation	→ Selbstmord

Diese Tabelle berücksichtigt alle möglichen Konstellationen.

a) Die Fälle „Starker Zusammenhalt – Angstsituation" (3 und 4) und „Schwacher Zusammenhalt – keine Angstsituation" (5 und 6) würden dem Satz 2 widersprechen, und

b) die Fälle „keine Angstsituation – Selbstmord" (2 und 6) und „Angstsituation – kein Selbstmord" (3 und 7) dem Satz 3.

Von den acht möglichen Fällen würden also nur Fall 1 und 8 der angeblich allgemeingültigen Selbstmordtheorie entsprechen. Fall 3 und 6 würden zwar ebenfalls erklären, weshalb Katholiken weniger, Protestanten mehr Selbstmord verüben, aber mit genau entgegengesetzten Thesen. Daß die Selbstmordtheorie trotzdem aufgestellt werden konnte, beruht offensichtlich auf einer gewissen historischen Naivität, die bestimmte gesellschaftliche Verhältnisse und bestimmte Auffassungen von der Bedeutung des Selbstmordes für die Menschen verallgemeinert.

Unsere Überlegung zeigt uns also: es ist nicht möglich, den Zusammenhang von Gesellschaftsform und Selbstmord auf ein allgemeingültiges Gesetz zu bringen. Vielmehr bleibt kein anderer Weg, als historisch gegebene Gesellschaften daraufhin zu untersuchen: a) was sie theoretisch-dogmatisch vom Selbstmord hielten, b) was für Selbstmorde tatsächlich stattfanden.

In jedem Fall wird der Zusammenhang von gesellschaftlichen Verhältnissen und Selbstmord nur in historischen Begriffen formuliert werden können.

IV. Sozialpsychologische Tautologien

In allen unseren Beispielen wird ein Grundproblem der sozialpsychologischen Fragestellung sichtbar, das kaum ausgeräumt werden kann:

Das ist die Vieldeutigkeit und die Relativität der *Grenze zwischen individuellen und allgemeinen Begriffen* und Aussagen im sozialen Bereich. Es gibt so unendlich viele Grade der möglichen Abstraktion empirisch-individueller zu allgemeinen Aussagen, daß man überhaupt nicht mit Sicherheit sagen kann, an welchem Punkt denn nun eine Abstraktion erreicht ist, die den Anforderungen der analytischen Sozialwissenschaft genügt. Kein Begriff kann so allgemein sein, als daß er sich nicht auf einen noch allgemeineren bringen ließe. An welchem Punkt soll man da aufhören? Eine immer weiter getriebene Verallgemeinerung und Abstraktion würde schließlich dazu führen, daß *jeder* sozialpsychologische Begriff *auf denselben Allgemeinbegriff* reduziert würde und daher nur noch Tautologien übrig blieben. Das möge folgende kleine Karikatur zeigen:

1. Ein Sozialpsychologe könnte der Ansicht sein, die Begriffe „Interaktion" und „Sympathie" seien noch nicht allgemein genug. So lasse sich zum Beispiel der Begriff „Interaktion" noch weiter formalisieren zu „gleichzeitiger Bewegung" von menschlichen Organismen, und ebenso der Begriff „Sympathie" zu „gleichzeitiger Bewegung der Gefühle" zweier menschlicher Organismen. Wenn wir nun für „gleichzeitige Bewegung" den Ausdruck „Komotion" einführen, dann können wir sagen: „Interaktion" ist ein Sonderfall von „Komotion", und „Sympathie" ist ein Sonderfall von „Komotion"; und das Homanssche Gesetz hieße dann: „Komotion führt zu Komotion, und Komotion führt zu Komotion."

2. Ebenso könnte man die drei Begriffe „Sozialer Zusammenhalt", „Fehlen von Angstsituationen" und „Keine Selbstmorde" unter dem neuen Begriff „Soziale Integralität" zusammenfassen. Dann würde sich die Durkheim/Mertonsche Selbstmordformel zu folgendem Satz vereinfachen:

1. Unter Katholiken herrscht größere soziale Integralität.
2. Soziale Integralität führt zu sozialer Integralität.
3. Soziale Integralität führt zu sozialer Integralität.
4. Also herrscht unter Katholiken größere soziale Integralität.

3. Aber auch die Begriffe „Komotion" und „soziale Integralität" brauchen wir keineswegs so unverbunden stehen zu lassen. Zu einem Allsatz, der auch den strengsten Ansprüchen einer „nomologischen" Sozialwissenschaft gerecht würde, muß die Zurückfüh-

rung auch der Begriffe „Komotion" und „Integralität" unbedingte Voraussetzung sein. Da beide Begriffe ein „Zusammen" oder etwas „Ganzes" bezeichnen, können wir sie unter dem Oberbegriff „Totalitabilität" subsumieren.

Dann heißt das Homanssche Gesetz:
„Totalitabilität führt zu Totalitabilität, und Totalitabilität führt zu Totalitabilität."

Und das Durkheim/Mertonsche Selbstmordgesetz:
„Totalitabilität führt zu Totalitabilität, und Totalitabilität führt zu Totalitabilität."

Mit Recht werden Sozialpsychologen solche Beispiele als Verunglimpfung ihrer redlichen Absichten betrachten. Sie liegen aber, genau betrachtet, in der Konsequenz einer Sozialpsychologie, die jeden Begriff, mit dem sie operiert, als noch „zu individuell" verdächtigt – solange, bis sie ihn durch einen allgemeineren ersetzt hat.

An dieser Stelle wird ganz deutlich, daß die Schwierigkeiten der Sozialpsychologie logischer Natur sind.

Das Prädikatorensystem einer Wissenschaft muß so aufgebaut sein, daß bestimmte Unterscheidungen und Abgrenzungen bestehen bleiben, daß man also mit Sicherheit sagen kann, was womit gleichgesetzt, was unter was subsumiert und was womit keinesfalls in einen Topf geworfen werden darf. So ist ein Hase kein Reh, aber Hasen und Rehe sind beide Säugetiere, während ein Telegraphenmast wiederum kein Säugetier sein kann.[17]

Genau solche klaren Unterscheidungen gehen in der Sozialpsychologie, so wie sie heute vielfach gehandhabt wird, verloren. Diese Sozialpsychologie stellt sich als ein unklarer Brei von Individualaussagen, Hypothesen und Gesetzen dar, deren Prädikatoren in willkürlicher Weise aufeinander zurückgeführt werden, ohne daß klare Regeln dafür existieren, wie und wie weit diese Zurückführung zu geschehen habe.

So ist der bereits zitierte Satz: „Jeder Mensch verhält sich so, daß er die größtmögliche Belohnung erfährt" schon deshalb tautologisch, weil man sich unter „Belohnung" Beliebiges vorstellen kann. Der eine spendet dem Roten Kreuz tausend Mark und fühlt sich durch das Bewußtsein „belohnt", akuter Not steuern zu helfen. Ein anderer stiehlt tausend Mark aus einem Banktresor und fühlt sich eben durch den Besitz dieses Geldes „belohnt". In diesem Sinne kann kein Mensch sich jemals anders verhalten, als dieser Satz es ausdrückt. Damit ist er aber völlig nichtssagend.

Was in der sich als analytisch verstehenden Sozialwissenschaft also fehlt, sind eindeutige Kriterien dafür, wieweit individuelle Begriffe auf allgemeine Begriffe zurückgeführt werden dürfen und welche gegebenen Begriffe nun eigentlich „noch individuell" und welche „schon allgemein" sind. Woher soll man beurteilen können, ob „Interaktion" und „Sympathie" den genau richtigen Abstraktionsgrad zeigen, ob sie noch zu individuell oder ob sie schon zu allgemein sind?

Die formale Logik – wie mancher vielleicht zu hoffen geneigt ist – kann ein solches Kriterium nicht liefern. Denn, wie überall, stehen auch in der Sozialpsychologie bei der Begriffsbildung *inhaltliche* Fragen zur Debatte, die jede Wissenschaft für sich selbst abmachen muß:

„Eine Kette ist so stark wie ihr schwächstes Glied. Eine exakte logische Methode ist wertlos, wenn keine präzisen Begriffe benützt werden." – „Benützt man die Logik [. . .] in Arbeitsgebieten inhaltlich, die noch über kein scharfes Begriffsbild verfügen, so ist es leicht möglich, [. . .] daß man [. . .] auf Grund begrifflicher Unklarheiten Fehlschlüsse begeht."[18]

Der formale Logiker schiebt die Verantwortung für die korrekte Begriffsbildung also ausdrücklich dem Fachwissenschaftler zu.

Es wäre also – um das an unserem Selbstmordbeispiel zu demonstrieren – völlig sinnlos, die vier Mertonschen Sätze etwa in folgender „logischer" Form zu schreiben:

Wenn Katholik, dann Zusammenhalt
Wenn Zusammenhalt, dann keine Angst
Wenn keine Angst, dann kein Selbstmord
―――――――――――――――――――
Wenn Katholik, dann kein Selbstmord

Denn die Richtigkeit des zu ziehenden Schlusses hängt nicht von der Richtigkeit des angewendeten formallogischen Schlußverfahrens ab, sondern von der inhaltlichen Richtigkeit der „Wenn-dann"-Verknüpfungen. Und damit liegt es eben im argen, wie wir sahen.

Die formale Logik kann also nicht helfen. Helfen kann die „Logik" allerdings als „logische Propädeutik", wie wir sie kennenlernten, bei der Aufstellung inhaltsbezogener Prädikatorenregeln. Eine Bildung inhaltlicher Regeln verlangt aber von dem Fachwissenschaftler, in diesem Falle also dem Sozialwissenschaftler, die Lieferung präziser Kriterien für das Verhältnis der individuellen zu den allgemeinen Begriffen im jeweiligen Begriffssystem und einen Maßstab dafür, bis zu welchem Grade man verallgemeinern kann.

Manche Sozialpsychologen fordern sogar, soziologische auf psychologische Begriffe zurückzuführen.[19] Hier wird deutlich, auf wie unsicherem „inhaltslogischem" Boden man in einer sich analytisch verstehenden Sozialwissenschaft steht.

Von der hermeneutischen, historisch-philologischen Methode können wir an dieser Stelle noch nicht im Zusammenhang sprechen. Andeutend sei jedoch gesagt: die unbezweifelbare Stärke der historischen Methode liegt darin, daß sie zunächst kein eigenes Begriffssystem aufzubauen sucht, sondern sich konsequent an die Begriffe hält, die ihr die zu untersuchende historische Einheit selbst anbietet: wer zum Beispiel in der Geistesgeschichte des Mittelalters arbeitet, wird zunächst die Begriffswelt, die er dort vorfindet, zur Kenntnis nehmen und zu verstehen suchen; und er wird jeden Begriff und jeden Gedankengang danach einzuordnen unternehmen, ob er im jeweils untersuchten Zusammenhang „möglich" ist oder nicht. So fragwürdig dieses Sichhingeben an das „ganz Andere",[20] das der historische Gegenstand anbietet, in vieler Hinsicht sein mag[21] – hinsichtlich der Terminologie hat es ganz zweifellos den Vorteil, daß man sich zunächst auf sicherem Boden bewegt und jedenfalls nicht das Risiko unsachgemäßer Anachronismen und Verallgemeinerungen eingeht.

In den deduktiven Wissenschaften und den den Naturwissenschaften nahestehenden induktiven Erfahrungswissenschaften können solche Begriffsschwierigkeiten aus einem anderen – fast ist man geneigt zu sagen dem entgegengesetzten – Grunde nicht auftreten: hier ist es zweifellos leichter möglich, eindeutige Prädikatorensysteme zu konstruieren, in denen genaue Abgrenzungen zwischen den Abstraktionsebenen möglich sind.

Dagegen sind Begriffe wie „Interaktion", „Sympathie", „sozialer Zusammenhalt", „Belohnung" und viele andere in sich so verschwommen, daß man auf ihnen beim besten Willen keine strenge Terminologie aufbauen kann.

Es ist auch kein Zufall, daß selbst sehr angesehene Sozialtheorien, wie etwa die sogenannte „strukturell-funktionale Theorie", die von dem amerikanischen Soziologen Talcott *Parsons* begründet wurde,[22] logisch nicht befriedigen, weil der Zusammenhang ihrer Terminologie den Eindruck einer gewissen Beliebigkeit macht.

V. Die zwei Begriffe von „empirischer Forschung"

Unsere Überlegungen zeigen uns, daß der Begriff „Empirische Sozialforschung" zwei verschiedene Bedeutungen hat, die nicht immer klar getrennt werden, was zweifellos schon erhebliche Mißverständnisse in der sozialwissenschaftlichen Diskussion verursacht hat.

„Empirische Forschung" – das kann nämlich einmal lediglich die exakte *Sicherstellung individueller Einzelheiten* bedeuten; zum anderen aber die induktive *Ableitung allgemeiner Sätze* aus solchen empirisch festgestellten Sachverhalten.

Hierbei ist nun aber nicht nur – wie der analytisch gerichtete Sozialwissenschaftler meint – das erste eine Vorstufe des zweiten (denn wir müssen ja zunächst Einzelsachverhalte exakt ermitteln, um aus ihnen zuverlässig induktive Schlüsse ziehen zu können), sondern – wie uns das unsere bisherigen Erörterungen auch klar sehen ließen – beide Auffassungen von „empirischer Sozialforschung" stehen als zwei verschiedene Auffassungen des Endzwekkes der Sozialforschung überhaupt nebeneinander. Betrachten wir das im folgenden noch etwas näher.

1. Empirie als Sicherung von Einzelsachverhalten

In der Soziologie und verwandten Wissenschaften (zum Beispiel der Erziehungswissenschaft) erschien die „empirische Sozialforschung“ bei ihrer langsamen Einführung in Deutschland vor allem seit 1945 als ein gewaltiger Fortschritt gegenüber der rein subjektiven Hypothesenbildung, wie sie bis dahin im geisteswissenschaftlich betonten Wissenschaftsbetrieb üblich war.

Das macht unser Beispiel von der Berufswahl der Studienräte deutlich. Vor der Einführung exakter empirischer Methoden mußten alle Vorstellungen darüber, welcher Anteil aller Studienräte tatsächlich eine sekundäre Berufswahl getroffen hat, im Bereich vager Annahmen und subjektiver Überzeugungen bleiben. So konnte der eine behaupten: „Selbstverständlich sind alle Studienräte überzeugte Pädagogen!“, und der andere: „Selbstverständlich sind alle Studienräte verhinderte Gelehrte!“ Erst durch die Anwendung empirischer Methoden wurde es möglich, einen exakten „Teils-Teils-Satz“ aufzustellen, der etwas über die tatsächlichen Verhältnisse aussagte.

Wenn man sich nun unser Studienrats-Beispiel auf sämtliche Sachverhalte des sozialen Lebens unserer Gegenwart angewandt denken würde, so leuchtet ein, daß man durch eine solche systematische empirische Erforschung der uns gegebenen sozialen Welt zu einer erschöpfenden „Gegenwartskunde“ gelangen würde, die über alle nur denkbaren gesellschaftlichen Verhältnisse, so wie sie zur Zeit bestehen, exakte Auskünfte vermitteln würde, und die darüber hinaus auch vergangene und zukünftige Tendenzen und Entwicklungen verständlich zu machen in der Lage wäre.

Demgemäß würde die Empirie uns erlauben, eine Art „Gegenwartsgeschichte“ zu schreiben. Die empirische Sozialforschung ist in diesem Sinne „der verlängerte Arm der Historie“. Was der Historiker aus Geschichtsquellen und Literatur entnimmt, würde der Sozialforscher dadurch ergänzen, daß er durch Erhebungen, Befragungen und so fort selbst „Quellenmaterial“ erst schafft.

Methodologisch gesehen, bilden historische Quellenforschung

und Schaffung von Einzelmaterial durch empirische Erhebung sogar eine Einheit.[23] Wer heute eine empirische Arbeit zu einem Einzelproblem schreiben will, wird zunächst die vorhandene Literatur durchsehen und verarbeiten. Diese bereits vorliegende Literatur besteht vielfach sowohl aus Quellenmaterial und „Literatur" im Sinne der Geschichtsforschung als auch aus früheren empirischen Forschungen zu dem jeweiligen Thema. Auf diese Weise ergibt sich dem Bearbeiter, schon bevor er selbst eine einzige Frage seines Fragebogens ausgearbeitet hat, ein plastisches Bild des derzeitigen Problem- und Informationsstandes hinsichtlich seines Themas, und dieses Bild gestattet ihm, seine Fragestellung und sein empirisches Instrumentarium zielgerecht anzusetzen. In diesem Sinne kann sich also die Fragestellung einer empirischen Arbeit niemals aus einer vorgefaßten Theorie, sondern immer nur aus der Interpretation der bisherigen Bemühungen um das Thema ergeben.

Im übrigen stellen Ergebnisse der empirischen Sozialforschung, wie etwa Befragungsmaterial, das nach dem Tonband hergestellte wörtliche Wiedergaben von Befragtenäußerungen enthält, eine *geschichtliche Quelle* dar, die völlig unabhängig von dem ursprünglichen Befragungszweck ausgewertet und interpretiert werden kann. So können etwa Tonbandwiedergaben von Gruppendiskussionen, die sich mit irgendeinem beliebigen Thema beschäftigen, dem Sprachforscher wertvolles Material über die heutige Umgangssprache mitsamt ihren regionalen und schichtspezifischen Varianten bieten. Wer zum Beispiel die interessante Hildesheim-Studie von Wolfgang Schulenberg[24] liest, kann hieraus über die *Sprache* eines Hildesheimer Schlossers mindestens ebenso viel erfahren wie über seine Bildungsvorstellungen.

Diese „individualhistorische" Funktion der empirischen Sozialforschung ist bisher freilich kaum gewürdigt worden. Das hat seinen Grund wohl darin, daß Historiker im allgemeinen keine empirische Sozialforschung treiben und daß umgekehrt die empirischen Sozialforscher sehr oft so geschichtsfern denken, daß ihnen die historische Dimension ihrer Forschungsarbeit überhaupt nicht bewußt wird. Jedenfalls war das noch bis vor kurzem so.

Aus solchen Überlegungen wird deutlich: die empirische Sozialforschung hätte in vieler Hinsicht ihre Aufgabe schon dann voll erfüllt, wenn sie lediglich „Geschichtsschreibung der Gegenwart" wäre und über jeden sozialen Einzelsachverhalt detaillierte Auskunft geben könnte.

Alle Forderungen, „Soziologie als Wirklichkeitswissenschaft" zu treiben, „die Realität" darzustellen und so fort, wären offensichtlich durch eine solche individuelle, „historische" Auffassung von empirischer Forschung voll gedeckt. Daß eine solche „Gegenwartshistorie" auch methodologisch abgesichert wäre – dafür würde in gewisser Weise schon die historische Methode selbst garantieren (von der allerdings erst später ausführlich die Rede sein kann). Das sollten sich gerade solche Sozialwissenschaftler vor Augen halten, die die historische Methode gar nicht kennen und daher auch ihre Reichweite nicht zu beurteilen vermögen.

Die Konsequenz, die wir hier ziehen sollten, wäre folgende: wir sollten zunächst von der Tatsache ausgehen, daß die Begriffe des sozialen Bereiches ursprünglich dem Individuellen, geschichtlich Bedingten sehr nahestehen, und daß sie daher sinnvollerweise zunächst auch nur auf individuelle Sachverhalte angewendet werden können. „Studienrat", „Beruf", „Berufswahl" – diese und viele andere Termini bezw. Begriffe sind zunächst historisch bedingt. Sie beziehen sich auf einen zeiträumlich eingegrenzten Teil des sozialen Bereiches. Gerade das macht aber das Operieren mit ihnen interessant.

Man kann nicht einfach das *inhaltliche Interesse* für unwichtig erklären. Wer eine empirische Arbeit über die deutschen Studienräte von heute durchführt, den interessieren ja sinnvollerweise die deutschen Studienräte als solche – nicht aber sozialpsychologische Allsätze, in denen zwar das Wort „Belohnung", nicht aber mehr das Wort „Studienrat" vorkommt. In den Sozialwissenschaften – und das ist es, was dem sozialpsychologisch orientierten Sozialforscher so schwer begreiflich zu machen ist – bleibt der Gegenstand in seiner spezifischen Inhaltlichkeit immer Selbstzweck. Wir wollen etwas über eine bestimmte soziale Erscheinung als solche wissen. Wir wollen sie nicht nur erforschen, um das Erforschte als Baustein in ein abstraktes System von Allsätzen einzubauen, welches keinerlei inhaltliches Interesse mehr hat.

Der Kirchensoziologe interessiert sich für die Kirche, der Stadtsoziologe für die Stadt, der Betriebssoziologe für den Betrieb, der Hochschulsoziologe für die Hochschule, der Erziehungssoziologe für die Erziehung – und nicht für Allsätze, die für alles dies den gleichen Wortlaut haben. Wenn also zum Beispiel die Stadtsoziologie der Gegenwart den Begriff der „Urbanität"[25] herausarbeitet, dann hat sie gar kein Interesse daran, diesen Begriff in einen sozialpsychologischen Allgemeinbegriff höherer Ordnung aufzulösen, weil ihr die *Stadt als Stadt*, als Sozialgebilde von bestimmter Inhaltlichkeit, wichtig ist.

Mit dem Gegensatz von „Theorie" und „Praxis", oder von „reiner" und „angewandter" Forschung, hat das überhaupt nichts zu tun. Gerade das Interesse für das Einzelne ist vom Anwendungsgedanken grundsätzlich völlig frei, worüber uns die Existenz der „brotlosen" Geschichtswissenschaften (zum Beispiel der Musikwissenschaft, die sich mit den Schriften eines Musiktheoretikers aus dem 13. Jahrhundert beschäftigt) belehren kann.

In diesem Sinne brauchen wir uns auch nicht etwa nur dann für die Studienräte zu interessieren, wenn wir die Lehrerbildung reformieren wollen, und nicht nur dann für die Stadtsoziologie, wenn wir wissen wollen, wie wir neue Städte planen sollen. Wenn schon das Wissen über einen mittelalterlichen Musiktheoretiker Selbstzweck sein kann, so erst recht das über interessante Phänomene der gegenwärtigen Gesellschaft. Die Soziologie hat also keineswegs nur die Wahl zwischen den beiden Möglichkeiten, als Theorie analytisch und als „die Beschreibung sozialer Phänomene, die Diagnose sozialer Wirklichkeit"[26] „angewandt" zu sein; vielmehr kann sie sich, genau wie die Geschichtswissenschaft, durchaus auch als rein theoretische Wissenschaft für „die Diagnose sozialer Wirklichkeit" interessieren.

2. Empirie als Aufstellung allgemeiner Sätze

Aber wie wir wissen, gibt sich der von der analytischen Wissenschaftstheorie oder der Psychologie herkommende Sozialforscher mit dieser rein individualhistorischen Auffassung der empirischen Forschung nicht zufrieden. Für ihn sind die empirisch erhobenen Sachverhalte nicht als Einzeltatsachen interessant, sondern lediglich als Rohstoff zur Aufstellung allgemeiner Sätze. So sagt Klaus *Roghmann:*[27] „Das Ziel der empirischen Soziologie als Wissenschaft ist die Erklärung sozialer Phänomene durch theoretische Aussagen." „Selten will der empirische Soziologe seine erarbeiteten Aussagen auf die untersuchte Gruppe beschränkt wissen, denn eine solche spezifische Aussage wäre für die Wissenschaft wertlos. Im Gegenteil, der Forscher will allgemeine Gesetzmäßigkeiten aufdecken, die Voraussagen für andere Objekte in anderen Situationen erlauben."

Noch sehr viel schärfer formuliert Ralf *Dahrendorf*[28] seine Vorstellung vom Sinn empirischer Forschung:

„Die Intention der Erfahrungswissenschaft ist [...] stets theoretisch. Empirische Forschung hat ihren logischen Ort strenggenommen nur als Kontrollinstanz der aus Theorien abgeleiteten Hypothesen. [...] *Prinzipiell* [...] *kann eine Erfahrungswissenschaft mit einem Minimum an empirischer Forschung auskommen:* sie bedarf nur der experimenta crucis. Theorienbildung und empirische Forschung sind keineswegs gleich gewichtige Elemente des erfahrungswissenschaftlichen Vorgehens, das vielmehr auf theoretische Aussagen abzielt, die von empirischer Forschung nur als einer stets gegenwärtigen Möglichkeit der Kontrolle begleitet werden."

Hier ist völlig klargestellt: es geht gar nicht um die Kenntnis der Tatsache als solche. Die Einzeltatsachen – also genau das, was denjenigen vor allem fesseln würde, der sich der Welt und ihrer vielfältigen Wirklichkeit versichern möchte – interessieren nach dieser Auffassung von „empirischer" Forschung gar nicht. Sie sind nur Mittel zum Zweck der Aufstellung von Theorien. Ja noch weniger: wenn man seine Theorie aufstellen kann, ohne bereits alle Tatsachen empirisch erforscht zu haben, braucht man den noch unerforschten Rest gar nicht mehr zu wissen. Denn man will ja nicht Erfahrung um der Erfahrung willen; man will im Gegenteil „mit einem Minimum an empirischer Forschung auskommen".

(Übrigens zeigen solche Thesen die groteske Unkenntnis mancher konservativer Geisteswissenschaftler auf, die allen Ernstes meinen, die moderne empirische Wissenschaft wolle „Einzeltatsachen" an die Stelle der „theoretischen Reflexion" stellen.)

Das Paradoxe an einer solchen Auffassung von „Empirie" ist, daß sie das „Pathos des Empirischen" selbst wieder zunichte macht – nachdem man froh sein zu können glaubte, der Erfahrung endlich einen Platz in der sozialwissenschaftlichen Forschung eingeräumt zu sehen. Denn hier wird nicht mehr nach der Wirklichkeit selber gesucht, sondern nach allgemeinen Sätzen, die aus der so mühsam erschlossenen Wirklichkeit wieder abstrahiert werden sollen. Ziel ist nicht diese Wirklichkeit, sondern ihre Überspringung durch Formulierung allgemeiner Sätze. Die Wirklichkeit dient nur als vorläufiges Mittelstück, nicht als Endprodukt der Forschung. Die Fragebogen und Tonbänder, so könnte man sagen, werden getrost weggeworfen, wenn das allgemeine Gesetz gefunden ist. Die Einzelinformationen, die auf ihnen festgehalten wurden, interessieren nicht mehr.

C. Das Problem der „Reifizierung"

In seiner Vorliebe für überspitzte Formulierungen hat Ralf *Dahrendorf* sogar die Auffassung vertreten, daß es auf die Wirklichkeit überhaupt nicht mehr ankomme, sondern nur noch auf die Aufstellung allgemeiner Sätze ohne jede Rücksicht auf die Wirklichkeit. Dahrendorf kritisiert die Meinung, die Soziologie habe es mit der Erfassung der Realität zu tun, als *„Reifizierung"* und hält demgegenüber daran fest, daß es Aufgabe einer nach allgemeinen Sätzen suchenden Sozialwissenschaft sei, *Konstruktionen* anzubieten, die mit der Wirklichkeit gar nichts zu tun zu haben brauchten.

I. Dahrendorfs Rollenbeispiel

In etwas vereinfachter und veranschaulichter Form läßt sich Dahrendorfs pointierte Argumentation etwa so darstellen.

In der Sozialpsychologie gibt es seit einiger Zeit den Begriff der „*Rolle*". So wie der Schauspieler eine Rolle spielt, die ihm der Autor des Stückes vorherbestimmt hat – genauso spielt auch jeder Mensch im sozialen Bereich eine „Rolle", die er sich nicht aussucht, sondern die weitgehend von seinem „Status", das heißt von seiner Stellung in der Gesellschaft bestimmt ist. Ein Professor verhält sich normalerweise anders als ein Student, ein Generaldirektor anders als ein Arbeiter. Ein und dasselbe Verhalten kann für die eine Rolle als angemessen, für die andere als unangemessen gelten. So dürfte es sehr viele Arbeiter und Studenten, aber nur sehr wenige Generaldirektoren und Professoren geben, die mit dem Rad zur Arbeit fahren. Ebenso ist es bekannt, daß Menschen, die in einer beruflichen Hierarchie aufsteigen, ihr Verhalten der jeweiligen sozialen Stellung anpassen, in der sie sich gerade befinden. So kann aus einem munteren Studenten im Verlauf weniger Jahre ein würdiger Studienrat oder Richter werden. Man spielt jeweils die „Rolle", die zu dem jeweiligen „Status" gehört.

Zum Glück verhalten sich nun aber nicht alle Menschen immer einer Rolle gemäß. So gibt es viele Leute, deren Gebaren man gar nicht anmerkt, was sie von Beruf sind oder welche Stellung sie in der Gesellschaft einnehmen. So kann es Generaldirektoren geben, die täglich mit dem Rad zu ihrem Konzernverwaltungshochhaus fahren, und Professoren, die im bunten Hemd Seminarübungen abhalten.

Denn für das von einem Generaldirektor zu benutzende Verkehrsmittel und für die Kleidung eines Professors gibt es in unserer gegenwärtigen Gesellschaft keine Vorschriften, deren Nichtbeachtung bestraft würde. Es gibt nur gewisse Konventionen, denen sich die meisten anpassen, an die man sich aber nicht anpassen muß, ohne mehr als ein gelegentliches kollegiales Stirnrunzeln zu riskieren.

Hieraus geht hervor: die soziale Rolle schreibt dem Individuum sein Verhalten niemals bis in alle Einzelheiten vor.[29] In der Praxis besteht in der Regel bei einem Teil der Aspekte des Rollenverhaltens ein mehr oder weniger großer Spielraum. Strafrechtliche Konsequenzen aus einem von den Rollennormen abweichenden Verhalten wird man in der Regel freilich nicht in Kauf nehmen; man wird also nicht gerade silberne Löffel stehlen. Aber im übrigen hängt es durchaus vom freien Ermessen des Einzelnen ab, wie weit er eine Rolle spielen will oder nicht – das heißt also: wie weit er eine lediglich *soziale* Mißbilligung seines Verhaltens in Kauf nimmt.

Aufgrund einer solchen allgemeinen Betrachtung der sozialen Wirklichkeit (die man „phänomenologisch" nennen könnte) würde man also zu einem vorläufigen „Teils-Teils-Satz" gelangen, der etwa lautet: „Die Menschen verhalten sich teils rollengemäß, und teils tun sie es nicht."

So weit, so gut. Nun macht Dahrendorf aber eine sonderbare Wendung.

Er sagt nämlich, selbstverständlich sei die Annahme: „Alle Menschen verhalten sich stets rollengemäß"[30] „empirisch falsch": „Es gibt kaum einen Menschen, der nicht mehr oder minder häufig gegen die Erwartungen verstößt, die sich an seine sozialen Positionen knüpfen."[31] Daher, so meint Dahrendorf weiter, sei die „Annahme des Rollenkonformismus offenkundig ‚unrealistisch'",[32] ja eine „empirisch beinahe willkürliche Konstruktion".[33]

Und es gäbe Wissenschaftstheoretiker, die behaupten, „daß eine Theorie desto besser sei, je weniger realistisch ihre Annahmen seien."[34]

Warum ist nun aber – nach Dahrendorfs Auffassung – eine Theorie gerade dann gut, wenn ihre Ausgangsannahmen unrealistisch sind? Deswegen, weil sie sich entschieden für einen bestimmten Sachverhalt ausspricht, weil sie „stark" und „erklärungskräftig"[35] ist: „Sicher", meint Dahrendorf, ist eine Aussage wie: „Die Menschen verhalten sich manchmal rollengemäß, manchmal nicht" „‚realistischer' als die des Rollenkonformismus; aber erklären kann man mit ihr nichts mehr. In dem Maße, in dem die wissenschaftlichen Theorien zugrunde liegenden Annahmen ‚realistisch' werden, werden sie differenziert, eingeschränkt, mehrdeutig; im gleichen Maße aber verbieten sie die Deduktion bestimmter Erklärungen oder Prognosen. In diesem Sinne sind Theorien desto besser, je unrealistischer, nämlich stilisierender, bestimmter, eindeutiger ihre Annahmen sind."[36]

II. Leerformeln

Wie kommt Dahrendorf zu solch verblüffenden Gedanken?

Seinen Ausgangspunkt nimmt er bei einer völlig zutreffenden Überlegung. Verschiedene Wissenschaftstheoretiker haben darauf hingewiesen, daß ein Satz wie: „Wenn der Hahn kräht auf dem Mist, ändert sich das Wetter, oder es bleibt wie es ist" gerade deshalb unbrauchbar ist, weil er *immer richtig* ist. Indem er jeden denkbaren Fall mit einbezieht (und das tut er dadurch, daß er eine Aussage und ihre Negation gleichzeitig ausspricht), kann er in seiner Richtigkeit durch kein Ereignis widerlegt werden.

Genau das gleiche gilt für den etwas vereinfachten Satz: „Morgen wird es in Heidelberg regnen oder nicht regnen."[37] Es kann nur regnen oder nicht regnen – etwas Drittes kann es nach der Beschaffenheit der Logik nicht geben (tertium non datur).

(Etwas anderes wäre es natürlich, wenn der Satz hieße: „... wird es Regen oder Sonnenschein geben." Dieser Satz bezieht nicht jede Möglichkeit ein, da es ja auch bedeckt sein kann, ohne daß es regnet, oder da es ja auch schneien oder hageln kann. Das „nicht" ist also das entscheidende Wort, so wie das „ändern" in dem Satz mit dem Hahn.)

Die analytischen Wissenschaftstheoretiker sagen nun, daß mit so abgesicherten Sätzen in der empirischen Wissenschaft nichts anzufangen sei. Erst wenn sich jemand klar dafür entscheidet, zu sagen: „Morgen wird es in Heidelberg regnen" und sich damit dem Risiko der Widerlegung aussetzt, hat er für die Wissenschaft etwas geleistet. Denn wir brauchen Aussagen, die eindeutig bestätigt oder widerlegt werden können, die etwas Bestimmtes behaupten – auch auf die Gefahr hin, daß es sich als falsch herausstellt.

Diese Argumentation scheint zunächst ganz plausibel. Das können wir uns leicht an unseren früheren Beispielen klarmachen.

„Schwäne sind entweder weiß oder nicht weiß" – diese Formulierung ist in der Tat nicht gerade vielsagend. Auch mit dem Satz: „Die Einwohner Kölns sind entweder katholisch oder evangelisch oder sie gehören einer sonstigen Religion an" können wir in dieser Form nicht viel anfangen. Ebenso ist der Satz: „Studienräte wollen entweder von Anfang an Studienrat werden, oder sie wollen einen anderen Beruf ergreifen" nicht sehr nützlich.

Jedoch macht uns selbst bei diesen Sätzen schon eines stutzig. Eine „Leerformel" von der Form: „X ist entweder A oder nicht A" enthält nämlich immerhin insofern eine „Information", das heißt, eine bestimmte Aussage über etwas, als in einem solchen Satz zumindest die mögliche Verwirklichung *zweier Fälle*, nämlich „A" und „nicht A", vorausgesetzt wird. Ein solcher Satz wäre also zumindest insofern keine Leerformel, als er sowohl das Bestehen als auch das Nichtbestehen eines Sachverhalts einkalkuliert. Formallogisch kann zwar der Satz: „X ist A oder nicht A" niemals falsch sein, weil er immer dann wahr ist, wenn eins von beiden wahr ist. Empirisch dagegen kann ein Satz gerade dadurch falsch werden, daß er zwei Möglichkeiten unterstellt, von denen empirisch nur eine gegeben ist. So ist der Satz: „Der Papst ist entweder katholisch oder er ist nicht katholisch" formal nicht zu beanstanden, empirisch aber falsch, da der Papst nur katholisch sein kann.

Genauso steht es mit dem Satz: „Die Winkelsumme im Dreieck beträgt entweder 180 Grad oder sie beträgt nicht 180 Grad." „An sich" wäre es durchaus möglich, daß die Winkelsumme im Dreieck auch einen anderen Wert als 180 Grad besitzt. In der uns bekannten Welt jedoch beträgt diese Winkelsumme gerade 180 Grad. (Das Paradoxe hierbei ist, daß dieser Sachverhalt einerseits „a priori" gilt und andererseits doch „empirisch" ist, da es ja auch ein anderer Betrag als 180 Grad sein könnte.) Ein Satz, der in seinem „oder-"-Teil eine andere Möglichkeit auch nur in Betracht zieht, müßte also insofern als falsch bezeichnet werden, als diese Möglichkeit im vorliegenden Fall tatsächlich nicht gegeben ist.

An unseren Beispielen läßt sich nun sehr schön zeigen, wie fragwürdig es ist, Sätze von der Form: „X ist A oder nicht A" als „Leerformeln" zu disqualifizieren.

Der Satz: „Wenn der Hahn kräht..." setzt nämlich voraus, daß an dem betreffenden Ort das Wetter überhaupt sowohl sich ändern als auch gleichbleiben kann. Das ist nicht selbstverständlich. So sind Landstriche denkbar, in denen immer das gleiche Wetter herrscht, und andere, in denen sich das Wetter dauernd aprilwetterartig so schnell ändert, daß ein und dieselbe Wetterlage niemals länger als für eine ganz kleine Zeitspanne gegeben ist. Insoweit ist der Satz vom Hahn auf dem Mist durchaus nicht nichtssagend, sondern setzt eine Wetterlage voraus, die sowohl Stabilität als auch Wandel als Möglichkeiten zuläßt.

Das gleiche gilt von dem Satz über den Regen in Heidelberg. Sofern es nämlich auf der Erde (oder auch auf fernen Planeten) Orte gibt, an denen es entweder immer oder nie regnet, enthält der Satz: „In Heidelberg regnet es oder nicht" zweifellos die Information, daß Heidelberg in einer Klimazone liegt, in der tatsächlich beides möglich ist.

An unseren soziologischen Beispielen wird vollends deutlich, daß bereits das Inbetrachtziehen der positiven und der negativen Möglichkeit eine Information darstellt. Der Satz: „Die Kölner sind entweder katholisch oder nicht" ist nur in bezug auf eine Gesellschaft möglich, in der die Einwohner der gleichen Stadt überhaupt verschiedene Konfessionen haben dürfen, ohne befürchten zu müssen, wegen der falschen Konfession verjagt oder getötet zu werden. In diesem Sinne übersetzt, hieße der Satz: „Köln liegt in einem Land, das die Freiheit des Glaubens garantiert" – ein Satz von erheblichem Aussagewert.

Ähnlich liegt es mit den Studienräten. Daß Studienräte ihren Beruf primär *oder* sekundär wählen, enthält bereits die Information, daß eben nicht alle Studienräte von Anfang an Studienrat werden wollen, sondern daß hier Berufswahlprobleme besonderer Art auftreten.

Und entsprechend ist es auch mit dem Rollenbegriff. Das Interessante an einer Erscheinung wie der „sozialen Rolle" ist ja *auch soziologisch,* daß die Menschen sich sowohl nach der Rolle verhalten können als auch nicht. Eine soziologische Aussage, die nur den Fall berücksichtigen würde, daß die Menschen sich manchmal rollengemäß verhalten, die Tatsache hingegen, daß sie es manchmal auch nicht tun, ignorieren würde, könnte man nicht als „empirische" Aussage bezeichnen, da sie bestehende soziale Sachverhalte nicht zutreffend wiedergibt.

Daher kommen wir um den Teils-Teils-Satz: „Die Menschen verhalten sich teils rollengemäß, und teils tun sie es nicht" gar nicht herum, da er selbst in nicht quantifizierter Form uns die Information liefert, daß tatsächlich eben beide Möglichkeiten gegeben sind.

Teils-Teils-Sätze rechtfertigen sich also bereits aus der Tatsache, daß bei einer bestimmten Menge von Gegenständen bestimmte Eigenschaften in verschiedenen Ausprägungen, also als Variablen, auftreten können.

Auch das rollengemäße Verhalten des Menschen ist eine Variable, die in verschiedenen Werten auftreten kann. So könnte man zum Beispiel den Grad des rollengemäßen Verhaltens eines Generaldirektors dadurch „operationalisieren", daß man feststellt, ob er mit dem Wagen (und mit was für einem Wagen), mit dem Bus oder mit dem Rad zum Büro fährt.

III. Teils-Teils-Sätze als quantifizierte Leerformeln

Nun besagt die bloße Aussage, daß es in einem bestimmten Fall die Möglichkeiten „A" und „nicht A" gibt, in der Tat noch nicht sehr viel. Aussagekräftig werden die Teils-Teils-Sätze erst durch die *Quantifizierung,* das heißt durch eine empirisch festgestellte und durch Induktionsschluß verallgemeinerte Angabe über die *Anteilswerte* der einzelnen Möglichkeiten an der Gesamtanzahl der Fälle. Wichtig ist also die Feststellung, *wie oft* es durchschnittlich in Heidelberg regnet, und wie das *Zahlenverhältnis* zwischen weißen und schwarzen Schwänen ungefähr ist.

Und in soziologischen Zusammenhängen ist es gewiß nicht gleichgültig, ob eine Stadt 90% katholische oder 90% protestantische Einwohner hat.

Auch der Satz über die Studienräte wird soziologisch natürlich erst interessant, wenn wir wissen, *wie viele* Studienräte ursprünglich etwas anderes werden wollten. Sind das sehr wenige – oder sind das fast alle?

Die *Quantifizierung* ist bei Teils-Teils-Sätzen also wichtig, weil die *Verteilung* der untersuchten Eigenschaft auf ihre einzelnen Ausprägungen das ist, was wir wissen wollen.

Auf der anderen Seite hat es freilich auch wieder keinen Sinn, die Quantifizierung zu weit zu treiben. Genaue Prozentzahlen sind in der Regel völlig sinnlos, und zwar aus verschiedenen Gründen.

Einmal kann es, wie wir sahen, in der induktiven Statistik keine genauen Prozentzahlen geben. Denn die Anteilswerte werden ja selbst im Idealfall aufgrund von Zufallsstichproben ermittelt. Aber auch in diesem günstigsten Fall besteht ein Streuungsspielraum aufgrund des Auswahlfehlers der Stichprobe. Jede Stichprobe kann so oder so ausfallen – das hat, wie wir sahen, nichts mit der Sorgfalt des Vorgehens zu tun und ist mathematisch berechenbar.

Ferner sind in der Praxis der empirischen Sozialforschung korrekte Zufallsstichproben oft gar nicht zu erlangen. Vielfach kann der Forscher nicht mit nach dem Zufallsprinzip wirklich repräsentativ ausgewählten Einheiten arbeiten, sondern nur mit solchen, an die er überhaupt herankommt, zum Beispiel mit den Schülern und Lehrern solcher Schulen, deren Leiter ihm eine Erhebung erlaubt haben. Darunter leidet natürlich die Sicherheit quantitativ exakter induktiver Schlüsse.[38]

Eine weitere Fehlerquelle liegt darin, daß die erforschten Sachverhalte, wenn die Darstellung veröffentlicht wird, oft schon einige Jahre zurückliegen, also für die Gegenwart nicht mehr unbedingt gültig sind. Schon hierdurch entstehen gewisse „Abrundungsprobleme“: wir sind dann gezwungen, die genauen, aber veralteten Werte als groben Anhaltspunkt für die vermutlichen heutigen Werte zu nehmen.

Hieraus ergibt sich als weitere These: Die Quantifizierung von Teils-Teils-Sätzen ist zwar notwendig, weil sie erst dadurch aussagekräftig werden. Andererseits aber interessiert die Quantifizierung auch nur in ihren *ganz groben Zahlenwerten,* da genaue Werte oft weder sicher noch überhaupt von Nutzen sind.

Wenn zum Beispiel der Anteil der Studienräte, die ursprünglich etwas anderes werden wollten, vor zehn Jahren 44% betrug und heute 37%, so kann man das praktisch als denselben Wert ansehen, da eine grobe Abrundung auf Zehn-Prozent-Ebene für die Charakterisierung des Sachverhaltes völlig genügt.

Freilich könnte die Änderung des Prozentsatzes als Hinweis auf einen „Trend" wichtig sein. In diesem Fall müßte man sich fragen, ob man nicht 44% auf „die Hälfte", 37% dagegen auf „ein Drittel" abrunden müßte. Abgrenzungsfragen sind immer schwierig; ihre Lösung ergibt sich jedoch meist aus dem jeweiligen Zusammenhang.

Die Notwendigkeit genauerer Prozentzahlen stellt sich natürlich immer dann, wenn zu vergleichende Prozentwerte sehr dicht aneinanderliegen. Freilich erhebt sich in diesem Fall auch wieder die Frage, ob man nicht nahe beieinanderliegende Werte getrost als gleich betrachten sollte. Angenommen, wir wollen vergleichen, wie hoch der Prozentanteil von Arbeiterkindern unter den Studenten verschiedener Länder ist, und wir haben drei Länder, in denen dieser Anteil 5%, 6% und 28% beträgt. Dann dürfte es am sachgerechtesten sein, die Prozentsätze der ersten beiden Länder als gleich zu betrachten, da die Differenz zwischen 5% und 6% wohl unwesentlich ist, während der deutlich unterschiedene Satz von 28% offenbar einen anderen Sachverhalt anzeigt.

Schlechthin uninteressant ist die Quantifizierung auf keinen Fall, weil erst sie empirisch greifbare Sachverhalte schafft. Um das noch an einem anderen Beispiel zu verdeutlichen: Jedermann hat die vage Vorstellung, daß doch wohl „sehr wenige" Leute zur Kirche gehen, auch von den Kirchensteuerchristen. Aber dieses „sehr wenige" bleibt solange völlig subjektiv, wie nicht verläßliche Zahlen vorliegen. Ob diese Zahlen dann besagen, daß 25 oder 15 oder 10 oder 3 Prozent aller Kirchensteuerzahler (zu einem bestimmten Zeitpunkt und in einem bestimmten Bereich natürlich) in die Kirche gehen, ist relativ belanglos; entscheidend ist, daß wir unsere These, es seien „wenige", nunmehr für einen bestimmten Raumzeitbereich belegen können.

Die „Genauigkeit" der Quantifizierung ist sehr oft also nur Durchgangsstation; wir ermitteln eine genaue Zahl – nur um dann mit *gutem* Gewissen wieder ungenau sein zu können.

IV. „Bewußt unrealistisch"?

1. Sind die Wissenschaftstheoretiker „unrealistisch"?

Für Dahrendorf jedoch kann noch nicht einmal ein quantifizierter Teils-Teils-Satz den Wert einer wissenschaftlichen Aussage in Anspruch nehmen. Er selbst kleidet nämlich sein Rollen-Beispiel in einen fingierten Teils-Teils-Satz. Er lautet:

„Angesichts eines Rollenkonfliktes neigen viele (auch: 60%) dazu, der Rolle den Vorzug zu geben, mit der sich die stärkeren Sanktionen verknüpfen, andere jedoch (etwa: 25%) verhalten sich [...] ohne Rücksicht auf soziale Sanktionen und einige (etwa: 15%) reagieren auf Rollenkonflikte mit völliger Resignation und Inaktivität."[39] (Die Prozentzahlen sind selbstverständlich, wie Dahrendorf ausdrücklich bemerkt,[40] fiktiv!)

Und eben dieser erfundene quantifizierte Teils-Teils-Satz ist es, den Dahrendorf mit den bereits zitierten Sätzen kommentiert:

„[...] sicher ist diese Aussage ‚realistischer' als die des Rollenkonformismus; aber erklären kann man mit ihr nichts mehr. [...]"[41]

Und in der Anmerkung hierzu sagt Dahrendorf noch deutlicher:

„Falls dies nicht offenkundig ist, sei hinzugefügt, daß hier ein sehr rigoroser Standpunkt vertreten wird, der schon bestimmte Wahrscheinlichkeitsaussagen nicht mehr als Theorie anerkennt."[42]

Hiermit ist klargestellt: Dahrendorf verwirft nicht nur Sätze wie: „Die Menschen verhalten sich rollengemäß, oder sie verhalten sich nicht rollengemäß", sondern auch differenzierte quantifizierte Teils-Teils-Sätze, für die das von ihm selbst konstruierte und soeben zitierte Beispiel steht.

Das Erstaunlichste an dieser Gedankenführung ist die These,

die empirische Sozialforschung ginge, um zu allgemeinen Sätzen zu gelangen, von „bewußt unrealistischen" Annahmen aus. Man fragt sich, was eine Erfahrungswissenschaft ausgerechnet mit *unrealistischen* Aussagen zu tun haben soll.

In der Tat ist mir auch zur Zeit kein Wissenschaftstheoretiker außer Dahrendorf bekannt, der im Zusammenhang der Betrachtung des Problems der Formulierung von allgemeinen Sätzen fordert, diese müßten „unrealistisch" sein. Ganz im Gegenteil weisen in Betracht kommende Autoren in diesem Zusammenhang immer darauf hin, daß es ja letzten Endes um die Erforschung der *Wirklichkeit* gehe.

Auch *Popper* spricht zwar im Rahmen seiner Falsifizierungstheorie davon, daß man möglichst „enge" Sätze aufstellen müsse – aber gerade das soll seiner Meinung nach der besseren Erfassung der „Erfahrungswirklichkeit" dienen:

„Wir könnten [...] sagen, daß die Theorie, deren Klasse der Falsifikationsmöglichkeiten ‚größer' ist, mehr Gelegenheit hat, durch mögliche Erfahrung widerlegt zu werden [...]. Aber das würde bedeuten, daß sie über die ‚ERFAHRUNGSWIRKLICHKEIT' *mehr aussagt* [...]"[43]

„[...] gerade solche möglichst leicht falsifizierbare Theorien aufzustellen, ist das Ziel der theoretischen Naturbeschreibung. Sie sucht den Spielraum der [nach der Theorie] erlaubten Vorgänge auf ein Minimum einzuschränken [...]. Würde es gelingen, eine solche Theorie aufzustellen, so wäre damit ‚unsere besondere Welt', ‚die Welt unserer Erfahrungswirklichkeit' aus der Menge aller *logisch möglichen* Erfahrungswirklichkeiten mit der größten für eine theoretische Wissenschaft erreichbaren Genauigkeit ausgezeichnet. ‚UNSERE WELT' wäre mit theoretischen Mitteln beschrieben: die und nur die Vorgänge oder Ereignisklassen wären als erlaubt gekennzeichnet, die wir TATSÄCHLICH AUFFINDEN."[44]

In genau dem gleichen Sinne spricht Hans *Albert* von „informativen Aussagen", „die gerade dadurch über die REALITÄT informieren, daß sie gewisse mögliche Sachlagen [...] ausschließen UND DAHER, wenn diese tatsächlich dennoch auftreten, als WIDERLEGT angesehen werden müssen."[45]

Auch Jürgen *Fijalkowski* interpretiert die Auffassung der analytischen Wissenschaftstheorie in diesem Punkte wie folgt: „Die [. . .] Aussagen, die die Theorie bilden, sind [. . .] um so erklärungskräftiger und informieren über die REALITÄT um so mehr, [. . .] je falsifizierbarer sie [. . .] sind [. . .]."[46]

Überall hier wird also die Bildung falsifizierbarer Sätze als ein Werkzeug zur Information über die *Realität* angesehen.

Leider ist es außerordentlich schwierig, aus den abstrakten Äußerungen der wissenschaftstheoretischen Autoren zu entnehmen, wie die Aufstellung und die Falsifizierung falsifizierbarer Sätze in der Forschungspraxis eigentlich vor sich geht und was man eigentlich tut, wenn man einen Satz falsifiziert hat. Denn offensichtlich kann die Falsifizierung als solche ja nicht Endzweck der Forschung sein; das ist vielmehr die Gewinnung wahrer Aussagen.

Versuchen wir das daher am konkreten Beispiel der Rollentheorie zu klären. Der „gewisse mögliche Sachlagen ausschließende", daher „falsifizierbare" und gerade deshalb „informative" (Albert) Satz lautete offenbar: „Alle Menschen verhalten sich rollengemäß." Also stellen wir diesen Satz auf, konstatieren aber sodann, daß die Menschen sich manchmal doch nicht rollengemäß verhalten. Damit wäre dieser Satz falsifiziert oder „widerlegt" (Albert).

So weit, so gut. Aber was nun? Offenbar bleibt doch nun nichts anderes übrig, als den differenzierten Teils-Teils-Satz zu bilden: „Die Menschen verhalten sich manchmal rollengemäß, manchmal nicht", der dann nicht mehr falsifiziert, sondern nur noch hinsichtlich der Anteilswerte korrigiert werden kann, wie wir bereits früher sahen. Es ist nicht einzusehen, inwiefern nun *noch einmal* ein „mögliche Sachlagen ausschließender" und daher falsifizierbarer Satz aufgestellt werden sollte, nur um dem Falsifizierungsprinzip Genüge zu leisten – wenn man schon weiß, welche Aussage man bilden muß, um der Wahrheit auf die Spur zu kommen.

An dieser Stelle wird die sonderbare Forschungspraxisferne des Falsifizierungsprinzips sichtbar. Denn in Wirklichkeit stellen wir ja gar nicht schematisch ins Blaue hinein einseitige Sätze auf, die wir dann falsifizieren. Vielmehr formulieren wir unsere Hypothesen von vornherein so differenziert, wie uns das der Stand der bisherigen Forschung, an den wir ja anknüpfen, erlaubt. Wenn wir also eine Aussage über das rollengemäße Verhalten des Menschen gewinnen wollen, dann gehen wir in der Praxis so vor, daß wir zunächst alle Literatur, die dieses Thema behandelt, zur Kenntnis nehmen, sowohl theoretische wie empirische. Wir erarbeiten uns dadurch eine Kenntnis des Problemstandes, die uns von vornherein in die Lage versetzt, eine anschmiegsame Hypothese in Form eines differenzierten Teils-Teils-Satzes zu bilden. Wenn wir also die bisherige Diskussion über das Thema „Rolle" kennen, können wir unmöglich zunächst auf die Behauptung kommen, der Mensch verhalte sich immer rollengemäß; vielmehr werden wir unser Forschungsinstrument sofort auf die Frage richten, *wieweit* der Mensch Rollenträger ist und wieweit nicht. Es bedarf also gar nicht des Umwegs über einen eingleisigen Allsatz, der dann ja doch falsifiziert wird.

2. *Ist die Rollentheorie „unrealistisch"?*

Aber selbst wenn Dahrendorfs Ansicht, daß der Sozialwissenschaftler von „bewußt unrealistischen" Sätzen ausgehen müsse, richtig wäre, so stellte sich nunmehr immerhin die umgekehrte Frage: ob denn die Sätze, mit denen Dahrendorf arbeitet, wirklich so „unrealistisch" sind, wie er behauptet. Wenn sich nämlich herausstellen sollte, daß das nicht der Fall ist, dann wird seine ganze Argumentation hinfällig; denn dann müßte man ihm – mit seinen eigenen Waffen kämpfend – den „Vorwurf" machen, mit „realistischen" Aussagen zu arbeiten.

Unsere Stoßrichtung kehrt sich jetzt also um. Nachdem wir bisher zu zeigen bemüht waren, daß das *nicht* rollengemäße Handeln des Menschen als solches zur sozialen Wirklichkeit gehöre und damit Gegenstand der Soziologie sein müsse, geht es uns nunmehr darum, zu demonstrieren, daß gerade auch das rollengemäße Verhalten des Menschen seinerseits nicht, wie Dahrendorf behauptet, eine willkürliche „unrealistische" Konstruktion, sondern eine äußerst realistische, einen Teil der Wirklichkeit treffende Annahme ist.

Hierzu sei zunächst bemerkt, daß Dahrendorf selbst der Rollentheorie eine Spezialarbeit mit dem Titel *homo sociologicus* gewidmet hat.[47] „homo sociologicus" ist eine Parallelbildung zu dem schon länger bekannten „homo oeconomicus". Unter dem „homo oeconomicus" versteht man den Menschen, der alle seine Entscheidungen nach wirtschaftlichen Gesichtspunkten fällt, immer den Markt überblickt, immer am günstigsten einkauft und verkauft, nur nützliche Dinge kauft und so fort. Nun hat man mit Recht eingewendet, daß der „homo oeconomicus" in der Wirklichkeit nicht rein auftritt. Schon der Industrielle, der seiner Freundin Schmuck im Werte von 300 000 Mark kauft, handelt nicht mehr als homo oeconomicus, da Aufwand und Ertrag in diesem Fall nicht mehr nach den Gesichtspunkten ökonomischer Effektivität zu erklären sind, sondern nur aus der Leidenschaft des Mannes für diese Frau begriffen werden können.

Genau analog hierzu ist also der homo sociologicus jemand, der sich stets nach den Gesichtspunkten der Rollengemäßheit richtet – und auch ihn gibt es in der Wirklichkeit genausowenig in Reinkultur wie den homo oeconomicus.

So weit, so gut. Nun aber muß folgendes bedacht werden. Kein Wissenschaftler wäre je darauf gekommen, den homo oeconomicus und den homo sociologicus zu erfinden, wenn sich in der Wirklichkeit nicht das ökonomische und das Rollenverhalten *tatsächlich fänden!* Einen so sich verhaltenden Menschen kann man sich ja nicht ausdenken wie den Marsmenschen eines Zukunftsromans – man kann ihn nur aus der bereits bekannten Wirklichkeit selbst ablesen. Deswegen, weil die Wissenschaftler in der sozialen Wirklichkeit immer wieder auf ökonomisches und auf Rollenverhalten stoßen, haben sie den homo oeconomicus und den homo sociologicus in die sozialwissenschaftliche Theorie eingeführt.

Paradoxerweise bringt niemand anders als Ralf Dahrendorf – in seiner Abhandlung *homo sociologicus* – die „realistische" Komponente des Rollenbegriffes sehr deutlich zum Ausdruck:

„[...] das Atom [als Entsprechung zum Begriff der Rolle in der

Naturwissenschaft] oder die soziale Rolle [sind], obschon erfunden, nicht *bloß* erfunden. Sie sind Kategorien, die sich [...] all denen aufdrängen, die den Gegenstand der Natur oder des Menschen in Gesellschaft in den Griff zu bekommen versuchen. Einmal erfunden, sind sie [...] plausible, in einem gewissen Sinn evidente [!] Kategorien."[48]

In der Praxis ganz deutlich wird dieser Realitätsbezug des Rollenbegriffes, wenn man Dahrendorfs Generalbeispiel liest, durch das er den Rollenbegriff verdeutlicht:

„Nehmen wir an, wir seien auf einer Gesellschaft, auf der uns ein uns bisher unbekannter Herr Dr. Hans Schmidt vorgestellt wird. Wir sind neugierig, mehr über diesen neuen Bekannten zu erfahren. Wer ist Hans Schmidt? Einige Antworten auf diese Fragen können wir unmittelbar sehen: Hans Schmidt ist 1) ein Mann, und zwar 2) ein erwachsener Mann von etwa 35 Jahren. Er trägt einen Ehering, ist daher 3) verheiratet. Anderes wissen wir aus der Situation der Vorstellung: Hans Schmidt ist 4) Staatsbürger; er ist 5) Deutscher, 6) Bewohner der Mittelstadt X, und er trägt den Doktortitel, ist also 7) Akademiker. Alles weitere aber müssen wir von gemeinsamen Bekannten erfragen, die uns erzählen mögen, daß Herr Schmidt 8) von Beruf Studienrat ist, 9) zwei Kinder hat, also Vater ist, 10) als Protestant in der vorwiegend katholischen Bevölkerung von X einige Schwierigkeiten hat, 11) als Flüchtling nach dem Kriege in die Stadt gekommen ist, wo er sich indes 12) als 3. Vorsitzender der lokalen Organisation der Y-Partei und 13) als Schatzmeister des Fußballklubs der Stadt bald einen guten Namen zu verschaffen wußte. Herr Schmidt, so erfahren wir von seinen Bekannten, ist 14) ein leidenschaftlicher und guter Skatspieler sowie 15) ein ebenso leidenschaftlicher, wennschon weniger guter Autofahrer."[49]

„Zu jeder Stellung, die ein Mensch einnimmt, gehören gewisse Verhaltensweisen, die man von dem Träger dieser Position erwartet; zu allem, was er ist, gehören Dinge, die er tut und hat; zu jeder sozialen Position gehört eine *soziale Rolle.* Indem der Einzelne soziale Positionen einnimmt, wird er zur Person des Dramas, das die Gesellschaft, in der er lebt, geschrieben hat. Mit jeder Position gibt die Gesellschaft ihm eine Rolle in die Hand, die er zu spielen hat."[50]

Was an solchen Aussagen „bewußt unrealistisch" sein soll, ist wirklich schwer einzusehen. Dahrendorf beschreibt hier nur Phänomene, die wir in unserer eigenen Alltagswirklichkeit ohne weiteres wiedererkennen würden.

Hieraus erhellt: So „unrealistisch“ ist die Rollentheorie nun wirklich nicht. Niemand würde ja darauf kommen, eine Rollentheorie aufzustellen, wenn es nicht in der Wirklichkeit tatsächlich ein Rollenverhalten gäbe. Konsequent „unrealistisch“ wäre Dahrendorfs Rollentheorie nur dann, wenn er sagen würde: „Die Menschen verhalten sich *nie* rollengemäß.“ Denn dies wäre eine Aussage, die mit der Wirklichkeit tatsächlich nichts zu tun hat. Wenn es nur darauf ankäme, eine beliebig unrealistische Annahme zu machen, dann könnte man einen solchen Satz genauso zur Grundlage einer Sozialtheorie machen wie die These vom rollengemäßen Verhalten des Menschen.

Aber bezeichnenderweise würde Dahrendorf gar nicht darauf kommen, eine Sozialtheorie auf den Satz: „Die Menschen verhalten sich nie rollengemäß“ aufzubauen. Denn dieser Satz wäre ihm wohl zu – unrealistisch. Gerade mit der angeblich „unrealistischen“ Rollentheorie erweist Dahrendorf der Realität also seine Reverenz.

Hiermit erhält aber die ganze „Anti-Reifizierungs-“These den Anstrich des Inkonsequenten. Folgerichtigerweise müßte man nämlich die Wirklichkeit entweder voll akzeptieren oder überhaupt nicht. Wenn man sie teilweise akzeptiert, das heißt: eine tatsächlich weitgehend realistische Annahme macht und sie dann für „unrealistisch“ erklärt, dann verfängt man sich sofort in quantitativen Abgrenzungsproblemen. Zu fragen wäre nämlich nun, *wie* realistisch eine Annahme sein muß oder sein darf, um zur Grundlage einer „unrealistischen“ Theorie im Sinne Dahrendorfs werden zu können.

D. Wie grob sind unsere Netze?

Dahrendorfs Konzept des „bewußt unrealistischen“ Rollenbegriffes ist ein Beispiel für das, was wir als „theoretisches Konstrukt“ kennengelernt haben. Ein Konstrukt wäre hiernach etwas, was es nicht wirklich „gibt“, sondern das nur angenommen wird, und zwar nur zu dem Zweck, um es zur Grundlage einer Theorie zu machen.

Über die Funktion des „Konstruktes" in den Naturwissenschaften und auch in der Psychologie wollen und können wir hier nicht sprechen. Für die Soziologie jedenfalls gilt offenbar, daß „Konstrukte" irgend etwas mit der sozialen Wirklichkeit zu tun haben. Konstrukte sind Produkte einer Wirklichkeitsanalyse – aber einer *unvollständigen* Wirklichkeitsanalyse.

Anstatt sich der Wirklichkeit so weit anzuschmiegen, wie es nur irgend geht, macht der „Konstrukteur" eines Konstruktes an irgendeiner Stelle halt, ohne daß es einen logisch plausiblen Grund dafür gäbe, warum gerade an diesem Punkte haltgemacht werden müßte. Warum man zwar den Rollenbegriff als solchen annimmt, dann aber nicht über ihn hinaus zu jenem Sachverhalt schreitet, daß der Mensch sich andererseits nicht immer rollengemäß verhält, ist nicht einzusehen.

Die hier diskutierte sozialwissenschaftliche Art der Theoriebildung ist daher nichts als eine *inkonsequente Phänomenologie.*

Phänomenologie deswegen, weil sie den Ausgangspunkt bei dem nimmt, was sie weitgehend wirklich vorfindet (Rollenverhalten). Inkonsequent deswegen, weil sie das phänomenologische Prinzip nicht durchgehend anwendet (Ausnahmen vom Rollenverhalten).

Die Konsequenz, die eine saubere Sozialtheorie ziehen müßte, wäre also die, eine wohlverstandene *Phänomenologie zu werden.*

Die phänomenologische Methode hat verschiedene Eigenschaften, die sie für die Soziologie äußerst geeignet macht: sie ist anschmiegsam und erfaßt gerade das Individuelle, die Ausnahmen – also genau das, was im sozialen Bereich das eigentlich Interessante ist.

Die Bedeutung der phänomenologischen Methode in der Soziologie soll an einem Beispiel demonstriert werden.

In einem Aufsatz „Die wohnliche Stadt" schreibt Hans Paul *Bahrdt* folgendes:

„Wohnen ist ein Stück Kultur. Freilich: Der Begriff ‚Wohnkultur' erweckt schon wieder den Verdacht, daß etwas, das sich eigentlich als selbstverständliche Folge kultivierten Verhaltens ergeben sollte, zum Ziel besonderer Anstrengung gemacht wird: Die Kultur, ausdrücklich zum Gegenstand zielgerichteten Verhaltens gemacht, [...] wird [...] zum Hindernis für die Entfaltung der vielfältigen Verrichtungen, die zusammen das ergeben, was wir ‚wohnen' nennen. ‚Wohnkultur' kann genauso unwohnlich sein wie kalte Pracht; d.h. sie ist dann nur eine moderne Variante der kalten Pracht von gestern, also das Gegenteil von kultivierter Wohnlichkeit."[51]

Diese – für die phänomenologische Methode in der Soziologie typische – Aussage hat ein Merkmal, das von den analytisch eingestellten Sozialwissenschaftlern als ausgesprochene Schwäche eingestuft würde: sie ist (scheinbar, siehe gleich!) nicht „intersubjektiv prüfbar", das heißt, sie gilt als persönliche Impression eines Einzelsubjekts, die nicht von jedem anderen Subjekt nachvollziehbar ist.

Warum? Es werden hier die Begriffe „Wohnkultur" und „kultivierte Wohnlichkeit" einander gegenübergestellt. Zwar scheint – auf den ersten Blick – „Wohnkultur" nur das zu sein, was der Wortsinn nahelegt: nämlich ein gepflegtes Wohnen. Im folgenden wird dann aber der Begriff „Wohnkultur" ironisiert und umschrieben als etwas, das „zum Ziel besonderer Anstrengung gemacht wird" und eben deshalb nichts anderes ist als die „kalte Pracht" von heute.

Demgegenüber wird „kultivierte Wohnlichkeit" als „selbstverständliche Folge kultivierten Verhaltens" beschrieben. Der Analytiker wird also sagen, daß diese Unterscheidung zwischen „Wohnkultur" und „kultivierter Wohnlichkeit" nicht intersubjektiv prüfbar sei, weil man sie nicht „operationalisieren" könne.

Zwar könnten wir, wie früher schon angedeutet, den Begriff „Wohnkultur" operational definieren, das heißt in Indizes umsetzen, die unmittelbar beobachtbar und meßbar sind; zum Beispiel: Teakmöbel und Picasso lassen auf Wohnkultur schließen – Gelsenkirchener Barock und Elfenreigen dagegen nicht.

Nun wird aber sofort klar: mit diesen Kriterien läßt sich der von Bahrdt offenbar anvisierte Unterschied zwischen „kultivierter Wohnlichkeit" und „Wohnkultur" überhaupt nicht erfassen. In der

Operationalisierung können wir beide Begriffe gar nicht auseinanderhalten. Es können nämlich zwei Wohnungen objektiv genau gleich ausgestattet sein, und trotzdem kann die eine „Wohnkultur", die andere „kultivierte Wohnlichkeit" repräsentieren. Der Unterschied zwischen beiden Begriffen ist nämlich ein „atmosphärischer"; er bezieht Faktoren ein, die gar nicht „operationalisierbar" sind, wie zum Beispiel die persönliche – sit venia verbo – „Bildung" der Bewohner. Bahrdt unterscheidet ja ausdrücklich die „selbstverständliche Folge kultivierten Verhaltens" und den „Gegenstand zielgerichteten Verhaltens"; wie man diesen Unterschied auf der Ebene standardisierter empirischer Methoden, etwa durch ein Interviewschema, erfassen soll, wird in der Tat nicht ganz einsichtig.

Trotzdem war es etwas voreilig von uns, zu sagen, die Unterscheidung zwischen „Wohnkultur" und „kultivierter Wohnlichkeit" sei nicht „intersubjektiv überprüfbar". Das ist sie sehr wohl – nur eben nicht vom Standpunkt der nur operationalisierbare Begriffe zulassenden analytisch gerichteten Soziologie. Denn: es gibt praktisch viele Leute in unserer Gesellschaft – Laien und Wissenschaftler –, die diesen Unterschied erfassen und auch beschreiben können, zumindest „exemplarisch", das heißt anhand konkreter Beispiele aus dem Verwandten- und Freundeskreis, auf die sie hinweisen und an denen sie das Gemeinte demonstrieren können.

Hieraus folgt: das Instrumentarium einer Sozialforschung, die nur mit operationalisierbaren Begriffen arbeitet, ist viel zu grob. Phänomene, die über einen gewissen Feinheitsgrad hinausgehen, können von diesen Instrumenten nicht mehr erfaßt werden.

Man kann diesen Sachverhalt mit einem sehr anschaulichen Bild verdeutlichen:[52]

Ein Fischer hat ein Netz mit einer Maschengröße von 5 cm. Durch dieses Netz werden also alle Fische, die im Querschnitt kleiner sind als 5 cm, hindurchschlüpfen. Daher muß unser Fischer der Meinung sein, es gäbe keine Fische, die kleiner sind als 5 cm.

In genau dieser Lage wäre ein Sozialforscher, der den Unterschied zwischen „Wohnkultur" und „kultivierter Wohnlichkeit" leugnet, nur weil er ihn mit *seinen* Forschungsmethoden nicht feststellen kann.

Hier wird ein Unterschied zwischen Natur- und Sozialwissenschaften deutlich. In den Naturwissenschaften reichen die standardisierten Methoden aus. In den Sozialwissenschaften genügt die Anwendung bloß analytischer Methoden nicht. Da hier der Mensch sich selbst Gegenstand ist, bleibt es unvermeidbar, daß er ein „persönliches Potential" in die Forschung mit einbringt, das ihm gestattet, mehr zu erfassen, als es mit standardisierten Methoden möglich ist.

ANMERKUNGEN

ERSTER TEIL. SPRACHTHEORIE

Erstes Kapitel. Logische Propädeutik

1 Kamlah/Lorenzen, Propädeutik, S. 39–44.
2 S. 45–53.
3 Vgl. S. 42; 45–48.
4 S. 42; 43.
5 S. 170f.
6 S. 15–22.
7 S. 42.
8 S. 39–44.
9 S. 28–31.
10 S. 29–31.
11 S. 31–34.
12 S. 29–31; 34f. – Lorenzen, Logik, S. 8f. – Lorenzen, Denken, S. 30f.
13 Kamlah/Lorenzen, Propädeutik, S. 31–34 und 104–111.
14 Obwohl sich hierhinter bereits ein sehr komplizierter wissenschaftstheoretischer Zusammenhang verbirgt (auf den wir im zweiten Band werden zurückkommen müssen), sei bereits hier angemerkt, daß Bezeichnungen für bestimmte *geschichtliche* Gegenstände ebenfalls Eigennamen – und nicht etwa Prädikatoren – sind, so etwa: „das Christentum", „die Gotik", „das Mittelalter", „die Reformation" (Kamlah/Lorenzen, Propädeutik, S. 31 und 105). Das liegt daran, daß wir mit solchen Wörtern bestimmte einmalige, individuelle, unwiederholbare Gegenstände bezeichnen. „Reform(ation)" ist zwar in *allgemeiner* Verwendung ein Prädikator, der so viel wie „Wiederherstellung des angeblich ursprünglichen Zustandes durch Veränderung des gegebenen Zustandes" bedeutet. „Die Reformation" als das so bezeichnete bestimmte historische Ereignis ist aber etwas Einmaliges.
15 Demgemäß kann man auch sagen, daß gerade ein Einzelgegenstand zunächst mit einem Prädikator (und nicht mit einem Eigennamen) belegt wird – bzw. umgekehrt: daß Prädikatoren gerade auch für Einzelgegenstände da sind. So sagt Paul Lorenzen: „Wird ein Prädikat gebraucht, so ist immer schon ein Einzelnes intendiert, dem dieses Prädikat zu- oder abgesprochen wird. Dieses Einzelne braucht deshalb noch

keinen Eigennamen zu haben. Ein Kind lernt z. B. normalerweise erst das Prädikat ‚Puppe', ehe es seinen Puppen Eigennamen gibt." (Denken, S. 30.)

16 Kamlah/Lorenzen, Propädeutik, S. 27–31.

17 S. 78–82, vor allem 78–80.

18 S. 86.

19 S. 86–93. – Das Zitat S. 86. In der Vorlage steht, statt „Wort", „Terminus" – ein Ausdruck, den wir erst später einführen wollen.

20 Vgl. Menne, Logik, S. 18f.

21 Kamlah/Lorenzen, Propädeutik, S. 66.

22 S. 86f.

23 S. 86–95. – „Diese Abstraktion erzeugt somit nicht einen Gegenstand, der unabhängig (‚abgesondert') neben dem Terminus stünde – so daß man sich über seine ‚Seinsweise' den Kopf zerbrechen müßte –, sondern *wir vollziehen* diese Abstraktion, indem wir über einen Terminus Aussagen machen, die *invariant* sind bezüglich Synonymität." (S. 85.) (Hervorhebungen von K./L.)

24 Vgl. S. 87. – In der Vorlage steht „Terminus" statt „Wortes".

25 S. 66.

26 S. 47.

27 S. 48.

28 S. 66 und 87.

29 S. 70–78. – Das Zitat S. 72.

30 S. 111–116.

31 S. 33f. und 104–111.

32 S. 153–161.

33 S. 161–167.

34 S. 28f.

35 S. 66, 68f., 70–78.

36 S. 73.

37 S. 70f.; 82–86.

38 S. 70–78, vor allem 72.

39 S. 70–78; 82–86.

40 Bei umgangssprachlichen, nicht normierten Wörtern ist das durchaus nicht so sicher; denken wir nur an „Pferd", „Roß", „Gaul", „Mähre" und so fort.

41 S. 71 und 64–69, vor allem 68f.

42 S. 93.

43 S. 93–95.

44 S. 93–95. – Das Beispiel wird in Lehrbüchern der Logik herkömmlicherweise gern verwendet, obwohl es leider mit der extensionalen Gleichheit nicht ganz seine Richtigkeit hat. (So sind Schweine Paarzeher, aber keine Wiederkäuer.) Das Beispiel möge trotzdem hier

stehen bleiben, da es anschaulich ist und sicherlich *weitgehend* auch stimmt.

45 Vgl. STEGMÜLLER, Hauptströmungen, S. 420. – ESSLER, Logik, S. 120.

46 Vgl. STEGMÜLLER, Hauptströmungen, S. 420. – LORENZEN, Logik, S. 13–15.

47 Vgl. BOCHENSKI, Denkmethoden, S. 90–96. – STEGMÜLLER, Hauptströmungen, S. 368–380.

48 Vgl. BOCHENSKI, Denkmethoden, S. 90. – Siehe auch KAMLAH/LORENZEN, Propädeutik, S. 78–82, 90 f.

49 MENNE, Logik, S. 30.

50 REINERS, Stilkunst, S. 103.

51 Ebenda, S. 103 f.

52 Gerhard HELBIG: Geschichte der neueren Sprachwissenschaft. Reinbek: Rowohlt 1974. (rororo Studium. Linguistik. 48.) S. 218 f.

53 KAMLAH/LORENZEN, Propädeutik, S. 39–44.

54 S. 40 f.

55 S. 34 f. – Wir sehen an dieser Stelle davon ab, daß in der Praxis der Prädikator in der Regel vor dem Eigennamen da ist (vgl. oben Anm. 15).

56 S. 34–39.

57 S. 35–37.

58 S. 40 f.

59 Vgl. S. 161–167.

60 S. 39–44; 27–34.

61 Wir fassen „Sachverhalt" hier etwas anders als KAMLAH und LORENZEN (Propädeutik, S. 129–136), die den „Sachverhalt" als Ergebnis einer Abstraktion vom „Wortverlauf" (S. 130) „sprachlich verschiedener, aber inhaltsgleicher Aussagen" (S. 132) charakterisieren. Hiernach wäre der Sachverhalt etwa so viel wie der Inhalt einer Aussage, der gegen verschiedene Formulierungen dieser Aussage „invariant" (S. 132) ist. KAMLAH und LORENZEN parallelisieren also das Verhältnis von „Aussage" und „Sachverhalt" dem zwischen „Wort" bzw. „Terminus" und „Begriff". So wie der „Begriff" eine Abstraktion aus füreinander einsetzbaren Wörtern ist, so wäre hiernach der „Sachverhalt" eine Abstraktion aus füreinander einsetzbaren Aussagen. (Vgl. auch LORENZEN, Denken, S. 35 f., 43.)

Hiergegen ist im ganzen nichts einzuwenden. Wie unsere weiteren Ausführungen zeigen sollen, gibt es jedoch Grenzfälle, die es möglicherweise nicht mehr zulassen, Aussagen eindeutig füreinander eintreten zu lassen. Das heißt: es wäre denkbar, daß es Sachverhalte gibt, die an einer bestimmten sprachlichen Formulierung hängen und daher nicht durch andere „Wortverläufe" ausdrückbar sind.

Hier könnte unter Umständen ein wichtiger Unterschied zwischen „Wort" und „Satz" liegen, der es uns versagt, beide sprachlichen Gebilde ohne weiteres analog zu behandeln, wie das die Gleichsetzung: „Wort : Begriff = Aussage : Sachverhalt“ nahelegt. Bei einzelnen Wörtern ist eine eindeutige Füreinandersetzung offenbar durchaus möglich, wie unsere Beispiele „Divisor = Teiler“ oder „Schimmel = weißes Pferd“ gezeigt haben. Bei einem ganzen Satz oder gar einem Text aus mehreren Sätzen hingegen kommt es möglicherweise so sehr auf den „Kontext“ an, daß zwei Aussagen *als Ganze* unter Umständen auch dann nicht den gleichen Sachverhalt darstellen können, wenn jedes einzelne Wort durch ein „für sich“ gleichbedeutendes ersetzt wird. Für die Alltagssprache ist das selbstverständlich (vgl. KAMLAH/LORENZEN S. 64–69); aber auch in der Wissenschaftssprache, die an sich zwar „normierte“, das heißt kontextunabhängig festgelegte Wörter verwenden soll (S. 68; 70–78), sind Grenzfälle möglich. So sei vorläufig etwa an die Aussagen dialektisch denkender Autoren, auch der Gegenwart, sowie allgemein an die Texte historischer und daher hermeneutisch zu interpretierender Wissenschaftler erinnert.

Um also den Begriff des Sachverhalts nicht von vornherein mit dem heiklen Problem der Invarianz des Inhalts zu belasten, ziehen wir es hier vor, den „Sachverhalt“ einfach als Gegenstand einer Aussage zu umschreiben – wobei es völlig offen bleiben kann, ob jeweils verschiedene Aussagen auch ein und denselben Sachverhalt darstellen können oder nicht.

62 In der vorigen Anmerkung haben wir gesehen, daß KAMLAH und LORENZEN das Wortpaar „Aussage“ und „Sachverhalt“ zu dem Wortpaar „Wort“ bzw. „Terminus“ und „Begriff“ in Parallele setzen. Hier wird eine andere Parallelisierung vorgeschlagen, nämlich die zwischen „Wort/Begriff“ und „Satz/Aussage“. Wir sagen: zwei Sätze stellen dann dieselbe Aussage dar, wenn die in ihnen verwendeten Wörter füreinander einsetzbar sind. Die beiden Sätze „Dieses Haus ist dreistökkig“ und „This house has three floors“ stellen also – nach unserem Sprachgebrauch – schon deshalb den gleichen Sachverhalt dar, weil sie nur zwei verschiedene, aber eindeutig einander gleichzusetzende Formulierungen derselben Aussage darstellen. (Vgl. KRAFT, Erkenntnislehre, S. 127.)

Wir unterscheiden also angesichts des Problems der Gleichsetzung im Wortverlauf verschiedener Aussagen zwei Fälle: a) Verschiedene Aussagen, die dank eindeutiger Wortgleichsetzungen auch im ganzen gleichgesetzt werden können; wir sprechen dann von verschiedenen „Sätzen“, die die gleiche „Aussage“ repräsentieren. b) Verschiedene Aussagen, die nicht ohne weiteres gleichgesetzt werden können; ein Beispiel hierfür wäre etwa das von KAMLAH und LORENZEN S. 134 gegebene: „M schlägt seine Frau jeden Tag“ – „Täglich wird Frau M von ihrem Mann geschlagen“. Sätze wie diese beiden können als inhaltsgleich interpretiert werden – dann stellen sie den gleichen Sachverhalt dar. Sie können aber auch als inhaltsverschieden interpretiert werden und stellen dann nicht den gleichen Sachverhalt dar (diese Möglichkeit halten KAMLAH und LORENZEN S. 134–136 durchaus offen). Als „die gleiche Aussage" wird man beide Sätze wohl in keinem Falle betrachten dürfen; dazu ist der Unterschied zwischen aktivischer und passivischer Formulierung schon zu gewichtig.

Für das Verhältnis zweier „ähnlicher" Sätze gibt es also drei Möglichkeiten: 1. Die beiden Sätze sind nur sprachliche Varianten ein und derselben Aussage; 2. Es handelt sich um zwei verschiedene Aussagen, die jedoch den gleichen Sachverhalt darstellen; 3. Es handelt sich um zwei verschiedene Aussagen, die auch verschiedene (wenn unter Umständen auch „ähnliche") Sachverhalte darstellen.

63 KAMLAH/LORENZEN, Propädeutik, S. 39–44.
64 S. 39–44; vor allem 42.
65 S. 132.
66 Vgl. S. 23–27; 84 f.
67 S. 142.
68 ESSLER, Logik, S. 14. – Vgl. KAMLAH/LORENZEN, Propädeutik, S. 117–150.
69 KAMLAH/LORENZEN, Propädeutik, S. 207–209. – LORENZEN, Denken, S. 63. – LORENZEN, Metamathematik, S. 19. – In der Mathematik liegt die Sache sogar besonders kompliziert insofern, als man bei manchen Aussagen *noch nicht einmal weiß*, ob man nur nicht *weiß*, ob sie wahr oder falsch sind, oder ob sie eben nicht entweder wahr oder falsch sein *können* (KAMLAH/LORENZEN, Propädeutik, S. 208). – Zum Problem des „Aktual-Unendlichen" vgl. LORENZEN, Denken, S. 94–103.
70 MENNE, Logik, S. 8 f.
71 BOCHENSKI, Denkmethoden, S. 60 f. – MENNE, Logik, S. 20.
72 KAMLAH/LORENZEN, Propädeutik, S. 88. – MENNE, Logik, S. 20.
73 KAMLAH/LORENZEN, Propädeutik, S. 119 f.
74 S. 118–120; 125; 143–145.
75 S. 117–129.
76 Vgl. SEIFFERT, Stil, S. 48–59.

2. KAPITEL. ZEICHENTHEORIE

1 KAMLAH/LORENZEN, Propädeutik, S. 53–64.
2 Vgl. S. 57 f.
3 S. 57–59.
4 S. 58–60.

5 S. 58–60.
6 S. 59.
7 Die Unterscheidung zwischen „Zeichen“ und „Marke“ findet sich bei KAMLAH und LORENZEN; andere Zeichentheoretiker nennen auch die „Marken“ „Zeichen“.
8 Nach einem Beispiel von Helmar FRANK, Pädagogik, S. 47 ff.
9 Vgl. KAMLAH/LORENZEN, Propädeutik, S. 66 und 87.
10 Die grundlegende Veröffentlichung für die dreistufige semiotische Zeichentheorie ist: Charles W. MORRIS, Grundlagen. Vgl. auch z. B. CHERRY, Kommunikationsforschung, S. 258–307. – SEIFFERT, Information, S. 79–95, mit einer etwas ausführlicheren Erörterung des Verhältnisses zwischen Syntaktik und Semantik.
11 Vgl. WENDT, Sprachen, S. 233 f.
12 S. 219–233 (Artikel „Phonetik“).
13 S. 233–238 (Artikel „Phonologie“). – MARTINET, Grundzüge, S. 23 ff. – METHODEN der Sprachwissenschaft, S. 93–96.
14 Vgl. die beiden Artikel bei WENDT, Sprachen, S. 219–238.
15 S. 234 f.
16 Vgl. MARTINET, Grundzüge, S. 167 f.
17 sch und ch bezeichnen einheitliche Phoneme; z besteht phonetisch aus zwei Lauten t + s, wird aber im Deutschen als ein einheitliches Phonem betrachtet, was bei x nicht der Fall ist, das vielmehr deutlich als k und s empfunden wird; Marx = Mark’s = Markus.
18 MARTINET, Grundzüge, S. 175.
19 S. 21–23.
20 Vgl. Helmar FRANK, Pädagogik; Felix v. CUBE, ... des Lernens und Lehrens.
21 Vgl. Friedrich KLUGE: Etymologisches Wörterbuch der deutschen Sprache. 21. unv. Aufl. bearb. v. Walther MITZKA. Berlin: de Gruyter 1975. S. 743 und 818. – Der Stern bezeichnet eine erschlossene, nicht durch Überlieferung belegte Wortform.
22 Dieses wichtige Begriffspaar stammt von Ferdinand de SAUSSURE; vgl. seine Grundfragen der Allgemeinen Sprachwissenschaft, S. 93 ff. – Ferner MARTINET, Grundzüge, S. 36 f.
23 MARTINET, Grundzüge, S. 23 f.
24 S. 24.

ZWEITER TEIL. DIE DEDUKTION

1. Kapitel. Axiomatisches Denken

1 Vgl. Kamlah/Lorenzen, Propädeutik, S. 15–27.
2 Meschkowski, Einführung, S. 9 f.
3 Zur progressiven und regressiven Deduktion vgl. Bochenski, Denkmethoden, S. 82 f.
4 Zitiert bei Meschkowski, Einführung, S. 10.
5 Vgl. S. 13 f. – Vgl. Frey, Mathematisierung, S. 41–44. – Lorenzen, Denken, S. 123.
6 Meschkowski, Einführung, S. 13. – Vgl. Frey, Mathematisierung, S. 42–44.
7 S. 17. – Vgl. Kamlah/Lorenzen, Propädeutik, S. 17 f.
8 Meschkowski, Einführung, S. 16, Anm. 4.
9 S. 16.
10 Zitiert nach Hans-Georg Steiner, in: Behnke, Mathematik, S. 170.
11 Die *Null* nennen z. B.: Gerhard Frey, Mathematisierung, S. 56. – Detlef Laugwitz, in: Neue Sammlung 5 (1965), S. 13 f. – Jürgen Schmidt: Mengenlehre ... I. ... Mannheim: Bibliogr. Inst. 1966. (BI-Hochschultaschenbücher. 56/56 a.) S. 168. – Hans-Georg Steiner, in: Behnke u. a., Mathematik I (oben Anm. 10), S. 170.
Die *Eins* nennen z. B.: Meschkowski, Einführung, S. 54. – Herbert Meschkowski (Hg): Mathematik-Duden für Lehrer. ... Mannheim u. Zürich: Bibliogr. Inst. 1969. S. 41. – Georg Wolff (Hg): Handbuch der Schulmathematik. Band 7 .... Hannover: Schroedel; Paderborn: Schöningh 1967. S. 149. – Pickert, Günter; Görke, Lilly, in: Grundzüge der Mathematik .... Band I .... 3. .... Aufl. Göttingen: Vandenhoeck & Ruprecht 1966. S. 92 f. In Wolff, Handbuch der Schulmathematik 7, S. 135, wird auf beide Möglichkeiten aufmerksam gemacht.

2. Kapitel. Konstruktives Denken

1 Vgl. Lorenzen, Metamathematik, S. 6–14.
2 Lorenzen, Denken, S. 43.
3 S. 44 f.

4 S. 45. – Vgl. LORENZEN, Metamathematik, S. 50 ff. – KAMLAH/LORENZEN, Propädeutik, 1. Aufl. 1967, S. 218–224.
5 LORENZEN, Denken, S. 48 f.
6 Detlef LAUGWITZ, in: Neue Sammlung 5 (1965), S. 22.
7 Hans HERMES, in: METHODEN der Logik und Mathematik, S. 34.
8 S. 35.
9 KAMLAH/LORENZEN, Propädeutik.
10 LORENZEN, Denken, S. 43.
11 KAMLAH/LORENZEN, Propädeutik, S. 24; vgl. S. 16 f.
12 S. 25.
13 S. 84 f.
14 Jedenfalls kann man das dann nicht, wenn man logisch-philosophisch argumentiert, also nicht genetisch, das heißt nach dem geschichtlich-entwicklungsmäßigen Ursprung der Sprache beim Menschen fragt (etwa vorgeschichtlich im Hinblick auf die Menschheitsentwicklung oder kinderpsychologisch im Hinblick auf das einzelne Individuum; vgl. KAMLAH/LORENZEN, Propädeutik, S. 24). – Allgemein zum Problem der „Nichthintergehbarkeit der Umgangssprache" vgl. außer KAMLAH/LORENZEN auch LORENZEN, Denken, S. 24–59.
15 Zum „immer schon" vgl. KAMLAH/LORENZEN, Propädeutik, S. 15; 16 f.
16 S. 15.
17 Vgl. das Motto bei QUINE, Word and Object, S. VII.
18 LORENZEN, Denken, S. 27.
19 S. 28 f.
20 S. 41.

DRITTER TEIL. DIE INDUKTION

1. KAPITEL. DIE INDUKTION IN DEN NATURWISSENSCHAFTEN

1 Vgl. STEGMÜLLER, Hauptströmungen, S. 398 f. – STEGMÜLLER, Einheit, S. 13 f.
2 Vgl. STUMPFF, Astronomie, S. 72–76.
3 S. 74 f.: Es bedarf ja nur einer „Koordinatentransformation"!
4 Ebenda. – Vgl. auch LORENZEN, Entstehung, S. 81 und 129.
5 Das ptolemäische System war nicht nur geozentrisch, sondern auch „rein kinematisch", das heißt: es sollte und konnte die vorgefundenen Bewegungen lediglich „geometrisch" erklären, dagegen keine „physikalischen" Aussagen über das Zustandekommen der Bewegungen machen. – Zur geistesgeschichtlichen Entwicklung ist aber anzumerken,

daß in *dieser* Hinsicht zwischen dem ptolemäischen und dem ursprünglichen kopernikanischen System kein Gegensatz bestand. Denn auch Kopernikus war noch reiner „Geometriker". Insofern, meint LORENZEN, ist „die Rede von der ‚Kopernikanischen Wende' nur mit Vorsicht zu gebrauchen" (S. 129). Die physikalische Interpretation des Sonnensystems setzte erst mit Galilei und Kepler ein; Kopernikus selbst dachte zwar (schon) heliozentrisch, aber (noch) geometrisch. (LORENZEN, Entstehung, S. 81 und 129.)

6 Vgl. STUMPFF, Astronomie, S. 72–76 und 220–223.

7 Vgl. LORENZEN, Entstehung, S. 129 f. – STUMPFF, Astronomie, S. 113 f. – MÜLLER, Begriffe, S. 56 f. – BECKER, Einführung, S. 74.

8 Vgl. STUMPFF, Astronomie, S. 154 und 223. – MÜLLER, Begriffe, S. 53 und 60.

9 Der „Wenn-dann"-Satz kehrt sich im Verlauf der Forschung also sozusagen um. Zunächst sagen wir: „Wenn gewisse Sterne gewisse Ortsveränderungen am Himmel zeigen, dann muß das Planetensystem so und so beschaffen sein." Hier ist die Beobachtungsaussage im Wenn-Satz, die Hypothese im Dann-Satz. Nachdem wir unsere Hypothese aufgestellt haben, bringen wir das ganze in die „natürliche" Reihenfolge und sagen: „Wenn das Sonnensystem so und so beschaffen ist, dann mußte und muß der und der Planet zu dem und dem Zeitpunkt da und da stehen." In diesem Satz steht nunmehr die Hypothese im Wenn-Teil, und die Beobachtungsaussage im Dann-Teil.

Offensichtlich ist es also ein Mißverständnis, wenn man gelegentlich hört, eine Hypothese müsse immer aus einem Wenn-dann-Satz bestehen. Denn wie unser Beispiel zeigt, findet sich die eigentliche Hypothese immer nur in einem der beiden *Teil*sätze einer Wenn-Dann-Aussage. Eine Hypothese ist also nicht eine Wenn-dann-Verknüpfung als solche, sondern nichts weiter als eine Aussage über einen Sachverhalt, und zwar im Stadium der Vermutung. Unsere Hypothese lautet also in unserem Beispiel einfach: „Das Sonnensystem ist so und so beschaffen." Oder, um dem Charakter der Hypothese als (zunächst) einer bloßen Annahme oder Vermutung gerecht zu werden: „*Vermutlich* ist das Sonnensystem so und so beschaffen." Der Wenn-Dann-Satz dient also nur der Verknüpfung von Hypothese und Beobachtungsaussage; er ist nicht der Hypothese selbst gleichzustellen.

Diese Klärung ist deshalb wichtig, weil, wie wir bald sehen werden, Hypothesen nicht nur allgemeine Sachverhalte, aus denen dann Einzelfälle abgeleitet werden, zum Gegenstand haben können, sondern auch individuelle Sachverhalte, aus denen nichts weiter abgeleitet werden soll, weil sie bereits das Endprodukt der Forschung darstellen.

10 Vgl. BOCHENSKI, Denkmethoden, S. 106 f.

11 Vgl. STUMPFF, Astronomie, S. 219.

12 Vgl. LORENZEN, Entstehung, S. 130–140. – STUMPFF, Astronomie, S. 112–120. – BECKER, Einführung, S. 74–91.
13 BOCHENSKI, Denkmethoden, S. 109.
14 In diesem Zusammenhang sind die Keplerschen Gesetze und die Regel von Titius-Bode interessant. Die ersten beiden Keplerschen Gesetze formulieren nämlich allgemeine Sachverhalte, die gemäß der Gravitationstheorie für jedes beliebige Planetensystem gelten (Bahnellipsen, Geschwindigkeitsverhältnisse). Die Titius-Bode-Regel hingegen bezieht sich auf die individuellen Gegebenheiten im Sonnensystem. (Vgl. die oben in Anm. 7 und 8 angegebenen Stellen.)
15 POPPER, Logik der Forschung, S. 31–33.
16 Vgl. z. B. POPPER, in: ALBERT, Theorie und Realität, S. 93–96.
17 Vgl. POPPER, Logik der Forschung, S. 32.
18 Formulierung nach MÜLLER, Begriffe, S. 56. – Der „Leitstrahl" ist die gedachte Verbindungslinie zwischen der Sonne und dem Planeten.
19 Victor KRAFT, Erkenntnislehre, S. 246. – POPPER, Elend, S. 84 f.
20 KRAFT, Erkenntnislehre, S. 246–249.
21 S. 246–249.
22 Vgl. Friedrich BLUME, in: Die Musik in Geschichte und Gegenwart. ... Band I. ... Kassel und Basel: Bärenreiter-Verl. 1949–1951. Sp. 1011. – Wie sehr die heutige Sozialwissenschaftler-Generation auf die Auffassung des Begriffes der „Hypothese" lediglich als „Gesetzeshypothese", die etwas „erklären" soll, fixiert ist, zeigte mir folgendes von mir zunächst gar nicht durchschaute Mißverständnis in einer Diskussion. Ich führte als Beispiel für eine (von mir mit naiver Selbstverständlichkeit als solche betrachtete) individuelle Hypothese die Vermutung auf, daß Richard Wagners leiblicher Vater möglicherweise Ludwig Geyer sei (von Curt v. WESTERNHAGEN, in: Die Musik in Geschichte und Gegenwart, Band 14, 1968, Sp. 88, ausdrücklich als „Geyer-Hypothese" bezeichnet). Einige mir zunächst unverständliche Äußerungen auf diese Bemerkung belehrten mich dann darüber, daß man in diesem Kreise die Feststellung, wer Richard Wagners Vater sei, nicht als Endziel historischer Forschung begriff (wie das jedem Historiker und Philologen selbstverständlich ist), sondern als Mittel für die *Erklärung* (!) bestimmter Eigenschaften Wagners aus seiner leiblichen Herkunft. – Mein Fehler war natürlich, daß ich zufällig ein Beispiel gewählt hatte, das diese Mißdeutung zuließ. Da scheint das obige Beispiel der Kantate Nr. 217 eindeutiger zu sein: die Annahme der Nichtautorschaft Bachs soll ja nicht „erklären", warum die Kantate „unbachisch" ist, sondern umgekehrt: Weil sie unbachisch ist und/oder philologische Indizien darauf hinweisen, ist sie vermutlich nicht von Bach – und die Feststellung dieser Tatsache ist dann das eigentliche Forschungsziel. – Entsprechendes meint wohl auch Wilhelm KAMLAH, KAMLAH/LORENZEN, Propädeutik,

S. 119, hinsichtlich der Briefe Platons. – Diese Erörterung zeigt, wie wichtig es ist, in einer gegenwärtigen Wissenschaftstheorie die Belange der historischen Methode eigens zur Geltung zu bringen. (Daß die aus dem Vaterschaftssachverhalt abzuleitenden „Eigenschaften Wagners" natürlich ihrerseits individuell-historische Tatsachen und nicht aus einem allgemeinen Gesetz entspringende Gegebenheiten wären, können wir hier vernachlässigen; entscheidend ist die Vorstellung, daß eine Hypothese unter allen Umständen etwas außerhalb ihrer selbst zu „erklären" habe!)

23 Stumpff, Astronomie, S. 151–155. – Müller, Begriffe, S. 53 f.

24 Zum Problem der „möglichen Welten" vgl. Stegmüller, Hauptströmungen, S. 419. – Essler, Logik, S. 13. – Auch: Kamlah/Lorenzen, Propädeutik, S. 52. – Zum Dualismus von Logik und Empirie vgl. Victor Kraft, Der Wiener Kreis, S. 12–21, bes. 19–21.

25 Vgl. Methoden der Sozialwissenschaften, S. 109 und 135.

26 An Einführungen in die empirische Methodenlehre und Forschungstechnik seien hier nur genannt: König, Handbuch; Mangold, Sozialforschung; Methoden der Sozialwissenschaften; Atteslander, Sozialforschung.

27 Gute knappe Einführungen bei Klaus Roghmann, in: Methoden der Sozialwissenschaften, S. 180–187 und 212–216, und bei Erich Mittenecker, in: Methoden der Logik und Mathematik, S. 48–50.

28 Vgl. Bochenski, Denkmethoden, S. 100–103.

29 Vgl. Hans Albert, in: Topitsch, Logik der Sozialwissenschaften, S. 126–137. – S. 136: „Zwischen Erklärung und Prognose besteht kein semantischer, sondern nur ein pragmatischer Unterschied." Das heißt: „Ein System, das zur Erklärung bestimmter Arten von Vorgängen geeignet ist, kann grundsätzlich auch zu ihrer Vorhersage verwendet werden." (S. 127.) – Vgl. auch Albert, in: König, Handbuch I 1, S. 80–82. – Stegmüller, Hauptströmungen, S. 451.

30 Dieses grundlegende, beliebte Beispiel bei Popper, Logik der Forschung, S. 3. – Stegmüller, Hauptströmungen, S. 399.

31 Stegmüller, Einheit, S. 17. – Stegmüller, Hauptströmungen, S. 399.

32 Als Einführungen in das äußerst schwierige Gebiet der induktiven Statistik seien die in unserem Literaturverzeichnis genannten Bücher von Kellerer, Mittenecker, Neurath und Walker empfohlen. – Vgl. auch die instruktiven Bemerkungen von Klaus Roghmann, in: Methoden der Sozialwissenschaften, S. 168 und 195–211.

33 Vgl. Stegmüller, Einheit, S. 15 f.

34 Vgl. Stegmüller, Hauptströmungen, S. 397–402. – Popper, Logik der Forschung, S. 15 f. – Albert, in: König, Handbuch I 1, S. 77–80.

35 Vgl. Stegmüller, Hauptströmungen, S. 403.

36 An Literatur zu diesem zentralen Begriff sei hier nur aufgeführt: Pop-

PER, Logik der Forschung, S. 31–33. – STEGMÜLLER, in: TOPITSCH, Festschrift für Victor Kraft, S. 171–190. – STEGMÜLLER, Einheit, S. 13–16.

37 Jürgen FIJALKOWSKI, in: METHODEN der Sozialwissenschaften, S. 137.

38 Vgl. KAMLAH/LORENZEN, S. 140.

39 Robert K. MERTON, Social Theory and Social Structure, S. 421–436; in Übersetzung abgedruckt bei TOPITSCH, Logik der Sozialwissenschaften, S. 144–161.

40 POPPER, Elend, S. 35.

41 FIJALKOWSKI (vgl. oben Anm. 37).

42 Vgl. Nicolai HARTMANN, Das Problem des geistigen Seins, S. 149–153. – Nicolai HARTMANN: Einführung in die Philosophie. Überarb., vom Verf. genehm. Nachschrift der Vorlesung im Sommersemester 1949 in Göttingen. 2. Aufl. Osnabrück: Auerbach; Prelle 1952. S. 112 f. [6. Aufl. Osnabrück: Hanckel o. J.]

43 POPPER, Elend, S. 35.

2. KAPITEL. DIE INDUKTION IN DEN SOZIALWISSENSCHAFTEN

1 KAMLAH/LORENZEN, Propädeutik, S. 119.

2 Ebenda.

3 Vgl. BOCHENSKI, Denkmethoden, S. 106. – STEGMÜLLER, Hauptströmungen, S. 392–397 und 461–467. – Rudolf CARNAP, „Beobachtungssprache und theoretische Sprache".

4 Vgl. Carl G. HEMPEL, Fundamentals, S. 29–39 (Konstrukte) und S. 39–50 (Operationismus).

5 Vgl. auch Gerhard FREY, Mathematisierung, S. 87.

6 Vgl. auch BOCHENSKI, Denkmethoden, S. 106.

7 Ebenda.

8 Angesichts des Fortschrittes der Mikro-Beobachtungstechnik stellt sich zum Beispiel auch die Frage, ob die Begriffe „Molekül" und „Atom" wirklich noch als „Konstrukte" angesprochen werden dürfen. – Vgl. FREY, Mathematisierung, S. 87.

9 ROGHMANN, in: METHODEN der Sozialwissenschaften, S. 217. – Eine eindrucksvolle Vergegenwärtigung der These, daß der Mensch seiner Rolle nicht ausgeliefert ist, bietet Heinrich BÖLL: „Sie erkannte einen Mann daran, wie er ans Telefon ging. Die meisten Männer gingen ans Telefon, wie Männer in mittelmäßigen Filmen ans Telefon gehen, mit einem Gesicht, das sowohl Wichtigkeit wie Gleichgültigkeit ausstrahlen sollte. [. . .] Und der entscheidende Augenblick, wenn sie den Hörer auflegten. Wer konnte schon einen Hörer anders auflegen als ein schlechter Schauspieler: Albert konnte es, und Rai hatte es gekonnt.

[...] Auch rauchen konnte kaum ein Mann anders, als in Filmen geraucht wurde." (Heinrich BÖLL: Haus ohne Hüter. Roman. Berlin: Ullstein 1962. (Ullstein Buch. 185.) S. 125.) – Zu diesem Problem vgl. auch: Hans Paul BAHRDT, „Zur Frage des Menschenbildes".

10 Vgl. Erika SPIEGEL in Vbdg. m. Rudolf GUNZERT: Elternhaus und Studium. 1. Teil. ... Frankfurt: Inst. f. Sozialforschung 1962. S. 163.

11 KOB, Berufsbewußtsein, S. 27–34.

12 Zum sozialpsychologischen Begriff der Belohnung vgl. Andrzej MALEWSKI, Verhalten und Interaktion, S. VIII (Vorwort von Hans ALBERT) und 52–56.

13 HOMANS, Gruppe, S. 126.

14 So reagieren zum Beispiel Studenten auf die für alle gleiche Sozialsituation „deutsche Universität" verschieden; die einen leiden unter Einsamkeit, die anderen finden sofort Kontakt. (Vgl. Hannelore GERSTEIN: Studierende Mädchen. Zum Problem des vorzeitigen Abgangs von der Universität. ... München: Piper 1965. (Studien zur Soziologie. 4.) S. 74–83.

15 Vgl. Jürgen FIJALKOWSKI, in: METHODEN der Sozialwissenschaften, S. 140 f.

16 Vgl. Robert K. MERTON, Social Theory and Social Structure, S. 97.

17 Vgl. die Erörterung der „Prädikatorenregeln" bei KAMLAH/LORENZEN, S. 70–78.

18 Wilhelm Karl ESSLER, Logik, S. 194.

19 Die sogenannten „Reduktionisten". Vgl. das Buch von Andrzej MALEWSKI, Verhalten und Interaktion, vor allem die „einführenden Bemerkungen" von Hans ALBERT, S. V–IX, das Geleitwort von Jan SZCZEPANSKI, S. XI–XIV, und S. 1–22.

20 Vgl. Hans-Georg GADAMER, Wahrheit und Methode, S. 250 bis 290. – KAMLAH/LORENZEN, Propädeutik, S. 178 f.

21 Vgl. Jürgen FIJALKOWSKI, in: METHODEN der Sozialwissenschaften, S. 140 f.

22 Vgl. die in unserem Verzeichnis genannten Bücher von Talcott PARSONS, sowie die Darstellungen von Joachim E. BERGMANN, Parsons, und bei Heinz HARTMANN, Soziologie, Einführung, S. 2–16 und passim.

23 Vgl. Jürgen FIJALKOWSKI, in: METHODEN der Sozialwissenschaften, S. 131 f. – Klaus ROGHMANN, ebenda, S. 193 f.

24 Wolfgang SCHULENBERG: Ansatz und Wirksamkeit der Erwachsenenbildung. Eine Untersuchung im Grenzgebiet zwischen Pädagogik und Soziologie. Stuttgart: Enke 1957. XII, 211 S. (Göttinger Abhandl. zur Soziologie. 1.)

25 Vgl. Hans Paul BAHRDT, Großstadt, vor allem S. 106–123. – BAHRDT, „Die wohnliche Stadt". – Vgl. auch: Martin SCHWONKE und Ulfert HERLYN: Wolfsburg. Soziologische Analyse einer jungen Industrie-

stadt. ... Stuttgart: Enke 1967. (Göttinger Abhandl. zur Soziologie. 12.) S. 1–25.

26 Wie Klaus ROGHMANN meint (in: METHODEN der Sozialwissenschaften, S. 171).

27 Ebenda, S. 171 und 204.

28 DAHRENDORF, Pfade, S. 35. – Hervorhebungen von H. S.

29 Vgl. Ralf DAHRENDORF, Pfade, S. 151. – Hans Paul BAHRDT, „Zur Frage des Menschenbildes". – Vgl. auch das (oben Anm. 9) von Heinrich BÖLL Zitierte.

30 Ralf DAHRENDORF, Pfade, S. 198.

31 S. 198.

32 S. 199.

33 S. 200.

34 S. 198.

35 S. 199.

36 S. 200.

37 Nach Ernst TOPITSCH, in: TOPITSCH, Logik der Sozialwissenschaften, S. 22. – Vgl. POPPER, Logik der Forschung, S. 15.

38 Zu diesem Problem bieten die methodischen Abschnitte der meisten empirischen Untersuchungen reiches Anschauungsmaterial!

39 DAHRENDORF, Pfade, S. 199 f.

40 S. 200, Anm. 1.

41 S. 200.

42 S. 200, Anm. 2.

43 POPPER, Logik der Forschung, S. 77. – Die Kapitälchen hier und im folgenden Zitat von H. S., die gewöhnlichen Hervorhebungen von K. R. P.

44 S. 78.

45 ALBERT, in: TOPITSCH, Logik der Sozialwissenschaften, S. 354. Kapitälchen von H. S.

46 FIJALKOWSKI, in: METHODEN der Sozialwissenschaften, S. 134. Kapitälchen von H. S. – Auch Wolfgang STEGMÜLLER meint, daß das Falsifizieren ja nicht um des Falsifizierens willen da sei: „Worin aber besteht dann die positive Bewährung einer empirischen Theorie? Darin, daß die Theorie allen bisherigen Falsifikationsversuchen standgehalten hat. Wenn wir also sagen, daß eine Theorie empirisch gut bestätigt ist, so besagt dies im Grunde nichts anderes, als daß wir bei allen bisherigen Versuchen, die Theorie an der Erfahrung zum Scheitern zu bringen, selbst gescheitert sind." (Hauptströmungen, S. 402.) – Hieraus ergibt sich ganz klar, daß es gar nicht der Sinn der Sache sein kann, „bewußt unrealistische" Sätze aufzustellen, nur *um* sie dann scheitern zu lassen.

47 Jetzt in: DAHRENDORF, Pfade, S. 128–194.

48 S. 134.

49 S. 140 f.

50 S. 143.

51 Bahrdt, „Die wohnliche Stadt“, S. 13.

52 Vgl. Sir Arthur S. Eddington: Philosophie der Naturwissenschaft. (Aus dem Engl.) Wien: Humboldt-Verlag o. J. (Sammlung Die Univ. 6.) S. 28.

ABKÜRZUNGEN

1. Verlagsorte

B	Berlin	L	London
Ba	Basel	Lp	Leipzig
Be	Bern	M	München
Br	Braunschweig	Mh	Mannheim
Ddf	Düsseldorf	Nw	Neuwied
Dst	Darmstadt	NY	New York
F	Frankfurt am Main	P	Paris
Fb	Freiburg im Breisgau	Rb	Reinbek bei Hamburg
G	Göttingen	S	Stuttgart
H	Hamburg	T	Tübingen
Ha	Hannover	W	Wien
Hd	Heidelberg	Wb	Wiesbaden
K	Köln	Wh	Weinheim
Kst	Königstein im Taunus	Z	Zürich

2. Verlage, Reihen, Sonstiges

BE	Beck'sche Elementarbücher (Beck)
BI	Bibliographisches Institut, Mannheim
BS	Beck'sche Sonderausgaben (Beck)
BSR	Beck'sche Schwarze Reihe (Beck)
dtv	Deutscher Taschenbuch Verlag, München
EBü	Erziehungswissenschaftliche Bücherei (Klett)
EdF	Erträge der Forschung (Wissenschaftl. Buchgesellsch.)
EG	Die Einheit der Gesellschaftswissenschaften (Mohr)
EgA	Enzyklopädie der geisteswissensch. Arbeitsmethoden (Oldenbourg)
es	Edition Suhrkamp (Suhrkamp)
EVA	Europäische Verlagsanstalt, Frankfurt am Main
FBS	Frankfurter Beiträge zur Soziologie (Europ. Verl.anst.)
FL	Fischer Lexikon (Fischer Taschenbuch Verlag)
Flex Tb	Flexibles Taschenbuch (Enke/Thieme)
FT	Fischer Taschenbuch (Fischer Taschenbuch Verlag)
GG	Geschichte und Gesellschaft (Zeitschr.; Vandenhoeck & Ruprecht)

Ht	Hochschultaschenbücher (Bibliographisches Institut)
KI	Kritische Information (Fink)
KPh	Kolleg Philosophie (Alber)
KTA	Kröners Taschenausgabe (Kröner)
KVR	Kleine Vandenhoeck-Reihe (Vandenhoeck & Ruprecht)
K&W	Kiepenheuer & Witsch, Köln
Nachdr.	Nachdruck, Nachdrucke
nds	Neue Deutsche Schule, Essen
NF	Neue Folge
npb	Neue Pädagogische Bemühungen (Neue Deutsche Schule)
NWB	Neue Wissenschaftliche Bibliothek (Kiepenheuer & Witsch, später Athenäum)
PhB	Philosophische Bibliothek (Meiner)
PP	Piper Paperback (Piper)
Q&M	Quelle & Meyer, Heidelberg
rde	Rowohlts Deutsche Enzyklopädie (Rowohlt)
RH	Reihe Hanser (Hanser)
sb	(rororo) Sachbuch (Rowohlt)
SE	Soziologische Essays (Luchterhand)
SG	Sammlung Göschen (de Gruyter)
SL	Sammlung Luchterhand (Luchterhand)
SP	Serie Piper (Piper)
SR	Sammlung Rombach (Rombach)
ST	Soziologische Texte (Luchterhand)
st	Suhrkamp Taschenbuch (Suhrkamp)
stw	Suhrkamp Taschenbuch Wissenschaft (Suhrkamp)
TV	(Fischer) Taschenbuch Verlag (Fischer)
U	Urban-Taschenbücher (Kohlhammer)
UTB	Uni-Taschenbücher (Verschiedene Verlage)
V&R	Vandenhoeck & Ruprecht, Göttingen
VSWG	Vierteljahrsschrift für Sozial- und Wirtschaftsgeschichte
WR	Wissenschaftliche Reihe (Deutscher Taschenbuch Verlag)

TITELVERZEICHNIS

ALBERT, Hans (Hg): Theorie und Realität. T: Mohr 1964. (EG 2) 2., veränd. Aufl. 1972.

ATTESLANDER, Peter: Methoden der empirischen Sozialforschung. 4., erw. Aufl. B: de Gruyter (1969) 1975. (SG 2100)

BAHRDT, Hans Paul: Die moderne Großstadt. Rb: Rowohlt 1961. (rde 127)

BAHRDT, Hans Paul: „Die wohnliche Stadt." In: Die Kunst zu Hause zu sein. M: Piper 1965. (PP) S. 9–24.

BAHRDT, Hans Paul: „Zur Frage des Menschenbildes in der Soziologie." In: Archives Européennes de Sociologie II (1961) 1, S. 1–17.

BECKER, Friedrich: Einführung in die Astronomie. 5. Aufl. Mh: BI 1966. (BI Ht 8)

BEHNKE, Heinrich u. a.: Mathematik 1. F: Fischer TV 1964. (FL 29/1)

BERGMANN, Joachim E.: Die Theorie des sozialen Systems von Talcott Parsons. F: EVA 1967. (FBS 20)

BOCHENSKI, I. M.: Die zeitgenössischen Denkmethoden. 8. Aufl. M: Francke (1954) 1980. (UTB 6)

CARNAP, Rudolf: „Beobachtungssprache und theoretische Sprache." In: Logica. Studia Paul Bernays dedicata. Neuchatel: Griffon 1959. (Bibl. Scientif. 34) S. 32–44.

CHERRY, Colin: Kommunikationsforschung – eine neue Wissenschaft. (Aus dem Engl.) 2., erw. Aufl. F: S. Fischer 1967. (Welt im Werden)

v. CUBE, Felix: Kybernetische Grundlagen des Lernens und Lehrens. 4. Aufl. S: Klett (1965) 1971. (EB)

DAHRENDORF, Ralf: Pfade aus Utopia. Ges. Abh. 1. 3. Aufl. M: Piper (1967) 1974. (SP 101)

DIEMER, Alwin; FRENZEL, Ivo (Hg): Philosophie. Neuausgabe. F: Fischer TV (1958) 1967 u. Nachdr. (FL 11)

DREITZEL, Hans Peter: Die gesellschaftlichen Leiden und das Leiden an der Gesellschaft. 3., neubearb. Aufl. S: Enke (1968) 1980. (Flex Tb)

ESSLER, Wilhelm K(arl): Einführung in die Logik. 2. überarb. u. erw. Aufl. S: Kröner (1966) 1969. (KTA 381)

FRANK, Helmar: Kybernetische Grundlagen der Pädagogik. Baden-B: Agis-Verl.; P: Gauthier-Villars 1962.

FREY, Gerhard: Die Mathematisierung unserer Welt. S: Kohlhammer 1967. (U 105)

GADAMER, Hans-Georg: Wahrheit und Methode. 4. Aufl. (Unv. Nachdr. d. 3., erw. Aufl.) T: Mohr (1960) 1975.

HARTMANN, Heinz (Hg): Moderne amerikanische Soziologie. 2., umgearb. Aufl. M: dtv; S: Enke (1967) 1973. (dtv thieme 4131)
HARTMANN, Nicolai: Einführung in die Philosophie. (S. Anm. III 1, 42)
HARTMANN, Nicolai: Das Problem des geistigen Seins. 3. Aufl. B: de Gruyter (1933, 1949) 1962.
HEMPEL, Carl G.: Fundamentals of Concept Formation in Empirical Science. Chicago: Univ. of Chic. Press (1952) 1967. (Internat. Encycl. of Unified Science II 7)
HOMANS, George Caspar: Theorie der sozialen Gruppe. (A d Am) 7. Aufl. K, Op: WV (1960) 1978.
KAMLAH, Wilhelm; LORENZEN, Paul: Logische Propädeutik. 2., verb. u. erw. Aufl. Mh: BI (BI Wissensch.sverl.) (1967) 1973. (BI Ht 227)
KELLERER, Hans: Statistik im modernen Wirtschafts- und Sozialleben. Rb: Rowohlt 1960. (rde 103/104)
KOB, Janpeter: Das soziale Berufsbewußtsein des Lehrers der höheren Schule. Würzburg: Werkbund-Verl. 1958. (Weltbild und Erziehung 21)
KÖNIG, René (Hg): Handbuch der empirischen Sozialforschung. Band I. 3., umgearb. u. erw. Aufl. als Band 1–4 der Taschenbuch-Ausg. S: Enke (1962–1967) 1973–1974. (Band 1–4) (Flex Tb)
KÖNIG, René (Hg): Handbuch der empirischen Sozialforschung. Band II. 2., völlig neubearb. Aufl. als Band 5–14 der Taschenbuch-Ausg. S: Enke (1969) 1976–1979. (Band 5–14) (Flex Tb)
KRAFT, Victor: Erkenntnislehre. W: Springer 1960.
KRAFT, Victor: Der Wiener Kreis. 2., erw. u. verb. Aufl. W: Springer (1950) 1968.
LORENZEN, Paul: Die Entstehung der exakten Wissenschaften. B: Springer 1960. (Verständl. Wissensch. 72)
LORENZEN, Paul: Formale Logik. 4. verb. Aufl. B: de Gruyter 1970. (SG 1176)
LORENZEN, Paul: Metamathematik. 2. Aufl. Mh: BI (Ht Verl.) (1962) 1980. (BI Ht 25)
LORENZEN, Paul: Methodisches Denken. F: Suhrkamp (1968) (1974) 1980. (stw 73)
MALEWSKI, Andrzej: Verhalten und Interaktion. (Aus dem Poln.) 2. Aufl. T: Mohr (1967) 1977. (EG 6)
MANGOLD, Werner: Empirische Sozialforschung. Hd: Q&M 1967 (Gesellsch. u. Erz. Teil II.)
MARTINET, André: Grundzüge der Allgemeinen Sprachwissenschaft. (Aus dem Franz.) S: Kohlhammer 1963 u. Nachdr. (U 69)
MENNE, Albert: Einführung in die Logik. 3. Aufl. M: Francke (1966) 1981. (UTB 34)
MERTON, Robert K.: Social Theory and Social Structure. Revised and En-

larged Edit. Glencoe, Ill.: The Free Press (1957) 1965.
MESCHKOWSKI, Herbert: Einführung in die moderne Mathematik. 3., verb. Aufl. Mh: BI (BI Wissensch.sverl.) (1964) 1971. (BI Ht 75)
METHODEN der Logik und Mathematik. Statistische Methoden. Dargest. v. Hans HERMES [und] Erich MITTENECKER. M u. W: Oldenbourg 1968. (EgA 3)
METHODEN der Sozialwissenschaften. Dargest. v. Eberhard FELS u.a. M u. W: Oldenbourg 1967. (EgA 8)
METHODEN der Sprachwissenschaft. Dargest. v. Helmut SCHNELLE u.a. M u. W: Oldenbourg 1968. (EgA 4)
MITTENECKER, Erich: Planung und statistische Auswertung von Experimenten. 6. Aufl. W: Deuticke 1966.
MORRIS, Charles William: Grundlagen der Zeichentheorie. Ästhetik und Zeichentheorie. (Aus dem Amer.) (1938; 1939) Nachw. v. Friedrich Knilli. M: Hanser 1972. (RH 106)
MÜLLER, Rolf: Astronomische Begriffe. Mh: BI 1964. (BI Ht 57)
NEURATH, Paul: Statistik für Sozialwissenschaftler. S: Enke 1966.
PARSONS, Talcott: Beiträge zur soziologischen Theorie. Hg u. eingel. v. Dietrich Rüschemeyer. (Aus dem Engl.) 3., unv. Aufl. Dst u. Nw: Luchterhand (1964) 1973. (ST 15)
PARSONS, Talcott: Gesellschaften. Evol. u. komparative Perspektiven. (A d Am) (1966) F: Su 1975 u. ö. (stw 106)
PARSONS, Talcott: The Social System. NY: FP (1951) 1964.
PARSONS, Talcott: Zur Theorie sozialer Systeme. (A d En) Hg u. eingel. v. Stefan Jensen. Op: WV 1976. (SzS 14)
PARSONS, Talcott; SHILS, Edward A. (Hg); Edward C. TOLMAN ... [u. a.]: Toward a General Theory of Action. CM: HUP (1951) 1962.
POPPER, Karl R.: Das Elend des Historizismus. (Aus dem Engl.) 5., verb. Aufl. T: Mohr (1965) 1979. (EG 3)
POPPER, Karl R.: Logik der Forschung. 7., verb. u. durch 3 Nachträge verm. Aufl. (Teilweise aus dem Engl.) T: Mohr (1966) 1981. (EG 4)
POPPER, Karl R.: Die offene Gesellschaft und ihre Feinde I. Der Zauber Platons. (Aus dem Engl.) 6. Aufl. M: Francke (1957) 1980. (UTB 472)
POPPER, Karl R.: Die offene Gesellschaft und ihre Feinde II. Falsche Propheten. (Aus dem Engl.) 6. Aufl. M: Francke (1958) 1980. (UTB 473)
QUINE, Willard van Orman: Word and Object. Cambridge (Mass.): Mass. Inst. of Technol. Press (1960) 1964. (Studies in Communication.)
REINERS, Ludwig: Stilkunst. M: Beck (1943) 1967 u. Nachdr. (BS)
de SAUSSURE, Ferdinand: Grundfragen der Allgemeinen Sprachwissenschaft. (Aus dem Franz.) 2. Aufl. M. neuem Reg. u. e. Nachw. v. Peter v. Polenz. B: de Gruyter (1931) 1967.
SEIFFERT, Helmut: Information über die Information. 3., unv. Aufl. M: Beck (1968) 1971. (BSR 56)

SEIFFERT, Helmut: Sprache heute. M: Beck 1977. (BSR 149)
SEIFFERT, Helmut: Stil heute. M: Beck 1977. (BSR 159)
STEGMÜLLER, Wolfgang: Einheit und Problematik der wissenschaftlichen Welterkenntnis. M: Hueber 1967. (Münchner Univ.reden. NF 41)
STEGMÜLLER, Wolfgang: Hauptströmungen der Gegenwartsphilosophie. Band I. 6. Aufl. S: Kröner 1978. (KTA 308)
STEGMÜLLER, Wolfgang: Hauptströmungen der Gegenwartsphilosophie. Band II. 6., erw. Aufl. S: Kröner (1975) 1979. (KTA 309)
STUMPFF, Karl (Hg): Astronomie. F: Fischer TV 1957 (FL 4)
TOPITSCH, Ernst (Hg): Logik der Sozialwissenschaften. 10., veränd. Aufl. Kst: Athenäum u.a. (1965) 1980. (NWB 6)
TOPITSCH, Ernst (Hg): Probleme der Wissenschaftstheorie. Festschrift für Victor Kraft. W: Springer 1960.
WALKER, Helen M.: Statistische Methoden für Psychologen und Pädagogen. 6./7. Aufl. Wh: Beltz 1964.
WENDT, Heinz F.: Sprachen. F: Fischer TV 1961. (FL 25)

Helmut Seiffert bei C.H. Beck

Einführung in die Wissenschaftstheorie

Band 1: Sprachanalyse, Deduktion, Induktion in Natur- und Sozialwissenschaften
13. Auflage. 2003. 278 Seiten. Paperback
Beck'sche Reihe Band 60

Band 2: Geisteswissenschaftliche Methoden Phänomenologie, Hermeneutik und historische Methode, Dialektik
10., durchgesehene Auflage. 1997. 368 Seiten. Paperback
Beck'sche Reihe Band 61

Band 3: Handlungstheorie, Modallogik, Ethik, Systemtheorie
3. Auflage. 2001. 233 Seiten. Paperback
Beck'sche Reihe Band 270

Band 4: Wörterbuch der wissenschaftstheoretischen Terminologie
1997. 199 Seiten. Paperback
Beck'sche Reihe Band 1200

Christen und Nichtchristen heute

Glaube und Rationalität am Ende des 20. Jahrhunderts
1999. 93 Seiten. Broschiert

„Auch ein Mord ist ein Stück Leben"

Das kleine Buch der Sprachunfälle
2000. 136 Seiten. Paperback
Beck'sche Reihe Band 1393

Reihe „Denker“ in der Beck’schen Reihe
herausgegeben von Otfried Höffe

Hans Friedrich Fulda

Georg Wilhelm Friedrich Hegel

2003. 345 Seiten mit 9 Abbildungen. Paperback
Beck’sche Reihe Band 565

Kurt Flasch

Nicolaus Cusanus

2001. 181 Seiten mit 4 Abbildungen. Paperback
Beck’sche Reihe Band 562

Annemarie Pieper

Søren Kierkegaard

2000. 157 Seiten mit 4 Abbildungen und 3 Schaubilder. Paperback
Beck’sche Reihe Band 556

Klaus-Jürgen Grün

Arthur Schopenhauer

2000. 136 Seiten. Paperback
Beck’sche Reihe Band 559

Martin Carrier

Nikolaus Kopernikus

2001. 192 Seiten mit 5 Abbildungen. Paperback
Beck’sche Reihe Band 558

Dieter Sturma

Jean-Jacques Rousseau

2001. 207 Seiten mit 9 Abbildungen. Paperback
Beck’sche Reihe Band 549

Verlag C. H. Beck München